云南大学东陆哲学丛书

生活宗教：
唐·库比特的宗教哲学

朱彩红 著

中国社会科学出版社

图书在版编目(CIP)数据

生活宗教：唐·库比特的宗教哲学／朱彩红著. —北京：中国社会科学出版社，2017.4
 ISBN 978-7-5161-8119-5

Ⅰ.①生… Ⅱ.①朱… Ⅲ.①库比特—宗教哲学—研究 Ⅳ.①B920

中国版本图书馆CIP数据核字(2016)第099816号

出 版 人	赵剑英
责任编辑	冯春凤
责任校对	张爱华
责任印制	张雪娇

出　　版	中国社会科学出版社
社　　址	北京鼓楼西大街甲158号
邮　　编	100720
网　　址	http://www.csspw.cn
发 行 部	010-84083685
门 市 部	010-84029450
经　　销	新华书店及其他书店
印　　刷	北京君升印刷有限公司
装　　订	廊坊市广阳区广增装订厂
版　　次	2017年4月第1版
印　　次	2017年4月第1次印刷
开　　本	710×1000　1/16
印　　张	17
插　　页	2
字　　数	279千字
定　　价	65.00元

凡购买中国社会科学出版社图书，如有质量问题请与本社营销中心联系调换
电话：010-84083683
版权所有　侵权必究

目 录

第一章　库比特小传 ……………………………………………（1）
　第一节　一位未来思想家的成长 ………………………………（1）
　第二节　思想旅程：十个阶段 …………………………………（4）
　第三节　写作方式："重复思考" ………………………………（9）
　第四节　身份与目标：基督教传统的转化者 …………………（12）
　总结 ………………………………………………………………（14）

第二章　库比特宗教哲学思想的起源 ……………………………（17）
　第一节　第二轴心时代与基督教的变迁 ………………………（17）
　第二节　宗教非实在论：从尼采到库比特 ……………………（22）
　第三节　维特根斯坦对库比特的两个影响 ……………………（34）
　总结 ………………………………………………………………（43）

第三章　生活宗教的背景：西方当前的处境 ……………………（47）
　第一节　三条解读路线 …………………………………………（47）
　第二节　非实在论的世界图像 …………………………………（56）
　第三节　现代西方是基督教的天国阶段 ………………………（75）
　总结 ………………………………………………………………（96）

第四章　生活宗教的方法论：日常语言调查方法 ………………（100）
　第一节　日常语言调查方法的缘起与含义 ……………………（100）
　第二节　两个日常语言三部曲 …………………………………（109）
　第三节　日常语言调查方法的结果 ……………………………（122）
　总结 ………………………………………………………………（133）

第五章　生活宗教的内容：表现主义的宗教 (136)
第一节　太阳伦理学 (137)
第二节　人道主义伦理学 (152)
第三节　人生大问题 (162)
第四节　信仰之海网络 (175)
总结 (186)

第六章　问题与挑战 (189)
第一节　库比特与其他宗教作家 (189)
第二节　信仰之海的作家对库比特的继承、超越与挑战 (220)
第三节　关于生活宗教的五个问题 (235)
总结 (242)

后序 (246)
附录：库比特作品 (250)
参考文献 (255)
后记 (266)

第一章　库比特小传

第一节　一位未来思想家的成长

托尔斯泰说，生活就是上帝，爱生活就是爱上帝。这句话用来概括我们的主角唐·库比特（Don Cupitt）的思想与实践再合适不过了。

唐·库比特，当代英国著名的宗教哲学家，非实在论宗教思想的代表人物，倡导"天国神学"的基督教神学家。他是同时代基督教作家中最原创、最激进和最富争议性的人物之一。

库比特出生于1934年5月22日，金牛座与双子座交会的日子，个性中的两个突出特点是固执与革新。他的固执让他始终坚持自己的思想，绝不妥协。这使得他在学术生涯中受到众多保守势力的排斥与攻击，在剑桥大学伊曼努学院做了一辈子的讲师。他的革新精神对外表现在反对基督教中的一切在他看来"过时"的东西，对内表现在他自己的思想不断地经历着变化或成长，这个成长过程持续至今。

库比特的家乡在英国兰开郡一个名叫奥海姆（Oldham）的生产工业纺织品的小镇上。他是罗伯特·库比特（Robert Cupitt）和诺雅·库比特（Norah Cupitt）夫妇四个孩子中的长子。他的父亲罗伯特是一名精力旺盛、事业有成的机械工程师，母亲诺雅婚后一直留在家中照顾家庭。虽然父母都没有接受过多好的教育，但他们决定让孩子们获得最好的教育。在上了预备学校之后，1947年，十三岁的唐·库比特和他的弟弟被送到查特豪斯学院（Charterhouse），两个妹妹则去了切尔滕纳姆（Cheltenham）女子学校。这两个学校至今还会向人谈论库比特夫妇的社会抱负，以及他们的大胆决定：依靠税后收入让四个孩子在英国最好的寄宿学校上学。库比特夫妇的举动显得如此"惊人"大概是因为当时的情况十分特殊——

第二次世界大战刚刚结束。

库比特研究者奈杰·利维（Nigel Leaves）评论道，查特豪斯学院证明是罗伯特的一项优秀投资，"他的儿子显然天资过人，在一批有才华的教师的培养下茁壮成长"①。少年库比特在著名的植物学家欧莱格·鲍勒宁（Oleg Polunin）门下学习植物学，在诗人威尔弗雷德·诺伊斯（Wilfred Noyce）门下学习意大利文，在艺术家伊安·弗莱明-威廉姆斯（Ian Fleming-Williams）门下学习艺术。查特豪斯学院的五年学习生活留给他的是柏拉图主义和达尔文主义的深刻影响，以及对基督教的种种怀疑。这三个主题为他后来的学术工作埋下了伏笔。他自己后来将这一时期视为"设计论的实在论"阶段。

1952年，库比特赢得了去剑桥大学接受本科教育的奖学金，同年10月，他开始在三一堂（Trinity Hall）攻读自然科学。就像大部分学生一样，大学期间的库比特经历了一个情绪动荡期，对学术、社会和宗教问题充满疑惑。罗伯特与诺雅都不是信徒，从来没有带子女去过教会，也不讨论宗教问题。可能与此有关，按照利维的描述，"几乎在剑桥的第一个星期天，库比特就皈依了'福音派基督教'，严格强调'认识主'"。② 有段时间，他拥有生动的宗教经验，但随着他认识到福音派在理智上的空洞，这些宗教经验很快告退。这一时期被他称为"教条实在论"阶段。

大学二年级，他仍然主攻自然科学，但同时积极地学习保守神学家和当时的自由神学家的思想。他也阅读神秘主义和存在主义的作品。在这个时期，他对流行于20世纪20年代至40年代的一种新教伦理观念论产生了浓厚兴趣，这种理论将基督教解释为高尚的伦理生活，并"敬畏生活"。然而，当时他的最大兴趣在于神秘主义，认为神秘主义是所有宗教中的一个基本要素。他将这一时期视为"梯子实在论"阶段，因为柏拉图将上帝看作一切事物的第一原则，通往上帝的道路是一条半禁欲主义的、纯理性的道路，而神秘主义是架在上帝和人之间的梯子。

受到宗教的强烈影响，库比特作出了整个家族没有人作出过的决定：在圣公会担任神职人员。这使他的父母感觉震惊和沮丧，因为神职人员收

---

① Nigel Leaves, *Odyssey on the Sea of Faith.* Santa Rosa: Polebridge Press, 2005, p.16.
② Ibid.

入很低，地位也不高。于是，在剑桥的第三年，他从自然科学转向神学，师从著名的教会历史学家欧文·查德威克（Owen Chadwick）。一年之后，他获得了神学学位。

1955 年，库比特开始服兵役。由于他的科学背景，他被分配到皇家信号组，接受委任到塞浦路斯管理附属于炮兵团的一个信号队。他成功地在行军囊中藏入了一些哲学书。

服完两年兵役之后，1957 年 10 月，他回到剑桥接受神职训练，地点是威斯克府，一所著名的圣公会神学院，被视为自由派主教的传统摇篮。第一年学习宗教哲学密集课程，正是在这一领域，库比特发现了自己的才能。当时的威斯克府院长凯瑞（K. M. Carey）看到了他的天赋，并让他作出了一个承诺：以后回到威斯克府接替约翰·哈博古德（John Habgood）担任副院长。

1959 年，库比特获得了副牧师职务，他选择回到家乡兰开郡的工人阶层那里，并在那里服务了三年。在此期间，他思考的是如何最好地将两千年前的福音传给日益世俗化和城市化的居民，而这为他带来了一种内部冲突。同时，曼彻斯特主教辖区要求他撰写神学论文，并为他指派了曼彻斯特大学的一位宗教哲学家作为导师。正是在这一阶段，他开始发表文章。当时的他在哲学上基本持新托马斯主义立场。然而，在这一时期，他也开始吸收康德、克尔凯郭尔和布尔特曼的思想。这帮助他最终解构了神圣实在这一形象，引导他走向更加自由的观念。

1962 年，三年副牧师服务到期之后，库比特回到威斯克府接替哈博古德的副院长职位。他的工作异常繁忙。有一天，他的导师伍德（G. F. Wood）把他单独约出来，告诫他应该考虑婚姻问题了，尽管这位兰开郡老乡自己仍是单身。库比特想起了一位朋友的美丽堂妹——金发碧眼的苏珊（Susan）。事情进展得很快，1963 年 12 月，他和苏珊结婚了。他们搬到剑桥，一直住到现在，已有四十多年。他们有一个儿子和两个女儿，现在已经添了一个孙子、一个孙女和三个外孙女。

1965 年，库比特被任命为剑桥大学伊曼努学院院长，并获得了研究员的身份，主持该学院的神学研究。三年后，即 1968 年，他获得教师职位，担任宗教哲学助理讲师，并担任了为期三年的斯坦顿讲师职位（Stanton Lectureship）。在 1960 年代和 1970 年代，库比特在教会和学术界都广受欢迎，与后来的状况大不相同。他的第一本著作就受到了一些值得尊敬的自由派学者的认可。然而，一颗叛逆的种子即将发芽。利维提到的两件事值得注意：第一，当库比特突然受到教会任命，标志着一条通往最高职位的传统道路打开之时，他毫不犹豫地拒绝了，并且从未后悔过；第二，当他被邀请加入一组激进学者，讨论上帝道成肉身问题时，他立刻接受了，这一讨论在 1977 年出版，成了 1970 年代最富争议的书——《上帝道成肉身的神话》。① 不久，他就被描述为"一位堕落的天使"。然而，在他自己看来，他的道路最终通往的是拯救而不是堕落。在这里，赫拉克利特的名言浮现在我们脑海中，"上升的路即是下降的路"。这句话用在库比特身上或许就是，"下降的路即是上升的路"。

第二节　思想旅程：十个阶段

一　利维：从 1967—2001 年的七个阶段

在《信仰之海上的奥德赛》一书中，利维将库比特从 1967—2001 年的思想旅程分为七个阶段②：

第一阶段：1967—1979 年，主题是否定神学，代表作有《基督与隐藏的上帝》（*Christ and the Hiddenness of God*, 1971）和《理性的飞跃》（*The Leap of Reason*, 1976）；

第二阶段：1980—1985 年，主题是非实在论，作品有《远离上帝》（*Taking Leave of God*, 1980），《将要来临的世界》（*The World to Come*, 1982），《信仰之海》（*The Sea of Faith*, 1984）和《完全属人》（*Only Human*, 1985）；

第三阶段：1986—1989 年，主题是后现代主义与非实在论，作品有《生命谱系》（*Life Lines*, 1986），《蜉蝣》（*The Long-Legged Fly*, 1987），《基督教新伦理》（*The New Christian Ethics*, 1988）和论文集《激进分子与教会的未来》（*Radicals and the Future of the Church*, 1989）；

---

① Nigel Leaves, *Odyssey on the Sea of Faith*. Santa Rosa: Polebridge Press, 2005, p. 20.
② 下面七个阶段参见 Nigel Leaves, *Odyssey on the Sea of Faith*. Santa Rosa: Polebridge Press, 2005, pp. 21–109.

第四阶段：1990—1997 年，主题是表现主义，作品有《无中生有》（*Creation out of Nothing*, 1990），《故事哲学》（*What is a Story?*, 1991），《有时》（*The Time Being*, 1992），《一切之后》（*After All*, 1994），《最后的哲学》（*The Last Philosophy*, 1995），《太阳伦理学》（*Solar Ethics*, 1995），《上帝之后》（*After God*, 1997）和《后现代神秘主义》（*Mysticism after Modernity*, 1997）；

第五阶段：1998 年，主题是转向存—在与海德格尔，作品有《存在的宗教》（*The Religion of Being*, 1998）和《存在的启示》（*The Revelation of Being*, 1998）；

第六阶段：1999—2000 年，主题是日常语言，作品有《日常话语中新的生活宗教》（*The New Religion of Life in Everyday Speech*, 1999），《日常话语中 It All 的含义》（*The Meaning of It All in Everyday Speech*, 1999）和《日常话语中天国的来临》（*Kingdom Come in Everyday Speech*, 2000），这是第一个日常语言三部曲；

第七阶段：2000—2001 年，主题是未来的宗教，作品有《后现代宗教哲学》（*Philosophy's Own Religion*, 2000），《改革基督教》（*Reforming Christianity*, 2001）和《空与光明》（*Emptiness and Brightness*, 2001）。

利维的划分是根据库比特著作的主题进行的。为了证明自己的划分，他在《信仰之海上的奥德赛》中对库比特的著作逐一作了描述，介绍了每一本著作的主题和主要内容。我赞同他精细的划分。出于对他的巨大努力的信任与尊重，我把上面部分的内容留给他，从 2002 年开始接着讲述库比特的思想旅程。另外，这些著作中凡是与本文内容有密切关联的，我们都将在后面的内容中作详细的讨论，比如第一个日常语言三部曲、《太阳伦理学》和《后现代宗教哲学》，因而也就无需在此重复论述。

二 从 2002—2009 年的三个阶段

2002 年出版的著作《无物神圣？》（*Nothing Sacred?*）是反映库比特的非实在论宗教哲学思想的一本论文集。它收录了库比特从 1979 年到 1999 年二十年间的十二篇论文，分为五个部分。第一部分"人在边缘"描述的是库比特的否定神学思想；第二部分表现了库比特的非实在论神学理论；第三部分是库比特对后教条宗教的实践，这里的关切是基督教人文主义、基督教虚无主义、激进的基督教世界观和人类处境；第四部分的主题是回到生活，讨论了生活的价值以及自然与文化；第五部分是库比特对批评者的回应，收录了对罗万·威廉姆斯（Rowan Williams）和大卫·爱德华兹（David Edwards）的反驳。总的来说，这本书的主题是回顾，试图从神学的角度再现库比特前五个阶段的总体思考。

另一本回顾性的论文集是2006年出版的《激进神学》（Radical Theology），为的是纪念20世纪中叶英国著名激进神学家约翰·罗宾逊（John A. T. Robinson）。罗宾逊的代表作《对上帝诚实》（Honest to God）当时引发了激烈的争论。四十年后，一批具有影响力的学者聚集在一起，出版了一本专门纪念《对上帝诚实》的论文集，名为《对上帝诚实：四十年后》（Honest to God: Forty Years On），库比特参与了这本书的写作。《激进神学》可以看成《无物神圣？》的姊妹集，它收录的是库比特从1972年到2003年的激进神学论文，包括四个主题：激进神学与信仰的午夜，非实在论的上帝教义，耶稣基督与人文主义/人道主义，以及宗教研究中的成功与失败。从英国的激进神学传统来看，库比特是罗宾逊的学生，《激进神学》因而是学生献给老师的一份礼物。

第八阶段：2003—2005年，主题是回到日常语言，作品有《生活，生活》（Life, Life, 2003），《快乐之路》（The Way to Happiness, 2005），《人生大问题》（The Great Questions of Life, 2005）和《宗教研究新方法》（A New Method in Religious Studies, 2008）。前三本书是承接第六阶段的第二个日常语言三部曲，最后一本是库比特新写的一个总论加上《日常话语中新的生活宗教》的合编。由于第一个日常语言三部曲没有得到比较好的反馈，因而库比特转到了别的主题上去（第七阶段）。三年后，他有了一些新的想法，这些想法为他带来了信心，于是他又回到日常语言这一主题上来，撰写了一个新的三部曲。事实证明第二个三部曲远远比第一个更成功，它获得了许多学者和普通人的关注与接受。我们将在本文"生活宗教的方法论"部分具体讨论这两个日常语言三部曲。

第九阶段：2006—2008年，主题是回到表现主义，作品有《新旧信经》（The Old Creed and the New, 2006）和《不可能的爱》（Impossible Loves, 2008）。这个阶段与第四阶段遥相呼应，主题都是表现主义和太阳式灵性。在《新旧信经》中，库比特将基督教的三条旧的"信经"改成了五条新的"信经"。旧信经是实在论的,新信经则是非实在论的和纯粹表现主义的,将真宗教描述为拥有一个人自己的声音、拥有自己的生活、对生活本身做出太阳式的肯定、在公共世界创造价值,以及过自在的、"不执"的生活。《新旧信经》从宗教的角度论述表现主义思想,《不可能的爱》则从更加文学化的角度进行沉思。库比特受到德里达所言"我们所有的爱都是不可能的"的启发,描述了六种不可能的爱:爱死者,"大"爱和永恒的分离,爱死去的上帝,爱失去的东西和不可能的东西,爱不可能的理想,以及"无目的"之爱。引用库比特自己的话,写这些不可能的爱的目的是"试图发展一种新的宗教思想,这种思想教人学会放弃渴望绝对之物,学会接受生活本身。生活是甜蜜而忧伤的,获得和失去、喜悦和痛苦总是交织在一起。我们都只是凡人,现在必须通过太阳式的生活找到我们的'永恒快乐'"[①]。

第十阶段:2008—2016年,主题是日常生活的宗教,简称生活宗教,作品有《我们的头顶是天空》(Above Us Only Sky,2008),《西方的意义》(The Meaning of the West,2008)和《耶稣与哲学》(Jesus and Philosophy)。这三本书合起来构成一个"生活宗教三部曲"。另外还有作品《神学的奇异回归》(Theology's Stranfe Return,2010),《新的大故事》(A New Great Story,2010),《泉》(The Foun tain,2010),《用语的转变:激进神学从A到Z》(Tuins of Phrase:Redical Theology from A to Z,2010),《终约》(The Last Testament,2012),《创造性信仰:宗教作为创造世界的方式》(Creative Faith:Religion as a Way of Worldmaking,2015),以及《最后的伦理》(Ethics in the Last Days of Humanity,2016)。在这一阶段,库比特最终领悟了自己的整个工作的意义,完成了生活宗教理论。"10"这个数字通常被视为代表"圆满",在库比特这里,第十阶段就是达到圆满的阶段。

《我们的头顶是天空》的副标题就是"日常生活的宗教"。它呈现了一个比较全面的生活宗教"体系"(体系是形式上的,故而用引号),是库比特的少数几本可以找到"体系"的著作之一。这本书分为两部,第

---

① 唐·库比特:《不可能的爱》,王志成、王蓉译,四川人民出版社2008年版,"作者致中国读者",第1页。

一部"日常生活的宗教"是一个总论，列举了生活宗教的 27 条箴言，涵盖库比特对生活、我的生活、生活的有限性、信仰生活、太阳式生活、"实在世界"的终结以及死亡的看法。这些看法全部用一个个简短的句子陈述，共有 27 句，每一句下面都有简短的解释，故而我把它称为"27 条箴言"。这些箴言呈现了生活宗教的整个信仰。第二部"天使时代"是一个具体讨论，它向我们表明了第一部的箴言的来历。在这一部分，库比特从哲学、宗教、旧宗教缺乏活力的原因、太阳式生活和文化更新、当前论五个方面阐明生活宗教的含义、可行性和必要性。

《西方的意义》是库比特最重要的著作之一。这是因为：一方面，我认为库比特在这本书中完全领悟并明确了他自己的整个工作试图抵达之处——世俗基督教护教学；另一方面，这本书能够澄清人们对库比特的普遍误解，它明白无误地显示了库比特的激进思想与基督教传统的关系——不是反对基督教，而是转化基督教。在《西方的意义》中，库比特将基督教重新定义为一种乌托邦的文化运动。这种运动过去呈现为宗教的形式，如今它突破了宗教的外壳，就像蝴蝶破茧而出，成了整个现代西方文化。库比特把这视为基督教从教会阶段向天国阶段的转换。他进一步论述了基督教的六个不可取消者，认为它们就像文化中的酵母，孕育并维系着世俗的现代西方世界。

在《耶稣与哲学》中，库比特试图重新给出耶稣的形象。在某种意义上，他相信这是对原初的耶稣的"还原"。我们在后面会提到信仰之海网络与耶稣研究会的密切关系，鉴于这种关联，我认为库比特对耶稣的解读受到了耶稣研究会的巨大影响。《耶稣与哲学》向我们呈现的是作为一名智慧导师的耶稣，他是非实在论者，是人道主义的导师，是太阳式灵性的导师，也是"天国神学"的倡导者。

继上述的"生活宗教三部曲"之后，从 2010 到 2016 年，库比特又撰写了七本著作，旨在进一步明确而细致地阐发生活宗教的哲学与神学，他是从对宗教思想史的重新解读、伦理学、非实在论的神学转向等方面着手的。至此，生活宗教的信仰已经完全清晰地呈现，库比特的思想之旅已经攀上顶峰。

上述十个阶段是库比特的思想旅程之脉络，每一个阶段对应一个主题。这些主题可以看出库比特整个思想的发展过程。虽然它们之间的关系似乎比较松散，看不出严格的逻辑线索，但我认为它们结合起来组成了一个强有力的整体——生活宗教，即本书的主题。在论述这一主题的过程中，我不是按照十个阶段的顺序推进的，而是将它们打乱，从中选取需要的部分。但它们之间的内在关联会不时地浮现出来。最后需要提及的是，库比特的思想旅程尚未结束。在他那里，生命不息，思想不止。

第三节 写作方式："重复思考"

在众多思想家之中，库比特的思想旅程比较独特，既非直线式推进，又非循环式领悟，也非反复论证，而是三者的结合。我们可以把他的工作比作爬山，刚开始是远远地看着山顶，在库比特的情况下是远远地看着云雾缭绕的山顶。随着一步一步向前迈进，山顶的轮廓变得清晰。山路不是直的，而是弯弯曲曲的，以致有时候看不到山顶，甚至看不到近前方路，有时候转过一个弯，山顶忽然呈现在眼前，看上去是那么近。幸运的是，他一直以来看到的山顶并不是海市蜃楼，而是真实存在的。更幸运的是，经过千辛万苦，他最终抵达。我们还可以把他的工作看成雕塑家在雕刻一件作品。刚开始的时候，摆在面前的是一整块原材料，但雕塑家心里已经有了一个初步的形象。随着工作的进行，作品的轮廓逐渐清晰，细节慢慢呈现。最后，在工作完成之时，作品的面貌完全呈现出来，胜过当初心里的形象。

这两个比喻揭示了两点。第一，库比特很早以前就对他的思考最后抵达的地方有所认识，尽管这种认识还比较粗略和模糊。比如，在1984年出版的《信仰之海》的"结论"中，他说"伦理学是第一位的，而宗教是我们向自己描述道德与灵性价值之综全体的方式，也是我们更新时这一综合体之委身的方式，正是藉着这一综合体，我们塑造我们的世界、建构我们自身、获得我们的身份把价值赋予我们的生活"。[①] 在1997年出版的《上帝之后》中，他谈论了"诗性神学"，将宗教视为一套象征性语言。在2000年出版的《日常话语中天国的来临》中，他明确讨论了"天国神学"的思想。"伦理学"、"诗性神学"、"天国神学"都是最终呈现出来的生活宗教的关键词。第二点与第一点相关联，库比特的整个思想历程也

---

① 唐·库比特：《信仰之海》朱彩红译，宗教文化出版社2015年版，第324页。

是一个总体的模糊观念逐渐变得丰满和清晰的过程，类似于面包的发酵。比如，"天国"这个主题在他的作品中反复出现，但直到2008年出版的《西方的意义》中，他才领悟到整个现代西方文化就是基督教的天国阶段。在《上帝之后》中，他谈到传统基督教的遗产时认为，这些遗产是"上帝的目光"、"极乐的空"和"太阳式的生活"①，也是直到《西方的意义》中，他才明白传统基督教的遗产是六个不可取消者，也可以说成是整个现代西方文化。

库比特的这个特点与他独特的写作方式有关。这种方式被他称为"重复思考"（thinking in riffs），该词来自阿瑟·杜威（Arthur Dewey）为他的《改革基督教》写的导言。库比特形象地解释了"重复思考"："我以一种简单的、初步的方式叙述一个话题，摆弄它一下，把它翻转过来，在它之上尝试一些变化，稍稍展开它——如此继续，直到我觉得准备好了以一种扩大的方式重新叙述它。同样的过程接着再次开始：我再次试图找到新的角度、新的障碍、新的发展，慢慢把论证建立起来。"② 这是一种叙述策略，先初步确立并叙述一个主题，然后一次一次对它进行重新叙述，每一次都比前一次有所扩展，加入"新的角度、新的障碍、新的发展"。"重复"思考并不仅仅是重复，而是在重复中包含了扩展与前进。

这种风格的好处是双向的，正如库比特预想的那样，"对于作者和读者来说，这种逐步的详细阐述最终产生一个更强大、更清晰的结果"③。实际上，重复思考的方式的确是最合适的。一方面，对于基督教传统养育出来的人们而言，他的非实在论思想不但难以理解，而且难以接受，重复思考给予人们时间和机会慢慢理解和接受这种新的思想方式。库比特自己也说，"如果按照旧的方法，我的书容易在被理解之前就老早被忽略和忘记。现在我可以有理由希望至少少数人可能会留在我这边，理解我。"④ 另一方面，对于库比特本人而言，重复思考的方式是必要的。我们在前面说过，他并不是从一开始就十分明确自己要表达的是什么，只是有模糊的认识。重复思考的方式也给予他时间和机会逐渐推进自己的认识，最终能

---

① 唐·库比特：《上帝之后》，王志成、思竹译，宗教文化出版社2002年版，第127页。
② 唐·库比特：《快乐之路》，王志成、朱彩红译，浙江大学出版社2006年版，第56页。
③ 同上。
④ 同上。

够彻底全面地思考他的观点。也许对于任何尝试开拓新的思想领域或思想方式的原创作家来说，重复思考是个值得考虑的策略。

库比特的写作风格是散文化的，他远远不是一位"系统神学家"。这里可以看出尼采的影响。他的大部分作品分成许多章节，每一章的内容大多十分简短，章节之间未必有严格的逻辑关系。我们以《生活，生活》一书为例。这本书的中文版不到20万字，但有三十二章，每一章都被给予一个散文化的标题，比如"生活就是一切"、"生活是偶然的"、"生命是神圣的"、"生活必须继续下去"、"生活是不公平的"、"人生是一个行走的影子"等。在他的书中，诗歌、绘画、文学作品和文艺理论的引用频率远远超过一般的宗教或哲学著作。概括地说，他常常模糊了文学与哲学、宗教的界限，他的许多作品与其说是宗教哲学作品，不如说是哲理散文或宗教散文。这为以快速的方式全面掌握他的整个思想带来了一定的困难。然而，他也有相对比较"体系化"的著作，其中比较全面地表述他的思想的有两本，《后现代宗教哲学》和《我们的头顶是天空》，或许还可以加上早期的《信仰之海》。另外，前面提到的若干论文集也是快速了解他的思想的一个有效途径。

他采取这样的写作风格的原因是，"今天，宗教作为一种独特的机构和文艺作品类型的终结已经在我们的视野之中"，所以"我想要成为宗教思想中的尼采，要写第一本讲真话的宗教书"，然而紧接着他又承认"（我的）狂想是不明智的。因为如果这本书写出来了，它将不会是第一本，而是最后一本"。[①] 不难理解，由于库比特从事的是一项原创性的工作，他认定自己所站之处是一个全新的起点，类似于荷马和前苏格拉底哲学家的位置，他的任务是重新思考大问题，因而学科分类和体系对他而言没有多少意义。

第四节　身份与目标：基督教传统的转化者[②]

在库比特这里，"身份"不是个简单的话题。他反对本质意义上的

[①] 唐·库比特：《快乐之路》，王志成、朱彩红译，浙江大学出版社2006年版，第40页。
[②] 本节参考王志成、朱彩红《论维特根斯坦与库比特的生活宗教观》，《浙江学刊》2009年第1期。

"身份",认为在全球化的今天,这种带有政治忠诚意味的身份是造成许多误解与冲突的原因。他继承了维特根斯坦的语言游戏理论,认为不同的宗教是不同的世界图像或神话,为人们提供不同的生活方式。接受宗教意味着改变生活方式,与宗教组织无关。从这个意义上来说,"身份"只是特定的语言游戏赋予该游戏内部的人们的一种"印记"而已。对此,新西兰神学家劳埃德·格尔林(Lloyd Geering)一语中的,"为什么要使用'基督徒'一词呢?这仅仅是因为我恰好是西方基督教的一个产物"。[1] 库比特在不同场合说过,他表现出基督徒的身份是因为,恰好基督教的价值与观念对他而言是可得的。换言之,他现在的身份是因为他恰好成长在基督教传统之中,如果他成长在佛教传统之中,他就将是一名佛教徒。

关于"身份"所持的非实在论立场对当前宗教间关系的处理,尤其是宗教对话有重大意义。至少在原则上和理论上,这种立场使得库比特能够摆脱困扰着许多神学家和普通人的"身份忠诚"问题,自由地在各个宗教传统之间穿梭。他提出了一种"宗教超市理论":在我们这个全球化时代,人们可以像在超级市场选购商品一样,自由地选择自己想要的宗教,并且可以同时选择一种或者多种宗教,尽量使自己的生活过得满意。

"宗教超市理论"也可以在其他人那里找到。比如,印度思想家雷蒙·潘尼卡(Raimon Panikkar)就拥有多重宗教身份:基督徒、印度教徒、佛教徒和世俗主义者。比较神学家群体坚持,如果要进行宗教对话,就要从自己的宗教传统进入别的宗教传统,不是站在外面观看,而是全身心地、生命卷入型地进入。这种进入势必牵涉到身份问题,因而进入也被称为"冒险"。比较神学家在这个问题上是开放的,他们的态度不是设定用来明哲保身的议程或目标,而是鼓励人们去冒险。这与库比特的想法是一致的,只是库比特更加彻底一些,甚至不用"冒险"这个带有怀乡情结的措辞。

上述讨论可能会给人造成一种印象:库比特根本没有严肃对待"身份",而是随便加以打发,过于实用主义,甚至功利主义,难保他不会在有些情况下势利地将身份"弃之如敝履"。他在思想旅程中对身份之看法

---

[1] 转引自王志成、朱彩红:《论维特根斯坦与库比特的生活宗教观》,《浙江学刊》2009年第1期,第6页。

的改变和实际调整似乎也支持了这种印象。起初,他是一名圣公会牧师和一位虔诚的教徒。之后,他在思想上发生了转变,不再从属于任何教派,而是提倡改革教会,并从佛教中汲取了一定的思想资源,甚至戏称自己是"30%的佛教徒,50%的基督徒和20%的犹太教徒"。后来,他对改革教会失望了,认为传统形式的基督教已经过时,甚至退还了神职证书,出于对教会不公正地对待信仰之海网路成员安东尼·弗里曼的抗议。十年来,他已经停止了去教会参加活动。这似乎是一个逐步撤退的过程,使人怀疑库比特已经丧失了他的身份。

这是很大的误解。首先,有必要区分"教徒"与"信徒"。"教徒"偏向于把基督教视为一个组织化的宗教,坚持对教会和教条的忠诚;而"信徒"把基督教视为一个生活图像或者一种生活方式,遵循基督教的伦理学和灵性。尽管两者在具体表现上有可能很相似,难以区分,但这并不抹煞他们的差异。

这样就很容易看出,库比特没有丧失他的身份,而是发生了从"教徒"到"信徒"的转变。事实上,由于相对比较单一的宗教经历,库比特从未考虑过改变基督教信徒的身份。更确切地说,他认为基督徒的身份是难以改变的,"我们依旧是基督教塑造了的我们。在众多方面,后现代西方比以往任何时候都要更加基督教化。如果你是个西方人,认同西方的价值观,那么你就是一个基督徒。"[①] 在《快乐之路》中,他也谈到那些背离天主教信仰的人无可奈何地发现自己仍然是个天主教徒,因为天主教的符号和仪式仍然对他们起作用。

证明库比特严肃对待"基督徒"身份的另一个证据是他毕生的工作目标,这是最有力的证据。谈到"目标",值得注意的是,库比特不是从一开始就明确地制定了自己以后几十年的奋斗目标,而是只有一种朦朦胧胧的意识。他只是朝前走,目标在过程中慢慢显露出来。最后到他的工作完成的时候,目标也完全形成了,套用他的话是"完全照亮"。所以,当我们说"目标"的时候是从后面往前照的,而不是从前面往后看的。从库比特思想旅程的第十阶段可以看到,他的"生活宗教"不是对传统基督教的抛弃,而是成全,就像耶稣的"爱上帝"和"爱人如己"是对律法的成全。生活宗教就是基督教的天国阶段,它抛弃基督教体制化和超自

---

① 唐·库比特:《西方的意义》,王志成、灵海译,四川人民出版社2012年版,第44页。

然主义的一面，留下伦理的和灵性的一面。因而，它是对基督教传统的转化，根本不是与之决裂。库比特将他的宗教哲学称为"世俗基督教护教学"，相应地，他自己是"世俗基督教护教论者"。他是基督教的孩子，对于这一点，他始终没有动摇过。

总　结

　　为一个人作传可以从许多角度入手，本章从思想的角度为库比特写了一个小小的传记。选择这个角度是因为，本文关注的是作为思想家，确切地说是宗教哲学领域的思想家的库比特，而非其他方面的库比特，尽管必须认识到所有的方面都是连接在一起的。

　　与大多数人一样，库比特后来的思想发展可以从他的早期成长中窥见端倪。早期的成长为他的思想埋下了一些种子，这些种子蛰伏在那里，遇到合适的时机就会发芽。鉴于这一认识，我在第一节中交代了一位未来思想家的成长过程。从早期被开明的父母送往英国最好的寄宿学校查德豪斯学院学习，随后进入剑桥大学攻读自然科学，第三年转向神学，拿到学位后被分配到塞浦路斯服了两年兵役，之后回家乡履行了三年神职服务，服务期满后回到威斯克府担任副院长和宗教哲学教职，一直到后来担任剑桥伊曼努学院的院长和神学系负责人，库比特的人生道路似乎一帆风顺，而且运气似乎始终伴随着他。

　　然而，在平静的外表下，他的内心始终波涛汹涌，起伏不定。早在查德豪斯学院学习期间，接受柏拉图主义和达尔文主义双重教育的他就对基督教产生了怀疑。进入剑桥之后，攻读自然科学的他难以抑制对宗教与神学的浓厚兴趣，最终在大学第三年转入神学系。三年期间，他有过福音派基督徒的单纯信仰时期，后来在自由神学和神秘主义的影响下走了出来。摆在他面前的曾经有两条道路，一条是接受教会的委任，走上通往最高职位的道路，另一条是自由的学术创造之路。当时的他毫不犹豫地选择了后一条路，事后也从来没有后悔过。在成长阶段，库比特受到了各种哲学和神学思想的影响，它们之间的种种矛盾与冲突从少年时期就开始伴随着他，迫使他进行思考，为他最终走上创造之路提供了驱动力。

　　第二节接着第一节讲述库比特的思想旅程。这个阶段的库比特开始发表文章和著作，我们把这视为他自己的思想旅程开始的标志。由于库比特研究者利维已经考察了库比特从1967年至2001年的思想，并划分了七个阶段，所以，我的任务相对比较轻松，只需考察从2002年至2016年的十五年时间。我按照利维的方法，从库比特发表作品的主题入手，把这十五年划分为三个阶段，与前面七个阶段合在一起是十个阶段。我发现，到第十个阶段，库比特的工作已经获得圆满。具体表现在他彻底领悟了自己的工作的整个含义——世俗基督教护教学，并把生活宗教理论完全确立起来。

从这十个阶段可以看出，库比特的思想旅程是个不断探索的过程。我们至少可以观察到三种情况。第一，思想旅程中间有所反复，比如第八阶段回到了第六阶段的主题"日常语言"，第九阶段回到了第四阶段的主题"表现主义"，但后一阶段均对前一阶段有所发展甚至突破。第二，我们可以看到话题的转换，比如从第六阶段的"日常语言"转向第七阶段的"未来的宗教"，在第八阶段才重新回过头来讨论。这次转换代表库比特在"日常语言"这一话题上的调整期。第三，还可以观察到库比特在某一话题上的失败和随之而来的调整。比如，第五阶段是"转向存—在与海德格尔"，在第六阶段则变成了"日常语言"。这是因为库比特发现"存—在"这条路走不通了，故而转向了日常语言。然而，从总体上看，库比特的旅程还算顺利，虽然磕磕碰碰在所难免。

除了思想旅程，我决定把写作方式和身份与目标放在小传之中，因为这两项都明显带着库比特色彩，与思想旅程紧密联系在一起，也可以看成思想旅程的副产品或延伸。库比特的写作方式是"重复思考"，这个词来自阿瑟·杜威。重复思考在库比特这里证明是一种明智并且成功的叙述策略，对他自己和读者都是有益的。这也许可以算是宗教哲学写作方式上的一种新方法。库比特的身份是基督教传统的"转化者"，而不是抛弃者。笼统地说，他的身份就是"基督徒"。身份这个问题是个复杂的问题，一方面，库比特对身份持非实在论的立场；另一方面，他又始终严肃地坚持自己的身份。我的论证表明，这两个方面不是矛盾的，而是相辅相成的。在论证过程中，我提出库比特的工作目标是表明他的身份的最好证据。由此我顺便谈论了工作目标的问题，并澄清了我是在哪种意义上使用"目标"一词的。

库比特小传旨在对库比特的思想及其特征做出总体的介绍，期待读者对作为思想家的库比特有大致的印象。在此基础上，接下来我们将详细讨论库比特的宗教哲学思想。

第二章　库比特宗教哲学思想的起源

第一节　第二轴心时代与基督教的变迁

库比特生活在一个变化翻天覆地的时代。他生于20世纪30年代，经历过第二次世界大战，战后的精神危机，第三次工业革命带来的空前繁荣，以及大众生活方式与思想方式的剧变。不可避免，他的思想本身是时代的产物。在一生中，他诚实地面对汹涌而至、令人迷惑的变化浪潮，寻求理解人类当前的处境，致力于找到合适的宗教生活方式。他的宗教哲学思想的核心关切是，宗教在这个时代应该采取什么样的方式塑造我们，换言之，我们在当前的处境中应该如何去信仰。在这个意义上，我们可以把库比特称为时代之子。

那么，我们生活在一个什么样的时代呢？卡尔·雅斯贝斯（Karl Jaspers）在《历史的起源与目标》中最先提出了"轴心时代"的概念，指的是从公元前8世纪到2世纪的一段时期。在这个时期，世界不同地区几乎同时出现了一批伟大的思想家。在巴勒斯坦活跃着以利亚、以赛亚、耶利米等众多先知；在波斯出现了索罗亚斯德；在中国，老子、孔子、庄子等诸子百家问世；在印度有佛陀、大雄、《奥义书》的作者和《薄伽梵歌》的作者；在希腊，荷马、毕达哥拉斯、巴门尼德、赫拉克利特、苏格拉底、柏拉图和亚里士多德相继出现。这一时期被称为"轴心时代"。它制定了关于世界、自我、知识、行为、善的生活等的标准观念，奠定了之后两千年人类文明的基础。人类各大宗教文明正是围绕着这些观念发展起来的。

后来，随着知识的复兴，人文主义运动的发展，近代科学的起飞和随之而来的西方知识的大爆炸，人们逐渐离开了传统的世界观和宇宙论。到了20世纪90年代，由于计算机和网络技术的飞速发展，人类的时空概念发生了变化，进入了全球化时代。全球化冲击着地方文化，在任何地方都使人世俗化和去传统化，引起一场精神上的危机。在这样的形势下，如何理解当前处境，如何过有意义的生活这类大问题重新返回，迫切需要新的回答。人类似乎又回到了起点，面临着尼采所说的重估一切的艰巨任务。

在此背景下，天主教神学家尤尔特·卡曾斯（Ewert Cousins）和凯伦·阿姆斯特朗等人提出我们正进入"第二轴心时代"。在国内，王志成是第二轴心时代的积极倡导者，他提出了第二轴心时代的六个意识。[①] 对于第二轴心时代这一观念的理解，不同的思想家和学者各有侧重。但相同的一点是，我们处在一个库恩（T. Kuhn）意义上的范式转换的时期，需要重新定义用来理解世界和生活的基本观念，改变我们的世界图像，宗教也将发生一场哥白尼式的革命。简而言之，我们在谈论的是一个全新的开始。在这一意义上，库比特明确地具备第二轴心时代的意识。他说，"……现在已经开启了第二轴心时代，我们在这个时代必须准备重新思考一切……我们需要在我们的时代如我们的宗教和哲学传统的伟大奠基者在他们的时代一样毫不妥协、大胆勇敢。"[②]

库比特为第二轴心时代付出的努力体现在宗教哲学和神学领域。他经历了欧洲传统基督教的迅速衰落和宗教的世俗化。在这个过程中，各种问题困扰着他。最初的问题是如何认识上帝，这带领他进入否定神学。之后，他开始思考是什么原因导致传统基督教的衰落，以及如何通过改革教会使之复兴，由此他走向宗教非实在论。随后，他发现单单改革教会是不够的，还需要改革基督教信仰，这使得他重新思考宗教的定义，把改革的触角向前推进。最后，他坚持的非实在论立场使他欣喜地领悟了整个宗教变化的涵义：基督教摒弃了超自然主义的和体制化的方面，保留了伦理的和灵性的方面，并由此从一个宗教脱胎为整个现代西方文化，从教会阶段进入了自古代以来一直在盼望的"天国"阶段。他也把天国阶段的基督教称为"生活宗教"。

[①] 参见王志成：《走向第二轴心时代》，宗教文化出版社2005年版，第176—182页。
[②] 唐·库比特：《空与光明》，王志成、何从高译，宗教文化出版社2003年版，第16页。

导致这一宗教变迁的原因有很多。首先，哥白尼、伽利略和牛顿的工作使得基督教的传统宇宙论土崩瓦解。取代目的论，人们开始以新的机械论观念审视整个宇宙和人在宇宙中的位置。达尔文的进化论客观上挑战了基督教的一个核心教义——创世说，尽管他本人的主观意图并不在于反对基督教。自达尔文之后，人们有可能以一个新的思想框架和新的人类学视角看待许多旧的宗教主题，比如上帝观、人论、末日审判等。其次，在哲学上，从康德开始，神圣世界逐渐下降，最终导致形而上学的倒塌。在库比特的时代，昔日的神圣领域与世俗领域最终合一，上帝最终"道成肉身"，变成了完全的人。再次，全球化使得各个宗教有可能走出各自的地域，彼此相遇，并由此引发了许多新的问题。面对众多有着自身信仰、历史和文化传统的宗教，人们开始怀疑旧的宗教真理唯一性断言，重新审视自己的宗教传统，发展新的宗教理论。最后，社会生活在政治、经济、伦理和医疗等各个领域的世俗化使得人们的生活有可能离开任何宗教形式；另外，传统宗教似乎无法解决生态危机、女性意识等新的世界问题，人们开始怀疑宗教的必要性和合法性。除此以外，还有许多其他因素，这些因素形成一股强大的合力，对各个传统宗教构成了严峻的考验。

　　面对巨大的威胁和挑战，总的来说，各个宗教的信徒主要采取了两种态度。第一种态度要么回避现实世界的整个变化，宁愿怀抱旧的温暖梦想一同"腐烂"（库比特的用词），要么对启蒙运动以来西方所走的道路采取否定态度，认为它是个错误，我们只有回到旧的道路上才能得救。第二种态度提倡进行调整和改革，试图刷新宗教传统，以便适应新的形势。持这种态度的人积极发展"世界宗教"，期待自己的宗教传统在保留原先身份的基础上完成全球化、世俗化和现代化。

　　库比特起初对改革基督教抱有梦想，后来意识到这条路是走不通的。一方面，他在现实中看到了约翰·罗宾逊（J. A. T. Robinson）等自由主义神学家和主教约翰·斯朋（John Shelby Spong）等教会人士改革教会、更新教义和道德认信之努力的相继失败。另一方面，他意识到"教会基督教完蛋了。它不会改革自身，因为即使它想改革也无法做到。它不再有足够的力量和意志力来改变自身。因此，关心基督教传统之持续的人最好不要理会教会，而是尝试发展一种新的宗教生活方式"。[1] 为什么无力改革教会基督教呢？首先，神学的智性衰落已经走得太远，以致无法再次为宗教信念确立一个在智性上值得尊重的核心大纲。19 世纪下半叶以降，以上帝之死为标志的一系列问题表明西方文化开始出现转向，整个哲学与宗教的深层假设开始崩溃，注意力的中心永久地、决定性地回到人类世界和生活世界上来，宗教世界和人类的日常生活世界最终融合。实在论的终结对教会神学无疑是致命的打击，因为后者正是在前者的基础上建立起来的。其次，库比特认为教会对灵性权力的渴望远远大于其他方面，而且"教会的内在力量结构和集体动力学结合起来确保教会始终能够成功地抵制改革"。[2] 再者，需要改革的不仅是教会，还有信仰本身。对《圣经》的批判研究和对历史的耶稣本人的研究表明，正统基督教教义误解了耶稣的原初信息。然而，原初的耶稣及其思想方式已经离我们太远，不可能恢复，关于耶稣的各种理论也不可能形成一个统一的声音。种种因素使他得出结论，"我不再对改革和更新'基督教'保持乐观。旧的对灵性力量本能的爱和对此世生活、这个世界、平凡的人性根深蒂固的敌意太强大了，决不能允许并非装装门面的改革"。[3]

这迫使库比特放弃改革教会基督教，重新审视基督教和宗教本身。他认为，我们需要谈论的是对有关宗教是什么及其如何运作的所有传统假设的一种直接逆转。他开始重新定义宗教，将宗教描述为"一种符号语言，用来在世上表达我们的喜悦，表达我们对世界、对生活和对彼此的爱"。[4] 它的主要理智任务是"解释它如何能够在我们所生活的这样一个充满不安、甚至是虚无主义的时代如此热忱地肯定生活"。[5] 在库比特那里，宗教是让我们与生活和好的一套符号语言，类似于传统基督教中耶稣的角色——上帝与人类之间的中保。从这个意义上来看，库比特反对教会神学

---

[1] Don Cupitt, *Reforming Christianity*. Santa Rosa: Polebridge Press, 2001, p. 3.
[2] Ibid, pp. 79 – 80.
[3] 唐·库比特:《快乐之路》，王志成、朱彩红译，浙江大学出版社 2006 年版，第 37 页。引文略有改动。
[4] 唐·库比特:《快乐之路》，王志成、朱彩红译，浙江大学出版社 2006 年版，第 7 页。
[5] 唐·库比特:《我们的头顶是天空》，王志成、王蓉译，宗教文化出版社 2008 年版，第 2 页。

的根本原因是它如今不再有用，不能使我们在新的时代快乐地生活。

在这里，我们可以提出一个责难。与传统的宗教定义相比，库比特关于什么是宗教的描述似乎有把概念扩大化，以此逃避问题的嫌疑。在传统宗教迅速衰落的今天，一个并不高明的应付策略是玩逻辑游戏，重新解释宗教，向后撤退，把概念放大，据此证明宗教还牢牢地占据着自己的地盘，并对各种质疑置之不理。从表面上看，库比特的做法与这种策略的确有相似之处。然而如果仔细推敲，就会发现库比特对宗教的描述不是对不利形势的一种敷衍和开脱，而是对宗教的重新认识。他放弃了用来描述一个超自然的神圣领域的旧词汇和旧梦想，以一种完全自然主义的、此世的、着眼于生活的立场看待宗教。如果说形而上学之死开启的是一个回到生活、回到彻底的人类日常性的第二轴心时代，那么库比特的立场正是这个时代所要求的。

反驳上述责难的另一个有力证据是库比特对基督教的重新解读。执着于教会神学的人在对宗教的理解上往往容易陷入一个误区：把教会阶段当成整个基督教的全部。事实上，基督教始终承认教会阶段只是权宜之计，它应许耶稣将在千禧年复临，在地上建立尘世的天国，那时教会将完成自身的使命，让位于天国阶段。显而易见，按照正统基督教教义，教会寻求自身退出历史舞台，这在《圣经》和教义中都能清楚地看到。所以，教会阶段所代表的体制化的基督教只是暂时的。基督教是一个自我超越的宗教，它将从教会阶段过渡到天国阶段。在古老的梦想中，天国是一个人人平等、经济繁荣和生活幸福的社会，类似于西方的乌托邦和中国的大同世界。因而，库比特把基督教重新解读为"一种乌托邦式的文化运动"。① 可以看到，这不是一项新奇的发明，而是基督教本身的涵义。或许我们不能把库比特对基督教的描述称为"重新解读"，而是应该称为"概念恢复"。

库比特的独特贡献在于，他认为天国阶段的来临不是发生在历史尽头的一个超自然事件，而是已经在我们的时代得以实现的一个事实。进一步说，库比特认为现代西方世界是对传统基督教盼望的"天国"的世俗化实现。他打了个比方，教会阶段所采取的宗教形式好比基督教的蛹，如今，这个宗教化蛹成蝶，变成了整个西方文化。就是说，目前整个西方文

---

① 唐·库比特：《西方的意义》，王志成、灵海译，四川人民出版社2012年版，第2页。

化就是天国阶段的基督教。我们可以在其他宗教作家那里找到与此类似的想法。比如，雷蒙·潘尼卡区分了基督国、基督教和基督信。他的基督信指的是"在我们这个时代势不可挡地出现的一个因素：把自己看做是一个基督徒也可以是指实践一种个人信仰，具有像基督那样的精神，以及把基督当做其个人生活的象征"。[1] 潘尼卡认为，这个时代的基督信变得明显有别于基督教了，正如基督教从基督国中脱身而出。他以一个宗教—地理模式来描述基督教神学的三个阶段：约旦河、台伯河与恒河。按照他的划分，我们现在处在恒河阶段，"它象征世俗，在此象征地上的正义国度，这国度怀有与所有他人合作的意愿"。[2] 可以看出，潘尼卡谈论的也是基督教的一种内在化和世俗化，或者从体制化到灵性化的转变。他对这个时代的基督信和恒河阶段的谈论与库比特不谋而合。当代著名新西兰神学家劳埃德·格尔林主张基督教可以离开上帝而存在，"事实上，'没有上帝的基督教'已经在我们中间存在。它已经静悄悄地来临，没有被事先宣布，也没有被注意到"；他认为没有上帝的基督教"可以被视为耶稣所说的天国降临的显示"[3]。

如同许多伟大的思想家那样，库比特的思想是在回应时代提出的问题的基础上逐步发展起来的。第二轴心时代的大背景和基督教本身的变迁与难题为库比特的宗教哲学思想提供了土壤。

第二节 宗教非实在论：从尼采到库比特

在整个思想历程中，库比特受到过许多来自不同研究领域的人物的影响，比如达尔文、弗洛伊德、华兹华斯、利维斯（F. R. Leavis）、施莱尔马赫（F. D. E. Schleiermacher）、约翰·罗宾逊、道元禅师等，然而，最深远的影响来自哲学家。我们从他的生活宗教中可以清楚地辨认出大陆哲学的理性主义、存在主义、英国经验主义传统、英美实用主义、后现代主义等哲学思潮的踪迹。在众多哲学家中，库比特明确提到的对他影响最深

---

[1] 雷蒙·潘尼卡：《智慧的居所》，王志成、思竹译，江苏人民出版社2000年版，第189页。

[2] 同上，第179页。

[3] Lloyd Geering, *Christianity without God*. Santa Rosa: Polebridge Press, 2002, pp. 145–146.

刻的是尼采、克尔凯郭尔、海德格尔、维特根斯坦和德里达。纵观他的生活宗教理论，我认为对他起到根本作用的是尼采的非实在论宗教思想以及维特根斯坦的语言游戏理论和回到生活的口号。接下来，我将用两节内容说明库比特与尼采和维特根斯坦的密切思想关联。

在此，有必要先明确宗教实在论与非实在论的概念。实在论分为素朴实在论与批判实在论，王志成对两者的共同特点做了很好的总结，它们都"认为在我们的生活世界之外还有一个更高的实在，它就是上帝、神、毗湿奴、阿窦尼、真主安拉、宇宙佛，或者永恒的道、法之类；认为还有一个更美好的世界，那就是永恒的、不朽的灵性世界、天堂、乐园、佛国等；那个世界是值得我们追求的，而这个世界是堕落、腐朽、不值得留恋的，我们的一生就是为死后去更好的世界作预备的；正因为这样，宗教就成了中介，帮助人们达成目标"。[①] 简单地说，实在论继承柏拉图主义传统，认为在我们的世界之外存在外在的、客观的、绝对的神以及神圣世界，我们的此世生活是为进入这个神圣世界，从而获得拯救作预备。与实在论相反，非实在论认为没有外在的、客观的、绝对的实在者，神只是象征符号，是通过我们的语言给予的；我们的世界是唯一的世界，没有在它之外的世界，甚至没有这个视角；我们唯一拥有的是此世生活，它因死亡而终结；宗教是人创造的文化现象，教导我们如何过好此世生活。实在论和非实在论的根本区别在于，实在论强调神圣领域与世俗领域的区分，宗教因而是传递工具，非实在论把两个领域合一，宗教因而成了一种人类文化创造。

在历史上，实在论与非实在论之争由来已久，以不同的形式出现，比如在中世纪表现为唯名论与唯实论之争。然而，非实在论作为一个新词被正式提出，并在学术上确立自己的地位，则是在启蒙运动之后，属相对晚近之事。在宗教上，尼采是第一批自觉的非实在论者之一，他在自己的著作中明确使用了"反实在论"这个措辞。库比特的宗教哲学就是这条思想路线的发展结出的一颗果实。我试图从三个方面来论述尼采对库比特的启发，同时交代库比特与尼采的差异和他对尼采的发展。

[①] 王志成：《走向第二轴心时代》，宗教文化出版社2005年版，第98页。

一　对宗教起源的自然主义解释

（一）世界是虚无的

在过去，宗教的起源从来都不是一个问题。启蒙运动之前，人们看待生活的方式跟今天截然不同，他们生来就面对各种终极事物，世界作为已经完成的样子摆在他们面前，只需按部就班地遵循各种规则即可，生活是一整套固定的程序。启蒙运动之后，旧的柏拉图主义的二元论经历了一个拆除过程。康德区分了物自体和现象世界，把过去由上帝占据的整个领域归入不可知行列而悬搁，从而将注意力的中心放到人类居住的现象世界上来。黑格尔引入了"时间"的维度，把一切事物视为在历史中展开的进程。费尔巴哈干脆抹掉上帝与人之间的本体论界限，认为神学的秘密在于人本学，上帝是人的投射。叔本华的意志主义开始把关注点转向主体，从他之后，基督教的整出宇宙戏剧开始被压缩到人这个主体内部，这一点在克尔凯郭尔身上尤其显著。这些为尼采从自然主义的角度审视宗教的来源与性质做了预备。

刘小枫提醒我们注意，在尼采的思想中，"谎言"这个话题反复出现。[①] 尼采为什么要撒谎，或者他想要用谎言掩盖的是什么呢？事实上是虚无这个事实。尼采洞察到，世界是虚无的，因此他说，没有真理，只有解释。在尼采的时代尚需要遮遮掩掩的虚无主义到了库比特那里已经大白于天下了。沿着尼采开启的虚无主义道路，库比特明确地在他的著作中反复强调，一切都是偶然的、短暂的、有限的，存在的根部是虚无。他在《后现代宗教哲学》和《泉》中描绘了一个虚无主义的神话：世界的根是虚无，存—在（be-ing）如同泉水一般从虚无这个泉眼中喷涌而出，我们的语言将存—在照亮，形成我们的世界和我们。过去，在人和虚无之间有一个神和神权秩序的屏障。然而，形而上学倒塌之后，这个屏障的合法性也随之消失，人直接暴露在虚无的恐怖面前。无论是尼采、库比特还是其他许多现代甚至后现代思想家，他们面临的主题都是人如何面对和应付这个虚无的世界。

[①] 参见刘小枫、施特劳斯、洛维特等：《尼采的基督教》，明风出版2003年版。

（二）宗教是出于恐惧和需要

尼采可以算是第一位从哲学上肯定达尔文主义的人。套用他自己的说法，"我们不再从精神、神性中推衍出人，我们重新把他驱赶到动物中间。我们将其视为最强壮的野兽"。① 这表明的是一种倒转方向的变化。在《人性的，太人性的》中，尼采对宗教的起源做了心理学的分析②。在"一个民族不文明的原始状况"中，自然对于当时的人而言是"无法理解的、可怕的、神秘的，就好像是自由王国"，人与自然的关系是人受制于自然。在这种情况下，人反思如何才能给自然加上法则，以便对可怕的、未知的力量发挥影响，来束缚自然这个自由王国。宗教和迷信由此产生，它们的意义在于"支配自然和驱除自然妖魔，以有利于人类"。谈到基督教的起源，尼采在《敌基督》中有详细的论述：起初在《旧约》中，犹太教的神是一个健康的民族神，是君主制时代犹太民族权力意志的体现；后来，内部暴政和外部侵犯使得犹太民族衰落，犹太人无家可归的处境使得他们逐渐认识到顺从是第一需要，承认顺从的德性是自我保存的尺度；此时，旧的神便不能像以前那样发挥作用了，于是犹太人"阉割"了他们自己的神，把它变成了基督教的善神，并把民族的过去翻译成了宗教；尼采认为，犹太人旨在通过这种阉割实现自我保存，获得一种克服尘世的强力。③

主要是受到尼采的新视角的启发，库比特在《上帝之后》和《新的大故事》中同样站在自然主义立场上剖析神的概念。他把宗教发展史归为三个阶段，并相应提出了三种"工作模型"，借助人类学、心理学和社会学的事实说明神的来源。精灵工作模型对应旧石器时代古老的游牧秩序。当时严酷的、迫切的生物学需要是生存。前历史的猎人—采集者必须准确地注意并区分处于变动不居的经验之流之下的一系列不变的动植物的类和自然规律，成功地找到食物，才能维持生存。因此，人格化的图腾或

---

① 尼采、洛维特、沃格林等著：《尼采与基督教思想》，吴增定、李猛、田立年等译，道风书社2001年版，第13页。

② 以下两句参见尼采：《人性的，太人性的》，杨恒达译，中国人民大学出版社2005年版，第91—93页。

③ 这部分内容参见尼采、洛维特、沃格林等著：《尼采与基督教思想》，吴增定、李猛、田立年等译，道风书社2001年版，第23—26页。

者精灵的功能是以某种方式控制"类"下的所有个体，引导人们将"多"统一于"一"之中，使每个人的思想能够专注于类而非个体之上。

诸神工作模型对应的是新石器时代。那时的人们开始定居下来，新的生存形式引起的变化是，他们的思想开始表达一种完整的宇宙图景。同时，村落、城镇和城邦相继出现。变化了的生活形式需要维持自身的公共性和秩序，因此需要一个公认的、赋予其合法性与权力的中心和来源。于是，诸神应运而生。神使一切各得其所，并制定了所有的规则，他们不仅统一和管理城邦，而且还统一和管理宇宙。

上帝工作模型对应的是青铜器时代之后。随着诸神开始越来越强大并且越来越有人性，人和诸神的关系也越来越辩证，人的自我在与诸神的关系中得到健全和发展。随着个体意识逐渐觉醒，诸神的政治，即仅仅关注群体的"人"的神学体制已经不能满足个体意识的要求。于是，"上帝"产生了，充当镜子的作用，个体映照它以满足觉醒了的自我意识。柏拉图用哲学的语言重新把诸神和精灵的世界描述为一个"本质的"或者超感觉的世界，他设立的实在论体系与犹太教结合创造了基督教的上帝。

库比特采纳了尼采的方法论，从自然主义的角度解释宗教的起源。不同的是，在库比特的论证中可以看到社会学和人类学的发展成果，它们为库比特对宗教起源的论证提供了依据，并使得他的论证更加丰满和系统化。

二 对基督教的非实在论理解

尽管尼采和库比特对基督教都进行了猛烈的批判，但不能说他们是无神论者，即便后者在这个问题上曾经受到过质疑。确切地说，他们处理的是实在论与非实在论之争，而非有神论与无神论之争。他们反对的是教条主义的基督教，而非宗教本身。

尼采对基督教的猛烈批判影响深远。尽管在他之后，基督教照样存在，基督教思想家依然在为教义作解释和辩护，但是他们总要自觉或被迫停下来思考种种怀疑。到了库比特的时代，也就是20世纪后期，传统基督教已经不可阻挡地衰落，它似乎越来越像尼采预言的那样，成为一种"遗迹"。

尼采和库比特对基督教的批判都是全方位的。虽然在总体上，库比特与尼采一样，站在非实在论的立场上进行批判，但他对一些方面的看法和尼采具有明显的不同。

(一) 耶稣：颓废者还是智慧导师

在对耶稣的认识上，库比特和尼采是一致的——耶稣不是基督教宣称的神，而是一个完全的人，确切地说是一位非实在论者。但在对耶稣的评价上，库比特不赞同尼采的观点。尼采的耶稣是神圣的无政府主义者与和平的布道者。这里显示了尼采惊人的洞察力。他看到，耶稣宣扬的是作为经历的生命，这种生命与任何外在的形式，包括语词、律法、信仰和教义相对立，而仅仅是内心的东西。他号召人们退回到内心世界中去，因为"天国在你心中"。其他自然的、时空的和历史的事物仅仅是象征或者隐喻的材料，因而无需对它们作任何抵抗。尼采把耶稣带来的福音理解为，实践内心生命，废除犹太教的教会和教义。在这里，尼采无疑看到了耶稣与佛教的关联。事实上，尼采的耶稣就是一位"非暴力不合作"运动者，类似于伊壁鸠鲁或者甘地这样的人物，他们自由，超越所有怨恨情感。

相比之下，库比特眼中的耶稣则更像个智慧导师。他同样认为教会和公众严重误解了耶稣，真实的耶稣可能是一位相貌丑陋的小个子男人，他宣扬的福音是对此时此地的生命的热爱，以及对生活毫无保留的投入。在库比特的想象中，耶稣是个相当健谈、热情开朗的人，他如此急促地燃烧着自己的生命，以致他总是给人风风火火的印象。他的教导是在敦促人们完全投入到当下的生活中去，只是当时的人们没有理解他。在《耶稣与哲学》中，库比特论证耶稣是人文主义伦理学的导师，宣扬一种非实在论的、从心而发的道德。

尼采似乎更注重耶稣形象中的政治维度，而库比特更着意耶稣对待生命的态度。他们对生命的不同理解导致对耶稣的评价截然不同。尼采对耶稣可以说是又爱又恨，但在总体上采取负面评价。一方面，他称耶稣为唯一的基督徒，承认他的超越精神所具备的力量；另一方面，他认为耶稣是个颓废者，他的福音是退守到精神之中的幼稚性，因而是一种退化的结果。显然，在崇尚达尔文主义的尼采看来，耶稣的教导所带来的信息与"物竞天择、适者生存"的原则恰恰相反，因而是危险的。

库比特的生命概念则要宽泛得多。在他那里，生活或者生命是"生物学家研究的东西；精算师计算的东西；一部传记讲述的东西；一般而言文学、具体而言小说试图抓住或实现的东西；以及你我所在的全体（It All）"。① 库比特十分推崇耶稣，认为他是一个典范，他的福音是热爱生命的信息，能够使人克服虚无的恐惧，获得快乐，而这正是宗教的功能所在。

(二) 教会：寄生虫与逆历史潮流者

关于教会，尼采和库比特都认为它本质上是一个政治组织，最终关心的是谋求自己的利益，"神的代言人"这个称号让他们发笑。尼采对教会的批判理由主要是它扭曲了高扬生命的制度和道德，以压制生命的手段牟取自身权力。谈到教会，尼采措辞十分激烈，称之为"疯人院"、"寄生虫"、"吸血鬼"。尼采列举了教会的累累罪行：篡改耶稣，把他变成了神；把耶稣的教导变成了无生命的教条神学；把福音书变成了道德诱惑之书，试图垄断道德为己所用；发明了原罪的观念，把生命的重心放到虚无的彼岸等等。简而言之，由僧侣组成的教会的心理是施陀罗的报复心理，妄图对所有特权者造反。尼采甚至坦言，十字军想要的就是战利品，他们是一种更高级的海盗。

库比特最初是一位圣公会牧师，尼采所憎恨的教会的一员，后来才走到了相反的道路上去。他曾经寄希望于教会，要求教会改革基督教，把基督教彻底世俗化。后来，他认识到这是不可能的，因为教会是既得利益者，不愿自己主动退出历史舞台。此后，他才渐渐走向与教会的决裂，从2006年开始，他已经停止去教会参加活动。总的来说，库比特不像尼采那样憎恶和否定教会，而是试图从历史的角度看待教会的存在。他把基督教分为"教会阶段"和"天国阶段"，在前一阶段，教会的存在是必要的，也是合理的。然而，如今天国阶段已经到来，教会却仍然不肯进行自我超越，逆历史潮流而行，以致成为库比特的批判对象。

(三) 原罪和拯救：从批判到问题消失

在尼采看来，教义根本不是神的启示，而是教会的发明，一个明显的例子是，犹太教没有原罪的概念，原罪是基督教的产物。尼采指出，"人类不是由于'过失'和'罪孽'，而是由于一系列理性的谬误才陷入这种

---

① 唐·库比特：《宗教研究新方法》，王志成、朱彩虹译，宗教文化出版社2008年版，第150页。引文略有改动。

状况的"。① 按照尼采的看法，教士发明了原罪，把自然的东西幽灵化和道德化，目的是获得对人的支配地位。他们把原罪概念与救赎概念结合起来：因为人有罪，所以人需要救赎。尼采分析道，救赎心理的出现是由于使用了错误的衡量标准。教会创造了"能独自做出所谓无私行为并在对一种无私的思想方式的意识中同上帝生活在一起的生物"②，并拿人跟这种生物相比，使得人的本性显得如此忧郁和扭曲，以致产生罪的幻觉。尼采指出，这里的问题在于镜子的过失，而这镜子是教士的作品，完全是虚构的。"基督教完全压扁了人类，粉碎了人类，使人类深深地陷入烂泥里，然后它突然让一道神的怜悯的光芒照入到完全的堕落感中，以至于人类被这种仁慈的行为惊得目瞪口呆，发出狂喜的尖叫，顷刻之间以为自己心怀了整个天堂。"③

在库比特的思想体系中，原罪和救赎的概念已经不再出现，因为他认为这些问题并不具有合法性。尼采启发他，不存在任何现成的客观的外在宗教真理，真理仅仅是人的发明。库比特设想了这样一个思想实验：如果从现在开始，由于某种原因，旧宗教的一切都消失了，那么，哪些教义或者信条将会因为被需要而被重新发明呢？对此的回答是他在《快乐之路》、《我们的头顶是天空》、《新旧教条》等书中提出的新的"教义"："真宗教是你自己的声音；在任何意义上都是拥有自己的生活；是对生活的太阳式肯定，完全承认生活的慷慨、偶然性、短暂性和虚无；是在公共世界中进行的创造性的价值实现活动；信仰不是执着于什么，而只是顺其自然，它嘲笑焦虑，安于漂浮"。④ 在库比特这里，宗教是一种个人的艺术创造或生活方式。

他们对于基督教中的其他方面也有尖锐的批判。比如尼采批判圣徒自己不认识自己，而是按照圣灵解释那样的夸张解释艺术来理解自己的情绪、爱好和行为风格；他讽刺殉道者把自己信以为真的态度套在全世界的头上，其理智诚实层次极为低下，与真理毫不相干，而是误入了歧途；他认为禁欲主义是人对自己的违抗的最崇高表现。比如库比特认为神秘主义

---

① 尼采：《人性的，太人性的》，杨恒达译，中国人民大学出版社2005年版，第102页。
② 同上，第101页。
③ 同上，第95页。
④ Don Cupitt, *The Old Creed and the New.* London: SCM Press. 2006. p. 3.

经验并不是上帝临在的经验,神秘主义其实是一种政治书写。在总体上,尼采对基督教的全面批判为库比特的非实在论宗教思想扫清了大量具体的障碍。

(四) 回到肯定生命的宗教

尼采对库比特的一个重要启发是,如果神学不能引导我们回到某种忠于生活的、富有生命力的东西上来,它就是有问题的。

在尼采看来,生命拥有追求成长、求生、积累力量、追求权力的本能,否则就是堕落。他如此强烈地抨击基督教的重要原因是,他看到基督教是压制生命的"颓废"的、"堕落"的宗教。因而,尼采批判基督教是"人性的最大不幸","全部拯救机制的真正动机是让人犯病"。基督教把生命的重心放到死后,而不是放在生命自身之中,这摧毁了所有理性和自然本能,导致生命的"意义"变成了生命不再有意义。尼采对此一刻也不能容忍。

休·雷蒙-皮卡德(Hugh Rayment-Pickard)在他的论文中指出,"尼采攻击基督教不是要取消之,而是要重新发现原初的基督教。"[1] 不管他的评判是否公正,尼采并没有因为否定基督教而否定宗教本身。相反,尼采和库比特都认为宗教是必要的,因为它向人们提供了看待世界的方式和生活方式。虽然尼采没有详细地讨论宗教应该变成什么样,也许是因为他的处境还没有到过多地进行设想的时候。但是不难看出,他所向往的宗教是像古希腊宗教那样生机勃勃的、健康的宗教:"民族尊敬那些使自己能够生存的条件,尊敬自己的德性,把快乐本身和权力感投射给某个存在,向他表示感激","宗教是一种感激的方式"。

在库比特看来,宗教是我们用来重新想象我们自身,投射我们的价值的一种公共方法。因而,宗教是人类不可或缺的东西,如果没有了宗教,人将不知道怎么去生活。他所反对的只是基督教提供的特定的世界图像和生活方式。在他的宗教思想中,生活取代上帝成为新的宗教对象,宗教的目的是教导人们过一种全心全意肯定当下生命的生活。可以说,他的宗教思想的核心是肯定现世生活。正是由于这个原因,他称自己的宗教为

---

[1] Hugh Rayment-Pickard, "Theologising with a Hammer: Friedrich Nietzsche and Don Cupitt", Gavin Hyman ed., *New Directions in Philosophical Theology*. Cornwell: MPG Books Ltd. 2004, p. 62.

"生活宗教"。

三 肯定生命的伦理学

肯定生命是尼采和库比特宗教思想的总体姿态。刘小枫说："尼采寻求的实质真理是：人的生存如何可能面对世界偶在。为此，尼采想到了'热爱命运'，以便同偶在搏斗。"[1] 这也是库比特在苦苦寻求的东西，他也通过热爱生命同虚无搏斗。两者的思路是一致的。然而，在具体解决方案上，两者产生了很大的分歧，这体现出库比特对尼采的反对。不过反对本身并不妨碍库比特成为尼采的学生。在许多情况中，被反对者启示了反对者。

(一) 等级秩序还是回归日常性

尼采比较过基督教、佛教、印度教等宗教的优劣，他的评价标准是看能否从中找到一种等级秩序，等级秩序越是完善的宗教就越好。在尼采看来，等级秩序是生命自身的最高法则。在每一个健康的社会中，都有三种彼此侧重点不同，但又相互制约的生理类型：一种是偏重精神；一种是偏重膂力、性情热烈；而第三种与前两种都不同，它体现的只是平庸。第三种类型代表大多数，而前两种是挑选出来的。尼采认为，要维持社会，使较高的类型和最高的类型成为可能，就必须区分这三种类型，权力的不平等对于任何权力的存在来说都是至关重要的。在尼采看来，这是"正义的最古老、最纯真的道德戒律"。所以，宗教是"神圣的谎言"，为了建立社会秩序，需要一个基于神圣权威的等级秩序。然而，作为施陀罗道德的教士伦理导致的自由平等的民主制度却使得平庸者掌握权力，完全乱了章法，小人道德成了事物的标准，导致了社会的败坏。他忿恨地说，"施陀罗的使徒们，他们削弱了工作者对其卑微的生存的本能、喜悦和满足感——这些无赖让工作者嫉妒、教导他们报复……不正义并不在于权力的不平等，而是在于对'平等'权力的肯定"。[2] 在尼采看来，宗教应该具备一种合理的等级秩序，使不同等级的人各归其位。自由民主制度是一种

---

[1] 刘小枫、施特劳斯、洛维特等著：《尼采的基督教》，明风出版2003年版，第53页。
[2] 本段内容参见尼采等著：《尼采与基督教思想》，吴增定等译，道风书社2000年版，第68—70页。

衰败形式，违背生命成长的法则。至于人道主义，虽然尼采没有专门谈论，但按照他的理论，他势必会认为帮助弱者生存是颓废的表现。

库比特说自己是尼采的追随者，然而当尼采开始用左翼的政治腔调说话时，他便开始敬而远之。库比特受到佛教之光的照耀，认为生命作为存在的涌流是平等的。库比特的生活宗教不分强者和弱者。无论是所谓的强者还是弱者，都被呼吁全心全意地热爱和投入当下的生活。库比特生活在现代英国的自由民主制度之中，他并不认为这是一种衰败，相反，他看到这种制度使得大众在生活和意识方面都获得了巨大的提高。

如果说尼采试图建立的哲学和宗教仍旧是精英主义的，那么库比特则在《后现代宗教哲学》中提出了"民主哲学"的口号。在这一点上库比特的导师是维特根斯坦，而不是尼采。尼采从来不认为大众，即第三种类型的平庸者会有什么有趣的思想，这是在第一种类型的人那里才能找到的东西。然而，库比特的宗教研究新方法证明了相反的结论，他仔细考察了普通人的日常话语，在那里发现了一个新的世界——日常生活世界。他发现，普通人的话语中嵌入了一套完整的哲学与宗教思想，它是如此新颖和前卫，充满有趣的悖论，以致现在连职业的哲学家和神学家都显得有点落伍。库比特的非实在论宗教思想不是他的发明，而是在日常语言之中的发现，是人们已经在相信和实践的各种信念。由此库比特证明大众并不像尼采认为的那样是平庸的，日常话语也不是陈词滥调。相反，大众拥有真正有趣和前卫的思想。因而，他呼吁哲学和宗教回归日常性。这大概是尼采始料不及的一种时代变化。库比特经过研究得出结论，"我们这些处于后启蒙时代的现代人的情况是相当不同的。我们拥有大量的经验知识，而不是'绝对'的真理。我们全然不顾所有旧的规范化的概念，而是用我们缜密详尽的经验描述和理论去对待整个世界。这一建构世界的新的方式已经表明具有强大的力量，并且其结果在许多方面是非常美好的"。[1] 至于人道主义，库比特认为它是对基督教伦理学的实现，真正体现了耶稣宣扬的肯定生命的福音。他的生活宗教是一种人道主义的宗教。

不难看出，两者的理论中都有潜在的危险。尼采的等级制度中潜伏着社会达尔文主义的倾向。如果被利用并发挥到极端，就会使得某些人反对

---

[1] 唐·库比特：《人生大问题》，王志成、王蓉译，四川人民出版社2008年版，第15页。

另一些人的战争成为合理的，与尼采避免人对人的战争的初衷正相违背。尽管许多学者认为这种看法是对尼采的误解，然而思想一旦形成，便脱离了思想者，拥有了自身的发展过程，其结果有可能与提出者的初衷相悖。无论如何，尼采的思想中隐藏着某种危险，这是不可否认的。

　　库比特对日常性的歌颂则容易导致平庸主义。他留给人一个疑惑：最终哲学和宗教是否会消亡。我想，这不是库比特所关心的，他关心的是如何快乐地生活。在《人生大问题》中，他试图解决如下问题：一个有思想的人，如何克服日常生活的平庸和狭隘。他给出的回答是，"凭借智慧去看生活本身，并看穿它、提升它、嘲笑它——以一种宽宏大量的精神学会做这一切，这种精神使人能够回归到日常性并接受它"。①关于对日常性的回归是否会导致宗教消亡的问题，库比特试图论证，已经出现的并不是宗教的消亡，而是宗教的成全。我们在下一章将会看到，他对当前处境的解读显示，现代西方正是基督教的"天国阶段"。

　　（二）超人与太阳

　　尼采提出超人来克服虚无主义的恐怖。超人不是一个新的人种，而只是人的一个新的类型。尼采没有说哪一种社会地位的人适合成为超人，超人是一种理想人格。超人是生命力的象征，完全摆脱了奴隶意志，是"主人道德"的标准，是超越芸芸众生的"充实、平实、伟大而又完全的人"。可见，超人是尼采理想中符合强力意志之本性的强者，完全克服了基督教为人性带来的颓废和衰败。刘小枫总结道，超人就是像上帝那样站到自然的恶和残酷面前的人。超人就像太阳，用自己的生命发光发热，照亮虚无。

　　太阳的隐喻启发库比特提出太阳伦理学——一种新的生活方式和新的灵性。在《太阳伦理学》中，库比特详细阐述了他主张的太阳式灵性。他证明，虚无带来的可以不是悲观，而是快乐。既然我们扎根于虚无，既然生活本来就是短暂的、偶然的、有限的，那么我们就应该坦然承认并接受短暂性、偶然性和有限性为生活本来的样子，生活的题中之意。生活本来就是不完美的，完美状态是旧的柏拉图主义和旧宗教制造的安慰性或欺骗性的幻象，它从来不能获得，却成了我们不快乐的根源，因为我们被教

---

① 唐·库比特：《人生大问题》，王志成、王蓉译，四川人民出版社2008年版，第11页。

导把不完美看成恶,放下我们所拥有的生活去追求不现实的东西。事实上,我们真正拥有的仅仅是此世生活,它才是我们真正应该珍惜的。正因为它是偶然的、短暂的、有限的,所以,趁着我们还拥有它的时候,让我们毫无保留地投身于生存之流,尽己所能地生活,像太阳一样燃烧自己。

可以看到,在尼采那里,超人似乎仍然十分遥远,只是一种理想。然而到了库比特这里,燃烧生命征服死亡已经不再是一种理想,而是一种现实的可能性,一种实际的生活方式和生活灵性。库比特本人就是实践太阳式生活的人,他用自己的生活证明太阳伦理学的可行性和产生的效果——对生活热爱和感激,获得永恒的快乐,摆脱形而上的焦虑和恐惧。我们可以说,如今实践太阳伦理学的人就是尼采的超人。

在尼采与库比特之间存在着千丝万缕的联系。正是尼采为库比特的宗教哲学开辟了非实在论的道路。在世界图像和宗教的各个方面,包括起源、目的、核心教义、教会组织、宗教伦理学等,库比特受到了尼采全方位的、根深蒂固的影响,尽管两者之间在具体问题上呈现出不少差异。在这个意义上,我们可以肯定库比特是尼采的继承者。

第三节 维特根斯坦对库比特的两个影响[①]

路德维希·维特根斯坦是另一位对库比特有着决定性影响的哲学家。有趣的是,两者在许多方面呈现出惊人的相似性。两者都是剑桥的思想家。两者的最终宗教身份都是基督教的信徒而非教徒。两者的治学态度都是极其诚实、严格和清晰的,都将批判思想方式坚持到底,以致在各自的著作中经常会出现将自己分为两个角色、相互辩论的情况。两者都经历了思想上的深刻变化,用后期思想推翻了前期思想。两者的宗教思想都与其哲学思想密切相关,套用库比特的措辞,他们的宗教都是"哲学自己的宗教"。两者最终都主张回到日常生活本身。在维特根斯坦的思想中,对库比特起到关键影响的是语言游戏理论和生活宗教观。

---

① 本节内容参考王志成、朱彩红:《论维特根斯坦与库比特的生活宗教观》,《浙江学刊》2009 年第 1 期,第 5—12 页。

一 语言游戏理论视野下的宗教

早期维特根斯坦是个实在论者,核心思想是语言图像理论。他认为世界是实实在在的,语言是我们用来描述世界的工具,而使得这一点成为可能的是语言与世界之间的逻辑同构关系。后期维特根斯坦逐渐认识到他的语言观不符合语言的实际情况:我们的语言和世界都没有本质结构,因而没有本质。他的后期思想可以用语言游戏理论来概括。维特根斯坦这样解释语言游戏,"我还将把语言和活动——那些和语言编织成一片的活动——所组成的整体称作'语言游戏'"。① 他认识到,语言是由各种家族相似的语言游戏组成的开放系统;同样,我们生活于其中的世界也是由各种生活形式组成的开放系统。语言起作用不是因为它描述了在逻辑上同构的世界,而是因为我们在语言实践中对它作了如此这般的使用。由此,"我们如何认识世界"的问题转换成了"我们如何使用语言"的问题,换言之,"意义即用法"。这样,语言游戏在逻辑与语义学中变成了上诉的最高法庭。后期维特根斯坦所关注的不是语言如何描述世界,因为这个问题没有意义,而是语言游戏如何进行。语言游戏理论使维特根斯坦在哲学上从实在论者变成了非实在论者。

维特根斯坦明确地将他的理论应用在宗教问题上。他用了大量笔墨对宗教信念与科学信念做出区分。科学信念可以用历史的或者经验的证据来证明其真假,比如"头上有一架德国飞机"。宗教信念则不是基于历史事实和生活常识,维特根斯坦澄清说:"这并不是基于历史的基础……不能把它们看做是历史的、经验的命题。有信仰的人并没有使用通常用于任何历史命题的怀疑。"② 他以末日审判为例,信教的人相信这是真的,而维特根斯坦自己并不相信。然而,这里的"不相信"并不表示他与信教者的想法相冲突,而是指他没有这些想法或其他与之相关的想法。显然,这里的真假不是一种逻辑上的真假,而是某个图像是否起作用的问题。持不同信念的人处于不同的生活图像之中,他们之间不存在科学意义上的

---

① 路德维希·维特根斯坦:《哲学研究》,陈嘉映译,上海人民出版社2005年版,第7页。
② 涂纪亮主编:《维特根斯坦全集》(第12卷),江怡译,河北教育出版社2003年版,第385页。

因此，维特根斯坦说："基督教不是基于一种历史的真实；毋宁说，它给我们提供了一种（历史的）叙述，它讲：现在去信仰吧……你只能把它当作是一种生活的结果。"① 许多证据证明了这一点，比如，在米开朗基罗的宗教绘画中，披着奇怪毛毯的男人叫做"上帝"，但这并不表示上帝看上去就像是绘画中的样子；福音书中的历史叙述有可能被证明是虚假的，但信仰不会因此失去什么。可见，历史的证明与信仰无关。不仅无关，而且会造成损害，因为用来证明信仰的每一条理由必然指向一条反对理由。所以，维特根斯坦说："如果存在有证据，那么事实上就会毁掉整个事情。"②

对于教会试图把宗教变成在科学意义上正确的教条，并迫使人们遵守教条，维特根斯坦不能容忍。他说："使人们按照教条（或许采用某种图式命题的形式）进行思维，其结果将是十分奇怪的。我所考虑的并不是那些教条左右着人们的看法，我考虑的问题是，教条彻底地控制着所有观点的表达方式。人们将在一种绝对的、露骨的专制之下生活……它很像某人在你的脚上缚上一个重物，以便限制你行动的自由。"③ 维特根斯坦反对教条主义，因为它遵循的是语言图像理论。他认为信仰不是证明出来的，而是活出来的，"正统的教义统统是没有用的。你不得不去改变你的生活"④。

在这里，维特根斯坦用语言游戏理论处理的是宗教的真实性问题，或者进一步说，是宗教如何起作用的问题。事实上，在他的论述中隐含着对宗教的重新定义。库比特受到维特根斯坦的启发，将宗教定义为一套符号语言，我们用它来玩生活游戏。不同的宗教是不同的语言游戏，或者套用库比特的说法，是不同的艺术品。宗教不是为进入一个更好的世界做准

---

① 路德维希·维特根斯坦：《文化与价值》，许志强译，浙江文艺出版社 2002 年版，第 58—59 页。

② 涂纪亮主编：《维特根斯坦全集》（第 12 卷），江怡译，河北教育出版社 2003 年版，第 383 页。

③ 路德维希·维特根斯坦：《文化与价值》，许志强译，浙江文艺出版社 2002 年版，第 52—53 页。

④ 同上，第 94 页。

备，因为并无那样一个更好的世界。这里的"无"指的不是科学语言意义上的无，因为那样又将陷入语言图像理论的思想方式。毋宁说，"无"指的是对那样一个世界的谈论本身是不合法的。库比特提出过一个口号，"语言之外无一物"，放到这里就很容易理解了。

为了更好地解释这里牵涉到的全新的思想方式，库比特进一步引入了"无外在性"（outsidelessness）的概念。正如我们前面提到的，旧的二元论把存在领域划分为神圣世界和世俗世界，我们生活的这个世界是世俗世界。然而，无外在性断言只有一个世界，就是我们的世界。在我们的世界之外，不存在另一个神圣的世界，也不存在留给它的席位和谈论它的视角。我们的世界是有限而无边界的，它就是全部。如维特根斯坦所言，"世界就是所发生的一切东西。"由此可见，无外在性取消了神圣世界这个指示物，这样的结果是，虚无主义不再成为一个问题。我们能够彻底拥抱虚无，并真正做到快乐，因为这就是原本的样子。

在宗教的真实性问题上，库比特用了"诗性真理"这个词阐明维特根斯坦的意思。在他看来，宗教的真实性类似于神话或小说的真实性。我们都知道小说是虚构，但没有人会因为这个理由拒绝小说。库比特同样以末日审判为例。他认为末日审判不是告诉我们，在我们死后的某个时间会有一场宇宙性的审判，而是以神话形式告诉我们，我们现在所做的每一件事情都是有意义的，就是说，我们是被判断的，被我们自己、我们的群体和我们的文化所判断。末日审判将这种判断投射到宇宙意义上，从而帮助我们理解此时此地的重要性。所以，末日审判意味着我们现在应该过一种内省的生活。可见，宗教的真实性不在于它的字面意思，而在于它所传达的价值。库比特把这种真实性称为"诗性真理"。

与维特根斯坦一样，库比特也反对教条主义。另外，他还猛烈批判教会，指控教会把作为生活图像的宗教变成了作为法律的宗教（即维特根斯坦所不能容忍的科学真理），并由此达到了攫取权力的目的："在中世纪早期，教会法学家在罗马取得了统治地位。他们将存在已久的倾向制度化，把信仰转变成大信仰——它由法学家控制并作为法律强加给所有信徒。宗教开始被视为信条，即它成了依靠信仰以及教会权威确保其正确性的教义性信念。正统信念成了一种责任，背离它就成了一种应受惩罚的犯罪……教会不仅成了一个精神的国家，而且几乎成了一个极权主义的、意识形态的国家和一个绝对的君主政体"①。库比特认为这对基督教灵性是一种扼杀，难怪他把这样的基督教称为"有史以来最大的恐怖"。

关于对信仰的历史证明，库比特赞同维特根斯坦的看法，承认对《圣经》的批判研究非但不能确立或者加强信仰，反而削弱了信仰。但在支持还是反对批判研究上，库比特与维特根斯坦出现了分歧。维特根斯坦持反对立场，而库比特则支持这样做。然而，不管他们各自的理由是什么，批判研究对信仰的削弱已经成为客观事实，这对宗教造成了重大的影响。

既然宗教是一种语言游戏，那么我们就有可能思考什么样的游戏在当前对我们起到最好的作用，并制定新的游戏规则。本着这种精神，库比特不懈地探索这个时代最适合我们的宗教面貌。他说："我仍然坚持我原先的狂想：我想要写一本既是宗教的又是诚实的书"。② 在此，我们从两个层次来概括他多年的努力所取得的成果。第一，真宗教是一种表现主义的生活方式，教导人们全心全意投入偶然的、短暂的、有限的生活并热爱生活。库比特发明了"太阳伦理学"这个词来称呼这种宗教灵性，这构成他的生活宗教的核心内容。第二，必须说明的是，"新的生活宗教没有信条，没有属于它自身的专门神学，也不需要任何挨户拜访的福音传播者来传播它。它是自我传播的。所有的工作都在日常语言内部并由日常语言完成"。③ 就是说，与旧的宗教不同，它没有标准的正确词汇、正确立场或者教义系统，它扎根于日常语言之中。"唯一有用的宗教信念是那些我们已经用来建构自身或在自身中找到，并在生活中和与他人的交流中检验过的信念。"④ 我们可以得出结论，库比特所认为的合适的宗教类似于一种"旅行者的宗教"，是个人在穿越生活的旅程中亲证出来的东西。

当维特根斯坦将语言游戏理论应用于宗教领域的时候，他只是从语言学的角度考察了宗教的真实性问题，想必他没有完全认识到这个理论

---

① 唐·库比特：《空与光明》，王志成、何从高译，宗教文化出版社 2003 年版，第 3—4 页。

② 唐·库比特：《快乐之路》，王志成、朱彩虹译，浙江大学出版社 2006 年版，第 31 页。

③ 同上，第 50—51 页。

④ 同上，第 48 页。

将为宗教带来的革命性影响。库比特尝试从更多的方面发掘游戏理论的潜能，我们从上述内容中可以看到他对这个理论的发展。事实上，这个理论可以为一些棘手的问题提供很好的解答。比如，在《圣经》中，有一句使人困扰的经文，"……他叫日头照好人，也照歹人；降雨给义人，也给不义的人。"① 许多人对此提出过不同的解释。按照宗教游戏理论，在某个层面上，没有所谓的"好人"和"歹人"之分，好和歹的属性只是在具体的语言游戏过程中游戏角色的不同特征而已。进一步说，这里的价值区分是非实在论意义上的区分。语言游戏理论可以帮助我们将非实在论进行到底。

二 对生活的回归

在西方哲学史上，维特根斯坦第一个明确地指出，原初世界是通过日常语言给予我们每一个人的世界。韩林合在考察了语言游戏理论之后分析道："现在，早期维特根斯坦关于可说与不可说的理论也就不成立了，既不存在仅仅由事实组成的事实世界，也不存在由价值和体验构成的神秘领域；事实上，世界只有一种，它是由各种各样的生活形式组成的，而体验和价值就根植于这些生活形式之中。"② 不难看出，后期维特根斯坦认为，宗教是人们对世界和生活采取的一种态度，根植于信仰者的生活形式之中。简而言之，宗教是一种生活形式——"我留意到，宗教的信仰可以仅仅变成一种类似于对某个参照系统的单纯而热忱的投入。因此，虽说它是信仰，它实际上是一种生活方式，或者是评估生活的一种方式。"③因此，接受信仰也就是改变生活形式。

维特根斯坦使宗教下降，返回生活。如果我们遵循古老的传统，把伦理学理解为广义上的"生活方式"，那么实际上，在维特根斯坦那里，宗教最后变成了一种伦理学，而不是教条或者绝对真理体系。梁卫霞曾在她的论文中分析道，维氏在很大程度上也把他的伦理观等同于宗教，他在1929年于剑桥作的伦理学讲演中详细地阐明了这一点，在这个讲演中，

---

① 《马太福音》，5：45。
② 韩林合：《维特根斯坦哲学之路》，云南大学出版社1996年版，第183页。
③ 路德维希·维特根斯坦：《文化与价值》，许志强译，浙江文艺出版社2002年版，第112页。

他考察了伦理学的三个课题，究其本质，这三个课题都是有关宗教的。①维特根斯坦信仰上帝是为了给人生寻找意义，我们知道，在他那里，人怎样生活是一个伦理学问题，而不是一个神学问题，因为他不关心教条神学。所以，正是在人生的意义这个伦理学问题上，维特根斯坦为宗教留下了地盘。

作为伦理学的宗教是一种什么样的宗教呢？维特根斯坦对此没有进行深入的研究，他只是谈到了两点：激情和爱。他认为，信仰不能用理性证明，而是要用激情活出来，"信仰是我的心灵、我的灵魂所需要的。因为必须加以拯救的东西，是我的那个具有情感的、似乎有血有肉的灵魂，而不是我的抽象的精神"②。他尤其强调爱的作用，"在悔过中向上帝开放自己内心而忏悔的人，也对其他人敞开心扉。人在这样做时丢掉了他的个人威望带来的尊严……只有某种特殊的爱才使我们在他人的面前袒露自己"③，"是拯救的爱才相信复活，甚至于牢牢地抓住复活"④。

维特根斯坦在宗教问题上过于简略的论述为我们留下了遗憾，解决这个遗憾的是库比特。他接替维特根斯坦的工作，发展了生活宗教理论，阐明了维氏所说的宗教的具体含义和如何运作的问题。他明确主张在宗教上取消柏拉图主义的二元论，即取消神圣世界与世俗世界之间的传统划分。这意味着神圣世界下降，与世俗世界合一，就是所谓的宗教世俗化进程。这隐含在后期维特根斯坦的思想中，但没有被道明。库比特进一步认为这是世俗的神圣化，而不是神圣的世俗化。两者的意味截然不同，后者意味着宗教的取消，而前者意味着宗教的成全，在库比特看来是基督教许诺的天国阶段的来临。他说："我们时代的日常性之中的神圣领域和世俗领域的这种融合就是'亚伯拉罕'宗教传统所称的尘世天国。"⑤ 我们在下一章中将详细说明他的这个惊人洞见。如果说在维特根斯坦那里，生活宗教的面貌还非常模糊，那么到了库比特这

---

① 梁卫霞：《维特根斯坦与克尔凯郭尔》，《兰州学刊》2006年第3期，第25页。
② 维特根斯坦：《文化与价值》，许志强译，浙江文艺出版社2002年版，第60页。
③ 同上，第83页。
④ 同上，第60页。
⑤ 唐·库比特：《快乐之路》，王志成、朱彩红译，浙江大学出版社2006年版，第39页。

里，生活宗教的真正含义已经清楚地展示出来。

遵循维特根斯坦的路线，为了解决"人怎样生活"的问题，库比特提出了太阳伦理学。如同我们在前面提到过的，这个理论也受到了尼采的超人哲学的启发。然而尼采的思想仅仅为太阳伦理学提供了第一层含义，即我们要承认如下这种人类境况：一切都是偶然的、短暂的、有限的，没有另一个超验的秩序来保证我们的安全，我们被偶然性之流包围，与周围的事物一道处在方生方死的过程中。太阳伦理学的第二层含义则受到维特根斯坦的启发：我们要像太阳一样燃烧，过表现主义的生活，全心全意地投入当下的生活之中，"真宗教就是喜悦于、热爱并委身于我们的生活、我们的世界和我们彼此"[①]。库比特宣称，太阳式生活综合了生命与死亡，能够帮助我们克服死亡的恐怖，获得永恒快乐。

前面谈到的是维特根斯坦"回到生活"的口号对库比特的第一个关键启发，即宗教是一种生活方式或伦理学。第二个关键启发是方法论上的突破。库比特把"回到生活"表达为，真宗教是直接的宗教，它去掉了超验的秩序和作为代理人的教会，仅仅是我们在此时此地付诸行动的方式。正是在这个基础上，库比特发明了一种新的宗教研究方法，他称之为日常语言调查方法。既然宗教就在人们的日常生活之中，那么日常话语中一定包含着宗教思想。于是，库比特开始收集具有宗教趣味的日常习语，这并不难，因为每个人在日常语言方面都是专家。他从自己的知识、书籍尤其是字典、媒体和朋友那里获取资源，并加以分类。通过这个经验的方法，他发现了嵌入日常语言之中的一套完整的宗教思想，并写了两个日常语言三部曲来阐明这种新的宗教研究方法，以及运用新方法所发现的宗教思想。过去，宗教思想的传递是自上而下的，即从教会到普通人手里。在库比特那里，传递顺序刚好相反，变成了自下而上的，即从普通人那里挖掘出宗教思想。库比特发现，普通人的宗教思想并不像人们想象的那样，只不过是陈词滥调，恰恰相反，它包含着真正有趣和前卫的观念。他还发现，有些宗教观念在日常语言中已经流行好几十年了，但在宗教或神学专业人士那里才刚刚确立甚至尚未确立。我们将在第四章"生活宗教的方法论"中详细说明这种新的宗教调查方法。

---

① 唐·库比特：《快乐之路》，王志成、朱彩红译，浙江大学出版社2006年版，第34页。

三 赫伯斯韦特与林贝克：库比特是否误解了维特根斯坦？

牛津大学神学家布莱恩·赫伯斯韦特（Brian Hebblethwaite）在一篇文章中指责库比特误解了维特根斯坦。他说后期维特根斯坦是"一位容许多种解释存在的人，我们可以参见纪池、埃尔斯顿等对维特根斯坦的使用"，然而"库比特认为后期维特根斯坦表达了这样一种观点：生活形式和语言游戏纯粹是人类创造"。① 赫伯斯韦特的观点是，库比特对后期维特根斯坦进行了过度诠释，在神学问题上将后期维特根斯坦从一名不可知论者变成了非实在论者。

必须承认，赫伯斯韦特的观点看上去很有道理。后期维特根斯坦没有明确否定超验的"终极实在"的存在，从理智上而言，他在这个问题上的态度是保持沉默，从信仰上而言，他始终是一名信徒。然而，如果仔细分析"非实在论"概念就会发现，赫伯斯韦特的批判是不成立的。神学上的实在论指的是拥有对超验的神的信仰，传统的基督教是它的一种典型表现形式。非实在论者则没有这种对超验的上帝的信仰，或者说认为实在论的上帝不是一种客观存在。从这一概念上来看，维特根斯坦的确是一名非实在论者，因为他认为信仰的真实性在于它对我们所起的作用，而不是在于它的客观存在。在此，我们可以正确地认为约翰·希克（John Hick）是一名不可知论者，因为他明确地相信存在一个不可知的超越者，基督教的"上帝"是人类对这样一位超越者的回应。

关于库比特对维特根斯坦的理解，另一个挑战来自当代美国后自由主义神学家乔治·林贝克（George Lindbeck）。与库比特一样，林贝克也是后期维特根斯坦的语言游戏理论的继承者。他也认为"塑造自我、建构世界的是外在的词，而不是对'前存在'的自我或者'前概念'的经验的表达或者命题化"。② 在对待宗教问题上，他提出了"文化—语言学模式"。按照这种模式，宗教是"塑造全部生活与思想的一种文化—语言学框架或媒介"，教义是"富有公共权威的话语、立场和行为规则"③；"决

---

① Brian Hebblethwaite, *On Disagreeing with Don Cupitt*. Manuscript, p. 2.
② 王志成：《和平的渴望》，宗教文化出版社 2003 年版，第 183 页。
③ George A. Lindbeck, *The Nature of Doctrine: Religion and Theology in a Postliberal Age*. Philadelphia: Westminster Press, 1984, p. 33, p. 18.

定宗教的是那些宗教独特的传说、信仰、仪式和行为模式","宗教中永久的和教义上重要的内在并不存在于以命题形式阐述的真理之中,更不存在于内在经验之中,而是存在于宗教所讲述的故事之中,存在于用来传授讲述和运用故事的方法的语法之中"[1]。林贝克将不同的宗教称为不同的文化—语言学模型,它们没有希克所称的"超越者"作为共同核心,而是不同的语法系统,正是它们的语法规定了它们内部的真实性、意义与价值。因此,不同的宗教是不同的规则系统,不可通约。这在林贝克那里导致的是"各人自扫门前雪"的信仰主义局面,与库比特从语言游戏理论中得出的"宗教超市"理论大相径庭,"宗教超市"理论认为,不同的宗教就像陈列在超市中的不同商品或者艺术品,我们可以按照自己的需要选择一种或者多种宗教。为什么同样从后期维特根斯坦的语言游戏理论出发的林贝克与库比特得出的是截然不同的结论呢?林贝克的不同结论是否证明库比特误解了维特根斯坦?

事实上,库比特会赞同林贝克的这一观点,即不同的宗教是不同的语法系统,单从宗教概念、故事或教义上来看的确是不可通约的。然而,跳出宗教领域,库比特为林贝克的各个文化—语言学系统找到了一个共同的基础——生活世界。更确切地说,库比特倒转了林贝克理论中宗教与生活的秩序。林贝克认为宗教规定生活,因而在他那里,宗教大于生活。然而库比特认为宗教服务于生活,因此"没有什么大过生活"。这是库比特从后期维特根斯坦那里吸收的另一个至关重要的资源,这个资源却被林贝克忽略了。既然宗教是一套语言符号,没有客观实在的真理性,而是服务于生活这个大背景,那么生活世界的人们就能在宗教超市按需自取,而不会为独一性问题所困扰。这样一来,库比特就将林贝克的信仰主义转变成了实用主义。

总　结

本章试图探索库比特的宗教哲学思想的起源。

---

[1] 王志成:《和平的渴望》,宗教文化出版社 2003 年版,第 186—187、193 页。引文略有改动。

第一节表明，在库比特所处的时代，也就是我们这个时代，人类生活的各个领域正在发生着或者已经发生了重大的变化。这种变化的范围之广、程度之深使得有些学者提出，第二轴心时代已经（或正在）来临，我们面临的是一种范式转换。第一轴心时代设立的核心观念和价值，以及在此基础上发展起来的整个宗教文明如今已经不能适应新的形势，继续指导我们的生活。我们需要一个全新的开始。库比特吸收了第二轴心时代的设想，着手从新的起点出发建立宗教理论。这是一项艰难的工程，因为宗教已经在实际生活中历经种种变迁，比如传统宗教的衰落、宗教的世俗化进程和新宗教运动等，而且新的宗教问题和理论层出不穷。然而，这些挑战同时也是机遇：一方面，它们为库比特提供了各种理论的和现实的资源，使得他有可能不断否定和发展自己的思想；另一方面，它们使得新的宗教形势越来越明晰，最终有可能获得破译。从这方面来说，库比特是个幸运儿，他所处的几十年正是整个宗教变迁逐渐在日常语言和日常生活中获得确立的时期。库比特的宗教哲学思想是时代的产物，它所试图解决的正是这个时代提出的宗教问题。

第二节和第三节表明库比特思想的具体来源。你可能会注意到，按照我们的讨论，库比特受到的关键影响全部来自哲学领域，而非其他领域。这不足为奇，正如库比特自己所说的，他的宗教哲学是"哲学自己的宗教"，就是说，他的生活宗教是哲学按照自己的逻辑发展所产生的必然结果。在气质上，库比特更接近哲学家，尤其是欧洲大陆哲学家。如果要给他一个身份的话，把他说成哲学家显然比神学家合适得多。你有可能会问，他的生活宗教究竟是宗教还是哲学？这个问题对他是不适用的。事实上，在某种意义上，对宗教和哲学领域加以严格区分是没有意义的。理论的目的在于为生活服务，库比特的生活宗教理论的目的当然是为如何在这个时代过有意义的宗教生活服务，而不是为了满足学科或者身份的界定。

库比特受到众多来自不同领域的人物的影响，这使得他的思想带着不同人的气息。我认为对他起到关键影响的人物是尼采和维特根斯坦。尼采的虚无主义哲学使他用自然主义的立场看待世界和宗教问题，正视虚无的真相，看破种种实在论的假相。但正如潘尼卡所言，这是不够的，"我们再也无法满足于重复言说或仅仅返回沉默,而是开始舞蹈"[①]。维特根斯坦使库比特将非实在论进行到底,用语言游戏理论的思想方式建构新的世界图像和新的宗教理论。在非实在论方面,如果说尼采对他的影响主要是批判维度上的,那么维特根斯坦对他的影响则是建构维度上的。

除了尼采和维特根斯坦,库比特还受到了其他几位哲学家的重要影响。早期库比特受到克尔凯郭尔的持续影响,从否定神学的视角看待宗教问题。在存在问题上,库比特吸收了海德格尔的观点,将存在解释为一个生成过程,还撰写了存在三部曲。德里达对哲学和宗教传统中的深层假设的揭露以及关于"不可能性"的神学使库比特受益匪浅。基督教中的神秘主义传统是库比特始终感兴趣的,虽然他推翻了对神秘主义的传统理解,站在非实在论的立场上认为它是一种政治书写,但神秘主义的灵性和古老的思想方式在库比特的理论中可以见到痕迹。比如,他认为神圣者已经散播到生活世界之中,因此我们与古人一样,可以再次体验到日常事物的神圣性。

最后一个需要解决的问题是,库比特曾经自称是30%的佛教徒,他的思想与佛教,尤其是禅宗有暗合之处,而且这种暗合是根本上的合拍,那么,他在建构自己的思想的过程中,在多大程度上受到佛教或者东方资源的影响呢?我认为,库比特所说的30%的佛教徒并不完全是从思想来源上而言的。事实上,他对佛教的理解很有限,唯一认真读过的是几本关于道元禅师的著作,若干关于龙树和禅宗的作品,可能再加上一点对佛教和印度教的知识普及性质的了解。他不仅对佛教没有系统的了解,而且没有实际的佛教生活和佛教体验。所以,在思想来源上,库比特是一个纯粹的西方人,更具体地说,是一个完全在基督教传统中成长起来的西方人,他的宗教思想也是基督教自身发展的结果。然而不可否认,奇怪的是,虽然可以说库比特对佛教知之甚少,但他用某种难以推知的方式直接把握了佛教的内核,也许是他对此已经有了某种内在的预备,就像《圣经》上常说的,准备好道路。但即使如此,这种预备也是西方文化为他做的预备。在这里,我们很容易产生这样的猜想:库比特的个案是否反映东西方

[①] 雷蒙·潘尼卡:《看不见的和谐》,王志成、思竹译,江苏人民出版社2001年版,第82页。

宗教和文化最终已经产生了某种"吻合"或者"汇合"呢？这不是本文讨论的范围，但我认为，库比特说的"30%的佛教徒"只是一种表达认同的宣称。他认识到他的思想与佛教是如此合拍，甚至在佛教中早就获得了普遍接受，基于这种思想和灵性上的显著一致性，以及这种一致性在某些方面为他带来的进一步启发，他做出了那样的宣称。当然，佛教的确为他提供了少量的思想资源，但这在他的整个思想来源中所占的比重毕竟是非常有限的。

可以得出这样的结论：在思想来源上，库比特是一个纯粹的现代西方人，他的生活宗教吸收的是西方的思想资源，主要是后尼采的哲学资源。

第三章 生活宗教的背景：西方当前的处境

今天，全世界的人都像在经历着这样一场魔术表演：生活这只魔术的口袋发生了一次大爆炸，各式各样的事物奔涌而至，让人既兴奋又担忧，既沉迷又恐惧。人们普遍感到困惑，而西方被认为是这一切的始作俑者。

关于我们的时代或我们的处境，人们从不同的视角给出了不同的解释，描绘了不同的世界图像。我们根据库比特的描述，站在宗教哲学的视野中，把对西方当前处境的解读分为三类：宗教基础主义的解读，世俗主义的解读和天国版本的解读。我们将会看到，库比特批判前两种解读，为第三种解读辩护。他认为我们生活在一个世俗化的世界里，但它不是脱离宗教的全新的发明，而恰恰是世俗化的基督教。

第一节 三条解读路线

一 宗教基础主义的解读

在三条解读路线中，这条路线最为久远，在过去两千年中贯穿大半个西方哲学史和整个基督教传统。它在哲学上对应柏拉图的二元论，在宗教上对应教会阶段的基督教，两者都是实在论的表现形式。

我们从思想方式、世界观、知识和真理观、人观、语言观、宗教观以及灵性观几个方面简单地展现这条解读路线。在思想方式方面，宗教基础主义的解读把世界分为神圣领域和世俗领域，两个领域之间存在质上的无限差异和不可逾越的鸿沟。理念或上帝属于神圣领域，是永恒的、完美的和无限的。世俗领域是个不完美的、变动不居的世界。人生活在世俗世界里，受制于"形而上学的恶"：偶然性、短暂性和有限性，或者时间、机会和死亡。

在世界观方面，这种解读认为，上帝创造了世界和人类，他给予世界秩序及规则，赋予人认识世界与上帝的能力，并为整个世界历史设立了一个道德计划。"我们是受造的，并且发现如今自己是被放置在一个现成的世界之中的，这个世界有秩序，已充分定性，运作宛如时钟。"① 库比特把这称为意义最为深远，且始终被顽固地坚持的假设之一。在希腊语中，这样一个受造完好，有自身的运行规则，并且处于独立而机械的运动之中的世界称为"宇宙"。

在知识和真理观方面，这种解读认为，人类生活在一个有序的宇宙之中，具有认识宇宙法则的能力，能够获得关于世界的知识和真理。知识是对外在于我们的世界的客观反映，具有绝对性。库比特把这一类型的知识和真理称为"强的"（strong），区别于他所说的"弱的"（weak）知识和真理。他分析道："神学让我们跨越了我们通过感官似乎感知到的东西与外在的、客观的东西之间的缺口。"② 显然，在实在论模式中，语言的问题不会被提出，因为语言被视为仅仅是反映客观事物的忠实工具。因此，在语言观方面，这种解读坚持表象主义的或者反映论的语言观。在传统社会里，知识有三个来源，除了人类理性独立获得的少部分知识之外，大部分知识和真理是《圣经》启示给我们和传统留给我们的。最终，知识来源于上帝，从上帝那里获得它的永恒性、客观性和绝对性。

在人观方面，这种解读认为，人是由肉体与灵魂组成的。灵魂类似于精灵，是一个独立的精神实体，居住在肉体这座房子里。肉体是迟钝的物质实体，灵魂则是人的能动部分，它能够利用感官认识世界，也能够以直觉的方式直接与上帝沟通。按照主流的解释，宗教经验就是灵魂对上帝的直接感知。这种信念是如此根深蒂固，以致宗教哲学家约翰·希克若干年前在谈论神经科学与宗教经验的关联时，仍然把意识问题归结到无形的实在者，他认为我们自己的本性中存在能够用来回应实在者的非物质属性，宗教经验有可能是人对实在者的敞开与回应。③ 灵魂最主要的任务是认识

---

① 唐·库比特：《我们的头顶是天空》，王志成、王蓉译，宗教文化出版社 2008 年版，第 37 页。
② 同上，第 27 页。
③ 王志成、朱彩红《神经科学与宗教经验：约翰·希克关于宗教经验之合法性的辩护》，《自然辩证法研究》2008 年第 8 期，第 82 页。

上帝，这源自传统基督教堕落与拯救的宏大叙事。这种叙事告诉我们，上帝创造了世界和人类。起初，黄金时代的人生活在伊甸园里，与上帝完全和好，处在快乐的原初状态。后来，人受魔鬼的引诱犯下原罪堕落了，与上帝的关系也随之破裂，被驱逐出伊甸园，从此在一个充满苦与罪的世界里开始了流放生活。虽然人背叛了上帝，被驱逐，但人与上帝的关联并未彻底切断。事实上，上帝从未离开人类，而是仍然看顾并指引着他的造物，甚至道成肉身，变成耶稣基督死在十字架上，替人赎罪。从此，信仰耶稣基督的人便能靠着上帝的恩典得救，因为上帝应许在千禧年，耶稣将会复临，进行大审判，在尘世建立上帝的国。到那时，罪人将得到惩罚，而信仰者将进入天国。所以，人的生活是一次穿越尘世世界的旅行。在旅程中，要时时提醒自己仰望上帝，保持纯洁，避免犯罪，以便在将来进入天国。

由此可以得出，传统的灵性是内省类型的。人被鼓励从这个世界撤退，进入自己的内心，因为人与上帝的垂直关系是第一位的。基于原罪的事实，为了获得拯救，我们需要与上帝重新和好。耶稣基督使得这种和好成为可能，但他已经死在十字架上，并升到天上，坐在上帝的右手边。于是，教会获得了它的位置，它把自己视为基督在地上的身体，是连接人与神的桥梁。它向人宣扬上帝的福音，解释《圣经》和教义，是上帝在尘世的代理机构。人们通过教会认识上帝，获得并维持信仰，最终得到拯救。

在这里，还有一点值得一提。今天，虽然我们已经目睹了上帝在许多领域的撤退，然而有趣的是，与其说上帝死了，不如说上帝变成了幽灵。即使在德里达的神学中，上帝仍然作为不可能者徘徊着，他的缺席提醒着他的存在。就是说，"缺席"这个词提醒我们，上帝的席位依然保留着。这一点表明，二元论不仅是一种形而上学，而且是一种思想方式。库比特谈到，人类思想在哪里都能根据二元对立来构造世界：我们谈论上和下、左和右、善和恶、光明和黑暗，每一事物似乎都需要他者，也必须拥有他者；二元论的思想希望建构他者，也总是需要建构他者。[①] 因此，尽管上帝死了，但他的席位还留在那里，作为人类的他者继续起着作用。

---

① 唐·库比特：《我们的头顶是天空》，王志成、王蓉译，宗教文化出版社2008年版，第109—110页。

我们用下面的表格简单概括宗教基础主义的世界图像。

思想方式	实在论/二元论
存在	大写的存在（Being），范式是实体；其稳定性和客观性由上帝保证
世界	神圣领域和世俗领域，两者拥有质上的无限差别；上帝为人类生活的世界设定了秩序和规则
人	由灵魂和肉体组成，拥有认识上帝和世界的能力
知识和真理	"强的"，有上帝、权威和传统三个来源，最终来自上帝，并由上帝保证其客观性和绝对性
语言	表象主义语言观；语言是描述事物的工具
宗教	堕落与拯救的宏大叙事；教会阶段的基督教，是体制化的、间接的
灵性	内省类型的，鼓励向内心撤退

在宗教基础主义者和宗教基要主义者看来，虚无主义或世俗主义是一场灾难，在后现代意义上，它已经把西方赤裸裸地留下，陷入恐怖的虚空之中，无法抵抗众多坚定的新敌人。他们认为，所有核心的"西方价值"都来自犹太—基督教传统，只有依然忠实于这些价值所依赖的宗教，西方才能幸存下来。捍卫西方价值观的唯一方式，就是回到这些价值得以建立的核心的形而上学和神学信念之上，其实质就是《启示录》，或者就是柏拉图和亚里士多德的思想、《圣经》和圣奥古斯丁的作品、中世纪的教会。他们说，自发的现代性已经"错误地"尝试放弃其基督教之根基。但我们不能让它成功，否则我们将会丢失最珍贵的一切。老的拯救之舟差不多依然漂浮着。如果我们要拯救西方，那么我们就必须修补它，甚至恢复它。[①] 所以，按照宗教基础主义的解读路线来看，西方的现代性是一种错误，它引导我们走向毁灭性的虚无主义。我们需要纠正这种错误，回到传统的世界观和价值中去。

库比特敏锐地指出，他们抱有这种观念的原因是，西方保守的宗教观多多少少把宗教的起因等同于实在论的起因。对宗教保守主义者来说，我

---

① 参见唐·库比特:《西方的意义》，王志成、灵海译，四川人民出版社2012年版，第30页。

们不能得救，除非我们依靠独立于人类心灵的外在实在、外在真理和外在价值。意义必须是固有的，存在于外的，并独立于我们的思想。必须要有一个已经事先安排好的世界，我们才能在其中生活，否则一切都将陷入存在与秩序的反面——恐怖的虚无。

二 世俗主义的解读

世俗主义的解读试图脱离宗教，用纯粹世俗的观点来解释一切。他们认为，一方面，启蒙运动所要求的独立的批判思想方式逐渐腐蚀了传统，并给了我们现代的批判学术、现代的自由民主政治、基于科学的工业社会，以及提倡自由表达和人权的"生活方式"伦理学。西方已经发展出了一个世俗的社会，在其中，人们比以前享受更长的寿命、更大的自由、更加丰富的文化生活。我们称之为"西方"的整个自我批判的、自我发展的文化系统完全是世俗的，已经远离宗教的控制；另一方面，事实也证明，西方需要世俗化，需要一个开放的文化市场，以便自由地以其自身的方式活动，而旧的宗教方式只会抑制西方持续更新的能力。由此，正如库比特指出的，世俗主义者试图跳过基督教阶段，在古代和现代启蒙之间建立直接的连接。他们将现代西方的发展决定性地归结于由拜占庭和阿拉伯人保存下来的希腊文化遗产，这一文化遗产在第四次十字军东征之后经由威尼斯带到了西欧。

关于世俗主义者将现代西方文化之根追寻到希腊文化遗产这一点，库比特提出了许多反对理由。[①] 第一，如果希腊遗产给予的新材料如此重要和充满活力，那么为什么它既没有在拜占庭也没有在伊斯兰带来现代性的腾飞？第二，现代西方的成型，不是基于起先是亚里士多德，接着是柏拉图那令人窒息的影响之刺激，而是基于为了摆脱他们的影响而做的斗争。西方现代科学的兴起是在与亚里士多德的成功斗争中获得的，这一游击战由黑格尔、德里达等哲学家们完成。第三，西方早期的"实验哲学家"或者科学家们要感谢的不是任何一个希腊人，而是拉丁作家卢克莱修（Lucretius）。第四，在拜占庭和伊斯兰教中，有种走向政教合一的强烈倾

---

① 下列反对理由参见唐·库比特：《西方的意义》，王志成、灵海译，四川人民出版社2012年版，第6—8页。

向。在这种倾向中，宗教领袖和政治领袖重叠，为世俗理性和世俗生活环境留下的空间较少。这一错误不是西方犯下的，因为西方一直保持着一个世俗生活空间，自治的人类理性被认为是充足的。西方从来没有完全丧失自然主义思维和辩证思维的可能性。西方保存了世俗的爱情诗歌以及关于女性的思想，而且西方总是具有更加强烈的历史意识。

世俗主义试图从还原论的角度去看待基督教。① 耶稣被认为是个纯粹世俗的智慧导师，他的教导使周围人受益无穷。起初，周围人可能把他的死当作了无辜受难的情形。在当时的奴隶制社会中，人们的意识水平有限，为了保存耶稣的信息，使他以某种形式留存下去，地方神学开始提供关于耶稣的新形象：他是一个义人、一个伟大的先知，一个像以利亚一样升至天堂的殉道者，他是上帝之子，他是要再临的被指定的弥赛亚，他是天上的人子，他是上帝的圣言。这种神学继续发展下去，在接下来的三四个世纪中发展成了庞大的基督教教义体系，然后持续了一千年。渐渐地，这个轮子转了一圈，在早期现代性中开始了去神话化的过程。当这个过程完成的时候，我们就返回到了此时此地人的生活这个最简单的伦理难题。

因而，世俗主义认为，实际上，诸神和"诗性神学"的整个世界仅仅是个投射。为了使得日常生活的问题容易处理，我们必须以异逻辑的方式思考，把生与死的重大问题投射在关于诸神的故事里。然后，我们把它作为模板来塑造我们自己的行为，就这样一直持续到了19世纪早期或中期，直到我们自己的心理理解和普遍的自我认识已经能够让我们放弃异逻辑思维，用新的"人际技巧"之类的东西来取代旧的神话。费希特（J. G. Fichte）关于自我的原则正好说明了这种异逻辑思维。自我无条件地设立非我作为对立面。当自我意识以自身为对象时，它既是主体，又是对象，但这不是外来的对象，而是自我为自己设立的对象。只有通过设立非我，自我才能在关于世界和他人的经验中展开自身。就是说，自我为了完全地成为自身，就必须设立非我。②

库比特部分赞成这种还原论解释。在《上帝之后》和《新的大故事》

---

① 关于基督教的看法参见唐·库比特：《西方的意义》，王志成、灵海译，四川人民出版社2012年版，第27—28页。

② 参见赵敦华：《西方哲学简史》，北京大学出版社2001年版，第288页。

中，他自己也从人类学的角度分析基督教的上帝概念的发展历史。我们在前面已经谈到过他的三个工作模型理论。在此，需要指出，还原论思路的解释遭到了许多学者的批判。E. E. 埃文斯－普里查德（E. E. Evans-Pritchard）甚至说："那完全是一堆荒谬的重构、没有依据的假设和猜测、粗野的推测、猜想、假说、不恰当的类比、误解和误释的集合。"① 种种证据显示，库比特在《上帝之后》一书中的论证可能存在问题，因而他在《新的大故事》中用"两个循环"的理论取代了"三个工作模型"。但是，这对生活宗教的主要论证并不构成多大的障碍，对本节内容也没有多少影响，因而我们在此不展开论述。

然而，库比特认为，仅仅依靠这种还原论解释还不够。第一，即便在今天，对多数人来讲，完全的去神话思维仍然太过困难，原因是我们仍然难以与生活的某些最基本的真理和解。库比特指出，尽管著名的浪漫派诗人华兹华斯两百年前就对我们每个人清楚地说明，是我们自己在我们的语言运动中建构了世界和自身，但时至今日，很多人仍然只能通过宗教神话和效法上帝才能与生活和解。第二，世俗主义者的故事具有精英主义倾向。他们的虚无主义吓坏了大多数的普通人。尽管许多思想家、艺术家和其他富有创造性的人热切地委身于完全的思想自由和表达自由，但如果他们想要让大众明白他们的立场，并且支持他们的事业，那么宗教就不可或缺。我们需要为世俗主义的故事注入宗教的情感和宗教的象征，使其民主化，否则它就太干枯了。第三，库比特认为，西方传统最伟大的优点在于，它并不总是一套前后一贯、绝对精彩的理念，而是从一开始在宗教、哲学和社会伦理方面就是一种反复不断的辩论，而且在某种程度上，是自己与自己的辩论。巨大的极性不断持续着，这些极性包括：世俗对神圣、秩序对自由、理性主义对意志主义、唯实论对唯名论、忠诚对分歧、爱对正义等。西方的力量一直就在于它的极度不安，它的起初的怀疑以及它的长时间的难以平息。所以，任何一种试图解释西方传统的统一的理论都是值得怀疑的。② 据此我们可以推测，西方当前的处境不是纯粹世俗的，也

---

① E. E. 埃文斯－普里查德：《原始宗教理论》，孙尚扬译，商务印书馆2001年版，第6页。
② 第三点参见唐·库比特：《西方的意义》，王志成、灵海译，四川人民出版社2012年版，第38—39页。

不是教会版本的，而是两者的某种混合。

三 天国版本的解读：对前两个版本的批判与吸收

关于西方当前的处境，上述两个版本的解读都不能让库比特感到满意。他提出了第三条解读路线——天国版本的解读。这是在对前两条解读路线的批判与吸收中发展起来的。

对于宗教基础主义的解读，库比特所赞成的部分是，它认为现代西方是基督教的产物，现代西方的观念与价值拥有基督教的来源，就是说，它们是从基督教之根上生发出来的。所以，我们不能离开基督教去理解当前的处境，不然我们将会犯"数典忘祖"的错误。

他所反对的有两点。第一，宗教基础主义与实在论紧紧捆绑在一起，坚持实在论的世界图像。他的反对理由主要分为以下几点。首先，在哲学领域，随着柏拉图主义的崩溃，实在论已经倒塌，我们已经经历了某种范式转换，进入非实在论、虚无主义或者后现代主义之中。其次，在政治领域，对应的变化是从绝对的君主统治进入了自由民主政治。再次，在经济领域，经济实在论——整个货币系统必须归因于以金条为形式的固定价值储备并由它来维系的信念——结束了。马克·泰勒将离开黄金标准等同于经济学上的上帝之死。① 今天，货币已经从黄金、纸币走向虚拟货币。最后，在艺术领域，从印象派开始，画家不再根据透视图法描述精确的对象。从那以后，绘画的对象一直在变，今天变成了构成绘画的点、线、面等元素。诚如库比特所言，艺术领域的每一次革新都是对旧风格的反叛。艺术家比哲学家和宗教学家更早地离开了实在论。简而言之，在人们生活的各个领域都发生了从实在论到非实在论的重大转变，以致我们这个时代被称为"第二轴心时代"。这些变化并不像宗教基础主义者认定的那样是坏的，而且变化也是不可逆转的。就是说，我们无法如他们期望的那样回到从前，并且我们认为现在这样更好。

第二，宗教基础主义坚持旧的教会版本的基督教，即体制化的基督教。对此，库比特的反对理由包括，首先，就现实情况而言，这一版本的

---

① 唐·库比特：《后现代宗教哲学》，朱彩红、王志成译，浙江大学出版社2008年版，第75页。

基督教事实上正在慢慢消失。在西方,体制化的宗教已经迅速衰落。我们生活在一个非常世俗的时代,以致库比特说,除非人们把旧的信经当成是为了政治上的生存和独立而进行政治斗争的意识形态来阅读,否则它不会被大多数人所理解。其次,在智性上,过去两三个世纪里,当越来越多的知识分子不再支持和相信某种主要的宗教传统时,基要主义就变得似乎越来越像是任何一种旧宗教唯一的未来:由于今天没有哪个旧宗教写出了最高水平的理性护教学,也没有哪个旧宗教激发出了任何新的伟大艺术,所以除了"遗产"或基要主义,似乎就没有别的未来了。① 再次,在政治上,组织化宗教依恋权力,往往成为人类思想自由、道德自由和表达自由的敌人。在库比特看来,教会对灵性权力的爱好远远大于对宗教真理的喜爱。尽管按照《圣经》的观点,当上帝的国在尘世建立起来之时,教会就将完成它的历史使命,退出舞台,但教会不甘愿这样,它将拯救无限期拖延,以确保自身的利益。因此,虽然教会是拯救的桥梁,但这座桥梁被无限延长,人永远在桥上,不会抵达。但在库比特看来,基督教已经从教会阶段过渡到了天国阶段,教会已经完成它的历史使命,过时了。虽然它仍然可以存在,以便提醒我们,我们是从哪里来的,但必须对它加以限制。

对于世俗主义的解读,库比特赞成的部分是,首先,这种解读认为现代西方是个世俗化的世界,并用世俗主义的观点看待和解释我们生活的各个领域。在《后现代宗教哲学》中,库比特也描绘了一幅世界图像,这幅图像完全是世俗主义的。其次,这种解读用去神话的方式解释宗教,认为宗教是人创造出来的,原初的耶稣是个智慧导师。在《耶稣与哲学》中,库比特也尝试将耶稣解释为一位世俗的智慧导师,从世俗的角度来揭示他的教导。在他看来,宗教就如同艺术品,是人的创造。在这两个方面,库比特与世俗主义者是一致的。

然而,在库比特与世俗主义者之间也存在巨大的分歧,这种分歧从某个角度而言是根本性的。在库比特看来,尽管现代西方是个世俗化的世界,但这并不表明它脱离了基督教传统和文化。恰恰相反,现代西方是基

---

① 本段"首先"和"其次"部分参见唐·库比特:《我们的头顶是天空》,王志成、王蓉译,宗教文化出版社2008年版,第102页。

督教的世俗化，西方文化是基督教文化。在漫长的历史中，基督教完成了自我超越，从基督国、基督教进入了基督教文化阶段。关于这一点，库比特在《西方的意义》一书中进行了详细的说明。我们将在下面两节进行详细讨论。

我们将在本章第三节讨论的天国版本的解读是第三条道路。它既赞同我们的处境的世俗化特征，认为体制化的基督教及其思想方式已经过时，又承认现代西方非但没有脱离基督教传统，而且是基督教的另一种存在形式。

第二节 非实在论的世界图像

我们在上一节可以看到，库比特对西方当前处境的解读是世俗化的。他为我们提供了一个新的神话：存—在（be-ing）如同泉水一般喷涌而出；公共语言把存在照亮，形成可以辨认的世界、我们和我；我们全部生活在人类交流之网中。这是一幅非实在论的世界图像。

一 反对实在论

不难看出，库比特关于世界图像的新神话中包含着一个三极结构：存在、语言和"人"（人类知识与意识的世界）。在这里，我们可能会产生如下疑惑：他是否受到了传统基督教三位一体教义的启发，在世俗主义外衣的掩盖下发明了一种新的三位一体变体，并试图将他的这种新发明变成一个新的实在论结构？答案是恰恰相反！首先，库比特这样做的目的是"避免基础主义对问题的看法，并且暂时延缓这个问题：何种宇宙论可能在将来看上去是最好的以及为什么……使哲学栖息在一个三脚架上"[①]。其次，他反对传统的表象主义的语言观，在他看来，我们的知识和意识都是语言赋予的，没有绝对的真理，有的只是我们的解释。因此，库比特的神话中包含的三极结构只是他用来解释世界的一种方式而已，不会变成另一种实在论。

在哲学上，库比特把自己定位为"后尼采主义者"。这样定位是为了

[①] 唐·库比特：《后现代宗教哲学》，朱彩红、王志成译，浙江大学出版社 2008 年版，第 54—55 页。

表明，他与尼采一样，认为曾经主导西方哲学思想的实在论已经倒塌，我们需要重新开始，建立一幅全新的世界图像。那么，实在论的倒塌是如何发生的呢？库比特在他的若干著作中简单地谈到过这一过程，我们在这里作一简单的概括。

起初，古代哲学通常从"存在"问题开始，它不是关注个体的人这一主观的视角，而是寻求对实在的一般性解释，追问主要有哪几种存在，接着继续追问为什么事物如其所是。它认为，一旦一个人完全理解了事物的起因，或者能够从一个单一的创造性原则或一系列原则出发推论出整个多样的现实，那么他将获得哲学上的满足。据此，库比特推论道，基督教不同于印度的宗教，后者的主要兴趣不是在于获得知识，而是在于从痛苦中获得解脱，前者则认为对绝对实在的想象知识能够让我们获得幸福。因而，基督教是强烈"实在论的"。人们一直假定，伟大的存在链条是完整的，并将永远保持完整。可见世界每时每刻都依赖于上帝的创造意志维持其存在，如果没有上帝，它将瓦解。

这就是为什么在近代（从伽利略到早期康德），人们认为坚持传统有神论与现代物理学的综合异常重要。他们坚持科学知识的客观性，宣称数学物理学家"跟上帝想得一样"，并坚决主张哲学有神论与新的"自然哲学"之间的一致性，以便将上帝保持在适当的位置。因此，即使拉普拉斯（Laplace）在对牛顿的天国机械论重新进行了相当精微的计算，决定性地清除了各种反常情况，证明了牛顿主义的正确性，并宣告不需要上帝这个假设之后，他仍然继续相信有一个客观而理智的世界秩序，人的心中有一种内在的和预制的天性来记录同样的世界秩序。尽管笛卡儿确实尝试为新的、纯粹人造的数学物理学提供哲学上的理由，但他在这个难题面前停住了脚步：所有这些观念从哪里获得它们的"客观实在性"？他迷惑了，又退回到了上帝那里。可见，当时的人们面临着这样一些问题：如果不是上帝创造性的意志时时刻刻支撑着这个世界，那么是什么保持着它的存在？如果没有立法者，"自然法则"是什么？是什么东西在控制着世界进程？[1]

---

[1] 本段参见唐·库比特：《我们的头顶是天空》，王志诚、王蓉译，宗教文化出版社2008年版，第39—40页。

在接下来的第三阶段，这些问题逐渐获得解答。1781 年，康德的《纯粹理性批判》出版，库比特将这视为"西方哲学史上最重大的事件"。他说，虽然康德依然在问一个老问题，即混沌如何形成一个有序的、可居住的宇宙，但是他没有重复关于诸神如何在时间之始创造世界的旧神话，取而代之，他讲了一个关于我们如何始终在创造世界的故事。根据康德的观点，可居住的客观世界之框架原则已经在我们的理性中，就如一种永久的程序设计。它们获取、解释和保存输入的经验数据，从而使感觉经验形成关于客观世界的知识，使混沌形成宇宙。由此可见，我们的知识不能超出经验世界，这意味着"教条形而上学"是死的，我们无法获得拷贝"终极实在"的绝对知识。虽然康德不能严格证明世界的客观实在性，但他论证道，如果我们要从根本上拥有一个世界，我们就必须把我们的世界视为客观的世界。①

到了第四阶段，在黑格尔那里，一切都被嵌入历史之中，整个人类思想进入有限性和时间之中。库比特指出，在黑格尔的思想中，上帝之死被巧妙地隐藏了起来。然而在费希特、谢林（F. W. J. Schelling）和叔本华（Arthur Schopenhauer）的思想中，上帝之死在明显地发生着。一切事物开始进入这个世界中的人类社会生活之流，这使得小说迅速成为占主导地位的文学形式。

在第五阶段，西方思想朝着怀疑主义和虚无主义的方向发展，然而，已经发生的变化在尼采的思想中才全方位显现出来。他看到，上帝之死意味着旧的本体论的终结，因为它不具备如下理论：在一个没有上帝的世界里如何可以有短暂的、有限的存—在。他同样看到，上帝之死意味着对外在目的之信念的终结，道德实在论的终结，简而言之，对一个宇宙，即一个外在的、统一的、可理解的、现成的世界之信念的终结。②

尼采之后，这一点很明显：关于存在问题，西方思想不得不重新入手。于是，在第六阶段，海德格尔出现了，他需要解决这样的问题：上帝之后，短暂的、有限的存在是什么？为什么有限的存在将其自身呈现给我们时就已

---

① 以上关于康德的观点参见唐·库比特：《我们的头顶是天空》，王志成、王蓉译，宗教文化出版社 2008 年版，第 41 页。
② 上面两段参见唐·库比特：《后现代宗教哲学》，朱彩红、王志成译，浙江大学出版社 2008 年版，第 78—79 页。

第三章 生活宗教的背景：西方当前的处境

经被整合进了一个世界之中？人的处境是什么？在海德格尔的方案中，库比特吸收了存在作为生成的概念，并写了关于存在的三部曲，《有时》(The Time Being)、《存在的宗教》(The Religion of Being) 和《存在的启示》(The Revelation of Being)。我们将在下一部分看到他对"存在"的讨论。

库比特看到，颇具反讽意味的是，笛卡儿一旦意识到需要"客观实在性"并将它发明时，它就几乎消失了。这并不奇怪，情况往往是这样的，当某个东西成为问题的时候，我们才会将它提出来，而正好在那时，它就开始远离。自笛卡儿之后，实在论从来没有完全恢复过。按照库比特的分析，自尼采开始，哲学中出现了两股潮流：一股越来越变得惯于怀疑（例如法国的"后结构主义"）；另一股（如维特根斯坦）则积极寻求应对方法，这些方法像是在劝说我们不要因为失去"绝对者"而苦恼不已。库比特判定，"从笛卡儿到德里达和鲍德里亚（Baudrillard）的西方之旅现在是不可逆转的，所以，我们必须放弃对客观实在的忧虑，必须放弃教条化的宗教信念。"[①]

在库比特的思想中，另一个反对实在论的表现是他对生活的"无外在性"（outsidelessness）这个概念的引入。基础主义的思想方式为我们制定了这样一个规则：人们需要从一个客观的确定性开始出发。甚至在今天，大多数人似乎仍在假定：生活的目的、生活的真实意义、一切的要点都必定是隐藏在生活之外的某种伟大的东西。然而，反实在论者的规则是：一切事物都是偶然的，都是时间和机会的产物。活的有机体以及语言和文化的事例普遍地使我们相信，仅仅凭借世界中的偶然力量经由漫长时期的相互影响，就能形成并发展出复杂的、有序的、受规则支配的、自我维持或自我复制的系统。这就是无外在性的含义，它表明我们不需要任何绝对者，不需要任何外在的支持，这个世界中的一切事物都是相对的，能够令人吃惊地完美结合。

为了帮助我们理解无外在性的概念，库比特把它与现代物理学中关于宇宙"有限而无边界"的观念相比。[②] 在古代，人们可能想象，在某个遥

[①] 唐·库比特：《我们的头顶是天空》，王志成、王蓉译，宗教文化出版社 2008 年版，第 45 页。

[②] 同上，第 127 页。

远的地点,我们会发现自己走到了这个世界的尽头。但在今天,当我们十分清楚地球是一个球体,而一个球体的表面是一个有限的区域但无边界的时候,我们便能轻易地理解,地球并不在字面意义上有任何角、尽头或者边界。例如,你以笔直的路线朝世界的任何方向出发,在大约25000英里后,你就会发现自己回到了出发点。生活也是有限而无边界的,包揽一切,就像婚姻一样,必须把它作为一揽子事项来接受。所有关于通向另一个世界的秘密通道的观念都是虚妄的,因为没有秘密通道,生活是一个连续统一体。

在这里,非常重要的一点是,当库比特说生活无外在性的时候,他是通过取消一个指示物的方式来进行这一宣称的。在此,或许以人们对待虚无主义的态度为例能够帮助我们理解。在哲学上,对待虚无主义有两种态度,一种是悲观和绝望的;另一种是无所谓或充满喜乐的。我们在前面也涉及到了这一点。为什么像叔本华和克尔凯郭尔这样的哲学家会卷入悲观主义?那是因为虽然他们看到世界是虚无的,但他们仍然在以旧的实在论的思想方式进行思考,所以对他们而言,虚无的混沌状态是无法承受的。简单地说,虽然上帝死了,但他的位置仍然在,提醒着我们他的缺席。由此造成的悖论是,上帝的缺席提醒着他的存在。这一点在德里达的思想中可以明显地看出来,作为不可能性的上帝的幽灵仍在徘徊。库比特的无外在性概念解决了这一难题。无外在性事实上呼吁我们放弃旧的实在论的思想方式,放弃对绝对者的渴望,以一种全新的方式思考。在这种全新的方式中,我们只有一个有限而无边界的世界,不存在世界之外的位置。所以,库比特将传统的上帝连同其世界和位置整个取消了,真正投入到虚无中去,并拥抱虚无。在这一点上,他与尼采和后期维特根斯坦是一致的。

库比特的这种自然主义解释反对传统基督教的如下假定:一个人应该"不要爱世界和世界上的事……因为凡世界上的事,就像肉体的情欲,眼目的情欲,并今生的骄傲,都不是从父来的,乃是从世界来的"[①]。在他看来,这种内省的灵性有点像对生活的禁欲主义的仇恨。库比特提倡一种表现主义的外向型生活灵性,这将在"生活宗教的内容"部分得到论述。接下来,我们将具体展开库比特所描绘的非实在论的世界图像。

---

① 《约翰一书》,2:15—16。

二 作为生成的存—在

在对存在问题的讨论上，库比特与海德格尔是一致的，把存在看成"生成"（Becoming）。在此意义上，他把存在写成存—在，以表明它不是一个静止的实体。他从三个层次上分析了存在的含义。[①] 首先，我们需要将存在的范式从实体转换成事件。其次，由于我们所有的思想都在语言中得到处理，因此，呈现其自身的是一条由语言形成的事件之流，它不断地倾泻流逝。最后，这些事件是相互关联的，它们是处于同一个世界中的事件。一个世界是一个有序的领域，在其中，每一事物都与其他事物存在某种关联。原初的世界，即首先将它自身呈现给我们的世界，是人类的生活世界。他还指出了对待存—在问题的两种错误倾向。第一，我们对于一切事物的存—在的感觉通常被严重扭曲了，这归罪于人们滥用存在问题为神学护教学服务。例如，当人们追问，为什么有物存在，而不是无物存在时，他们的意图是，把任何有限事物的存在设定为一个需要诉诸上帝来解决的问题。对于这个追问，最好的回答是"为什么不呢"，毕竟没有人会处于无物存在的情况中。在某种意义上，存在再寻常不过了，事实上它不是一个问题，关于它也没有什么困难之处，但这并不取消它的精彩和令人敬畏之处，即它那无根无据的、不计后果的慷慨。第二，把存在问题与物质的保存和物理对象的持续相混淆。这种倾向遗漏了存在问题，因为物理对象仅仅是整个现实中的一个非常小的部分。

在这里，你可能会追问这样一个问题：既然存在是生成，为什么呈现在我们面前的是一个已经形成了的、有序的、确定的世界呢？库比特的回答是，存在在呈现其自身时就已经由语言形成；我们可以说，语言本身以这样一种方式"形成世界"：随着它覆盖、占用和形成一切事物，它建立一个世界。因而，世界的有序特征是语言中包含的先验秩序的一种客观反映。有趣的是，这个答案听起来像是对古代神话的一种回归：在《创世记》中，原初的黑暗渊面加上上帝的神圣语言等于被照亮的宇宙；在今天，全能的、赋予生命的语言在黑暗的、无定形的原初混沌之上运行，使

[①] 以下三个层次参见唐·库比特：《后现代宗教哲学》，朱彩红、王志成译，浙江大学出版社 2008 年版，第 80 页。

之成为有序的、被照亮的、被自觉地经验到的人类生活世界。

显而易见,库比特与维特根斯坦站在一边,是反表象主义的。表象主义认为,语言是一种描述工具,用来拷贝事物的状态,该事物已经外在地确立,是完全确定的和可理解的,先于我们的语言而存在。所以,真理是生活的真相、准确的表述。然而,在库比特看来,表象主义方式是荒谬的。"我们只能了解我们构造的依赖于心灵的世界。我们根本就没有理由另外去假定一个超出它的'实在'世界,也根本没有方法去比较我们的'表象'和其背后所宣称的实在世界。所以,所假定的实在世界是多余的,应予以消除"。① 库比特进一步分析道,表象主义的出现有特殊的原因:在17世纪,人们试图调和传统宗教图像和新的启蒙思想方式,前者认为宇宙是完全确定的和预定的,后者让我们冲破思想禁锢,尝试建构我们自己的世界图像。表象主义由此产生——我们试图使得我们自己那属人的、主观的世界图像变成旧的神创宇宙的一个好翻版。

我们不禁要追问,那么,究竟什么是有限存在,它是如何出现的,又是如何保持不断更新自身的呢?库比特无法直接回答这个问题,因为先于并独立于语言的存在(当在这种意义上使用"存在"一词时,库比特在该词上打叉)就其本身而论是不可言说的。然而,他试图从关于存在的两个类比和一条间接进路中解释什么是存—在。②

第一个类比把每一事物的出现比作新生命在母亲的子宫那神秘黑暗的虚空中出现,这在诗歌与神话中十分常见。第二个类比来自现代物理学。物理学证明自然中不存在绝对真空,即使在绝对零度的真空中,随着粒子突然出现和突然消失等状况,仍然存在某些振动。因此,存在的底线似乎不是一种纯粹的无,而是由振动着的种种可能性和细微事件构成的一个母体或基质。我们可以把它想象成类似于大雨中的池塘水面。

这两个类比仅仅是类比或者哲学神话。你可能会提出这样的疑问,我们在多大程度上能够诉诸神话来说明哲学上的问题。对此,库比特申辩道,在思想的尽头,落入神话是允许的,甚至是有益的。如果能够解释清

---

① 唐·库比特:《空与光明》,王志成、何从高译,宗教文化出版社2003年版,第179页。
② 以下相关内容参见唐·库比特:《后现代宗教哲学》,朱彩红、王志成译,浙江大学出版社2008年版,第83—84页。

楚自己在做什么，就不会带来什么害处。

他所提供的通向存—在的间接进路是"边界运动的默想"，这也是生活宗教的一种修习方式。实践方法是，试图停止思考，安静地注意某种轻轻移动的自然现象，比如一棵草上开着的花朵在一阵微风中轻轻摆动。这类似于东正教过去所称的"宁静的祈祷"，不同的是，这里的注视指向的是一种偶然的自然现象。这样做是为了消除头脑中通常蜂拥而至的解释，冷静地、平静地观看生成的过程。但是，一个问题立刻出现了：我们在观看的是存在的自我更新，还是时间的流逝？对此，我们无法做出判定。然而，库比特认为，这里的无法判定是允许的、合理的，因为存在与短暂性是一致的，这可能就是为什么奥古斯丁将它们描述为是同时的。

存在是什么？库比特说，它是一切事物的来临；是纯粹的偶然性，始终无来由地、慷慨地向外倾泻；是一个过程，如同一个不断涌流的泉眼。

三　语言"创世"论

库比特谈论的语言指的是"符号之舞，人们之间符号交换的连续过程，以及由生活世界所构成的活跃的沟通网络，也意指唤起大量奇怪的、多维的、语言意义的世界"①。他这样定义语言是为了避开两种错误倾向：长期以来，欧洲知识分子只是在研究死的语言——拉丁语、希腊语以及希伯来语；我们不去把握使用中的语言之运动如何落实生活事项，如何产生和形成生活世界。

库比特对语言的解释当然要归功于哲学上的语言学转向。近代欧洲大陆哲学的开创者康德详细论证道，我们周围的经验世界由我们确实并且必须通过它们来思考的概念与范畴形成，所以它对于我们而言可以成为一个客观世界。康德是最后一位思想受到柏拉图的二元论支配的大哲学家，在他之后不久，哲学注意力的中心就从柏拉图的"本体"世界或者纯粹先验真理转向有限的、偶然的、历史地发展出来的人类领域。在 19 世纪，现代语言研究开始了。库比特分析道，不足为奇，康德的构想适时地开始被一种新的学说取代：世界由语言形成，我们在语言之中描述和解释世界。鉴于康德把他的学说称为先验观念论，新的学说被称为语言观念论、

---

① 唐·库比特：《空与光明》，王志成、何从高译，宗教文化出版社 2003 年版，第 172 页。

推理观念论、语言自然主义或符号学的唯物主义。

新学说的第一层含义是，我们完全在语言中思考，在语言中描述和解释世界。关于这一点，库比特总结了六个论证。①

第一，不存在非语言的思想。思想就是自说自话，说话就是思想被大声地表达出来。"意识流"其实是一股语言之流。我们无法说出从句子到非语言的思想的转换可能是什么，也不能分辨句子有没有准确传达它们背后非语言的思想。

第二，如果我们把公共语言放在首位，把个体主观性看成是对公共语言的私有化，那么我们就能更好地解释我们为什么具有类似的头脑，并且能够成功地彼此交流。在这里，很容易想到笛卡儿对相关话题的讨论：他从我自身的主观性开始，把我的思想和情感转译成语词，然后将它们传达给你，等待你把它们重新转译为你自己的思想和情感。笛卡儿的难题是，我们如何胆敢确信，我们正确地理解了彼此呢？按照库比特的论证，同一种语言穿过不同人的头脑，笛卡儿的问题就消失了。另外，由于坚持语言意义的公共性，可以推论出库比特与维特根斯坦一样，反对私人语言，因为构成个人精神生活的所有可理解的内容都是公共地建立起来的。

第三，洛克认为，人的心灵是一块白板。然而在现代，我们已经认识到，每一个人都已经被文化编程好了。就是说，我们始终处于一种特定的世界观与生活价值中，处于一组地方习俗与偏见中，所有这些结合起来给予我们文化"身份"。

第四，我们并不像但丁所假设的那样，以一种人与天使共用的、标准的、普遍的概念语言进行思考。相反，我们以这种或那种自然语言思考，在不同的语言中甚至可能成为略有差异的人。

第五，思想无休止地运行与扩散的特征跟语言的特征完全相似。当我们放松下来进行观察时，便能意识到相当零碎的语词在四处狂奔。

第六，自拉康（J. Lacan）以来，相对容易理解弗洛伊德的工作所证明的内容。弗洛伊德通过检查梦的内容、交往试验、符号行为、玩笑、双重性格等调查潜意识的方式暗示，潜意识本身在语言中运行，并且自始至

---

① 六个论证参见唐·库比特：《后现代宗教哲学》，朱彩红、王志成译，浙江大学出版社2008年版，第52—54页。

终是语言。库比特说,弗洛伊德的工作应该被看成,不是提出大量牵强的科学假设,而是一种文学批判形式,是对人的个性的一种"阅读"。

语言观念论这一新学说的另一层含义是,我们生活于其中的世界是由于语言的运动才得以产生的。那么,语言的运动是如何建构世界的呢?库比特尝试从四个方面加以解释。①

第一,生活世界的结构反映了语言中包含的结构。思考一下比如空间和时间的全部结构是如何因我们对介词的使用而变得清晰的:上下、前后、左右的三维空间,先后、迟早的一维时间。康德将时间和空间描述为"我们外部的直观形式",库比特进一步认为我们的语言将某种时间和空间观念加诸经验世界。我们是根据名词、形容词、动词、副词等来看事物的。正因如此,广播评论员连续不断的评论才会在听众心中呈现出一幅鲜活的图景。

第二,语言建构的原材料就是康德所说的各种直观对象——白噪音、感觉经验的爆裂声等,也就是源源不断倾泻而出的存—在。对此,我们无法说得更多。

第三,既然我们所有关于时间和空间的观念都由语言使用的方式,尤其是介词和动词时态产生的,那么,你头脑中的语言已经孕育了所有的哲学和所有潜伏于其中的智慧。库比特说,万物的始因就像漏水的龙头一样,一直在你脑中不停地渗漏,你只要去倾听就可以了。他把这称为"倾听语言"的灵性。正是这一观念孕育了他的日常语言调查方法,即一种解释人们持有的哲学和宗教信念的全新的方法。我们将在下一章讨论这种新方法。

第四,从实践上说,作为一种高度社会化的动物,人类急需建立一个共同的世界。经过千百万年的试错法,我们逐渐地试验、发现并建立起一套经选择后最佳的公认习俗,用来指涉外部世界,并以此解释感觉经验,以便将它们整合到我们关于共同世界的一致图景之中。我们的文化——即我们共同的语言——教导每个人如何去选择、解释、突出以及整合我们的感觉经验,以便建构我们共同的世界。所有的一切都是实用性的,都依赖

---

① 以下四个方面参见唐·库比特:《空与光明》,王志成、何从高译,宗教文化出版社2003年版,第172—179页。

于语言。在这里可以看到,库比特的观点带着明显的达尔文主义的印记。

总结一下,关于语言如何建构世界,库比特认为,语言中包含着一种先验结构,语言的使用使得我们能够将作为白噪音的存—在编码,并翻译为可理解的事物。这个过程是在社会实践中通过不断的试错法进行的。最终,我们的文化给了我们一个光明的世界,并逐渐让我们意识到这一过程本身。

事实上,很难阐明语言问题或意识问题,因为我们总是身在其中。它始终已经在那里,总是预设的。库比特将它比作我们呼吸的空气,是我们的生命。就像我们前面谈论的生活是无外在性的一样,意识也是没有外在性的、有限而无边界的,包围一切事物。实际上,时间、存—在、意识和语言全部都是始终已经在那里的、始终被预设的、无外在性的,我们不可能跳出它们。然而,库比特指出,这一点极难把握,由于我们的失败,产生了许多人类最迷人和最持久的幻想。这些幻想中最糟糕的是整体划一(totum simul)之梦:我们梦想逃离语言和暂时的连续性,与我们的欲望对象获得一种直接的、整体的、突然的、直觉的沟通。宗教经验是这类梦想的典型例子。在《后现代神秘主义》一书中,库比特批判了超语言的神秘经验之说,认为这是一种前维特根斯坦主义的语言"拷贝"观,持有这种观念的人们或许没有认识到,他们对超越语言的不可言喻的沉默领域的谈论是何等的自相矛盾。库比特从语言和意识无外在性的角度出发,提出神秘主义是一种政治书写,这种书写的目的是拆除旧的上帝观,产生宗教快乐。[1] 在库比特看来,我们或多或少可以拥有一些事物,唯一的条件是我们理解并接受我们只能以语言包裹的方式拥有之,即通过语言第二性的、符号的并且总是含混的特征来传达。

在这里,需要澄清一些可能引起的误解。当库比特说语言创造、建构或者形成世界时,他指的不是语言从绝对的无中产生了世界。他的意思是,语言使得对于我们而言不可理解的、黑暗的存—在变得确定和光明,从而形成我们的可理解的世界。他是在"照亮"或者希腊哲学中的"赋予形式"这个意义上使用创造一词的。你还可能会问,既然一切都要用

---

[1] 朱彩红:《神秘主义的另一张面孔》,《基督教思想评论》2005年第2册,第422—426页。

语言来传达，那么比如禅宗的"以心传心"或者日常生活中人与人之间的直觉又该怎么解释呢？对此，库比特回答说，在同一个文化环境中，人与人之间在语言上存在着大量"共谋"关系。[①] 正是这种关系制造了可理解性、默契和趣味性。另外，库比特提醒我们，他不是在说我们陷入了推论之中，并且决不会达到纯粹直觉的高度，他也不是在说我们陷入了时间之中，并且决不会达到永恒的高度，他要说的是，我们仅仅是我们自己的第二性、我们自己的语言性、我们自己的短暂性以及我们自己不能解决的含混性。关于这些与生俱来的特征，我们从来没有并且绝对不会有任何其他选择，所以我们并不是真的失去了什么东西。我们并不是被囚禁在一个相对较低级的世界里，我们只是我们所是的。"整体划一"始终只是一个幻想而已。如今，批判思想方式已经在我们的传统中逐渐除去了这一幻想，但不知为何，我们人类总是发现自己不能简简单单地接受我们的生活如其所是的样子。劝说人们放弃虚幻的期望，只是接受并赞美日常生活，这是非常困难的。尽管如此，库比特还是找到了一条与日常生活完全和好的道路，我们将在第五章"生活宗教的内容"中讨论这一道路。

四 弱的知识和真理

关于语言的讨论意味着，在哲学和宗教中，我们需要放弃如下旧的柏拉图哲学的观念：至善是一种知识，尤其是一种神圣的、赐福的知识，是对上帝纯理智的默观。这一古老的至善观念使得知识具有最高的价值，与永恒存在之必然性相关的直觉被认为是最能深刻地满足我们的那类知识。人们与理智主义和超自然主义的图景紧密相连，相信在世界秩序和我们的思考方式之间有着一种前定和谐。然而如今，我们只有"弱的"、实用的、暂时的知识，就是说，我们拥有的是当前的一致性或者合意。一切都在谈判桌上，都有可能发生变化。

很容易推论出，"弱的"、合意类型的知识连同新的技术变化和社会变化改变了知识世界的结构。关于此库比特总结了自中世纪结束以来出现

[①] 参见唐·库比特：《后现代宗教哲学》，朱彩红、王志成译，浙江大学出版社 2008 年版，第 22 页。

的五个新的世界或空间。①

（1）学术的"我们"，即同行的国际性一致意见。

（2）主体性，即古代晚期以来良心的内在法庭。在这个领域中，按照新教的说法，圣灵在内部为我们作见证。自17世纪以来，这是新的实验哲学（即自然科学）诉诸的感官经验空间。

（3）公众舆论，这是人们的意见，是政治家、店主和每一个要买什么东西的人或者寻求公众支持的人必须密切注意的当前趋势。

（4）媒体景观，即明星、名人与模范人士的世界。

（5）赛博空间，即虚拟世界。

这里立刻产生了两个问题。第一，在这五个新的空间内部和之间存在一些显而易见而又尚未解决的冲突。例如，我们最权威的指导是个体意见（见（2）），科学的一致意见（见（1）），还是公众舆论（见（3））？已经在发展自己的通货的赛博空间最终会不会有推翻国家政府的危险？

第二个问题是，笛卡儿之后，宇宙论的机械化在世界秩序与道德秩序之间引入了一道永久的裂痕，从未令人满意地得到填补。暂且撇开这一点，人为建构的宇宙论或道德秩序如何能够成为对已经失去的东西的一种充分替代？西方人被乡愁所困，那是对于失去了的中世纪文化的各个神圣统一体的乡愁。他们觉得自己被逐出了天堂，在荒野中流浪。随着知识变得过于庞大，直到个体无法应付，西方的世界图像已经出现了令人痛苦的裂痕，无法再次将它整合。虽然库比特所描述的五个空间是在帮助我们塑造世界和应付困难中发展起来的，然而它们无法彻底解决困难。我们仍然被太多的知识、可疑的质量和地位、甚至更为可疑的一致性所困扰。对于这些困难，库比特的提议是，首先，我们应当放弃对一个具有和谐体系的宇宙和一幅舒适统一的神圣世界图像的残余乡愁，因为不存在这样的东西。其次，我们应当把我们的世界，即我们当前的环境，看作一个交流之网，它由不停地嗡嗡作响的符号交流组成。所有意义、真理和价值都仅仅在交流之网内部形成、阐明和维持，它们不需要经过超验的、权威的确认。库比特将这种立场称为"彻底的互动论"。

---

① 五个新空间参见唐·库比特：《后现代宗教哲学》，朱彩红、王志成译，浙江大学出版社2008年版，第87页。

关于对真理的看法，库比特总结了日常语言中的两种截然不同的观念。[①] 第一种可以称为事实性观念。在此，真理是成真的性质或状态。在这一意义上，被描述为真的对象可能包括见证行动以及精确的事实性断言、信念、假设、理论，甚至包括整个知识体和从属领域。这样的真理需要经过一套该领域普遍认可的检验程序的检验，包括特定的标准科学方法、历史批评方法以及法庭式的全面审讯。如果通过了这种检验，就完全可以被解释成公共知识库中的一部分，因此适合在各个学校和大学传授，公共群体在做决定的时候可以以它为标准。另一种是道德真理。在宗教和道德中，以及在大多数人的日常生活中，"真理"差不多总是被用来指忠诚、可靠和信实。整个道德真理领域都是关于众多塑造我们的政治生活的价值观以及各种程度的忠诚，它不涉及对发挥作用的东西或者实际情况的不同解释。这就是关于它们的意见不是用认识论上的词语来描述，而是用保守的、自由的或者激进的词语来描述的原因。

库比特指出，这两类真理之间的区分在近年已经大大扩展了，理由主要有两个。第一，大量通过批评建立的或通过学术证实的客观真理现在非常巨大，并且其中很多或者大部分内容都是以非常陌生的技术词汇表达出来的。它们已经成了专家真理，通过整个职业群体的专家们分发给我们。专家们以一种特别冷静的、非常小心的和非个人的语气给出他们的证据，提醒我们他们非常小心地选择他们的用词，并以一种公正无偏见的方式来谈论。然而，这样的真理对生活少有贡献，因为它并没有卷入生活，而是与生活保持距离。在过去几个世纪里，通过批判思想方式建立起来的知识已经得到巨大发展，并已经成为新技术的基础。虽然用来安置我们的生活的框架已经有了很大变化，然而，生活本身继续下去，变化很小。理论知识对生活的影响似乎很小。第二，在日常生活中，语言通常不是明智而审慎地使用，而是令人信服地使用，以便在各种权力游戏中提高自己的地位。生活是微型政治学，而道德真理就是你在日常的喧嚣裂缝中能够"隐式"地信任的东西，或者无需考量的东西。

在这里，库比特看到了一个困难之处。现代的自由民主社会在政治

[①] 关于两种真理的内容，参见唐·库比特：《我们的头顶是天空》，王志成、王蓉译，宗教文化出版社2008年版，第31—36页。

上、道德上和宗教上都是非常多元化的，因而道德类型的真理已经变得高度片段化，而批判思想方式及其已经发展起来的更大范围的检验真理的方法似乎不能为困扰着现代社会的不同道德真理之间的长期抵触做些什么。这种情况在宗教中尤其明显。在每一个传统中，信徒的主体部分依然顽固地坚持前批判的观点，他们毫不关注现代对真理的学术批判的方法。因而，虽然这种方法有助于促进不同信徒对彼此的宣称和价值观之理解，但它根本不可能就教派性的不一致进行谈判。

那么，我们应该如何应付这样的形势呢？库比特从国家和个人两个层面提出了建议。多元文化国家有可能尝试规定一个广泛的公民庇护伞，使众多不同种族和信仰群体和平共存，但有些群体非常难以满足，并不断地考验宽容的限度。然而，如果不得不承认许多宗教的抵触不能通过理性地协商加以解决，那么从短期看，政治领导人似乎没有什么选择，只能成为马基雅维利（N. Machiavelli）和霍布斯（Thomas Hobbes）的追随者，尽管从长期来看，有希望静悄悄地让最难以同化的群体消失。库比特认为，假如国家尽其所能地培养起一种单一的公共语言和大众文化，那么这种消失最终是可能的。

就个人而言，库比特说，我们生活在一个自由社会中，拥有宗教自由，无需不得不忍受长期的宗教抵触。我们的生活需要真正的宗教，这个宗教完全是和蔼可亲的、平静的，原则上不是挑衅性的。这个真正的宗教是什么样的呢？他提出了四点：第一，我们必须放弃宗教的教条性，这种教条性让人对超自然世界、诸神和精灵作出完全没有经过检验的宣称；第二，放弃客观真理，并将我们限制在可检验的实用性真理，专家真理和道德真理范围内；第三，必须把宗教仅仅视为一种生活策略，以及一组塑造生活的价值观；第四，在实践宗教时，应该采取新的形式，变得直接，"太阳式"地委身于生活本身。

除了库比特提供的在国家层面和个人层面上的建议之外，各大宗教传统实际上也在努力改善彼此之间的关系。如今，全球范围内都在进行着对话，各种提倡对话而非对抗的理论和实践比以往任何时代都要热烈。无论如何，这是促进和平的力量，对于宗教之间的相互理解甚至相互转化也是有益的。

还有一个需要考虑的问题，为什么实在论倾向是如此普遍呢？库比特说，我们需要一种谬误理论来解释人们的一种根深蒂固的欲望，那就是对不可得、即使得到了也不会有什么用处的实在的欲望。他列举了五个有可能使得我们堕入实在论的原因：懒惰、效率、开脱、权力和一致意见。①

第一，懒惰。我们就像其他动物一样，容易形成习惯性的思维和行动。这样不但节省工夫，而且不需要动脑筋，只要遵循常规即可。不久，一个人的世界观和习惯固定下来，成为一种看似不可能改变的现实。于是，这个人被习惯的锁链捆住了手脚，成为某种实在论者。第二，效率。自近代第一次工业革命以来，西方文化越来越受到追求效率的支配，我们的生活变得高度惯例化，效率就是生存。然而，出于精心计算效率的考虑而对世界观和生活的这种支配本身创造了一种强大的实在论，很难向它挑战。第三，开脱。实在论者常常告诫人们"现实一点"。他们是悲观主义者，认为除了遵循现有的习惯，我们没有其他选择。在这里，诉诸一个可以宣称却无法改变的"现实"的动机是为自己开脱。第四，权力。拥有最大权力、说话即法律的人创造了我们的处境之实在性，我们必须在他们创造的框架中生活和行动。这一原则在宗教中最为人所熟悉，但它广泛存在于各种人类事务之中。第五，一致意见。今天，每个人都知道，如果你想让你的知识体系获得高度社会评价，那么你必须将一个严格的"真理政权"加诸你的体系。一种管制良好的一致意见创造相当强烈的实在性与真实性效果。基于这五个原因，人们在认识上容易陷入普遍的实在论倾向。

五 我、我们和我们的世界

在西方传统中，"我"是一个如此重要的概念，以至于在某种程度上似乎被赋予了一种特权。库比特试图将人的"我"去神秘化，这项工作是从反对笛卡儿式的自我开始的。

在笛卡儿看来，"我"是自我确立、处于自身的核心、自制并自治的，是一个有限的精神实体，一个不朽的灵魂，就像一位天使。"我"这个存在的本质是它始终在进行着思考。在笛卡儿所处的时代，对灵的信念

---

① 以下五个原因参见唐·库比特：《后现代宗教哲学》，朱彩红、王志成译，浙江大学出版社2008年版，第109—111页。

是可以理解的，甚至是自然而然的。然而在库比特的世界图像中，不存在单独的、自治的和自足的人。概括起来，他反对笛卡儿的"我"的理由主要有三个。①

　　首先，你只能在一个既成的社会习俗和社会关系网络中作为一个个体出现。你的"个性"或者"性格"不是一个本质，而仅仅是一种描述你的方式，它以你在你的社会关系中的言行举止为基础。其次，笛卡儿把思考视为某项身体活动（比如造房子）的幽灵般的对应物，库比特不赞同他对思考的定义。在库比特看来，思考可能是被休谟描述为一股细微的精神内容之流的东西，包括知觉、形象、观念等，它流进我们的意识注意力中心，然后从那里流出。他是这样解释思考的：思考是一种混乱的自说自话，是一种句子的急促运动，一次几个句子一起，这几个句子原本散布在我的注意力中心周围的不同方向上；当我们的注意力受到吸引时，它可能会集中于某个词语或词组，然后迅速察看从那里发散出来的不同方向上的关联词语和词组，就是说，语言进入我们的头脑，我们能够在某种程度上沿着分支和死端追踪它，如同穿越一个迷宫，直到找到那一点。他进而解释道，我可以在内部朦胧地听到涌向我舌尖的话，但是我停住或者咬住舌头，忍住不说出来，这就是内省的思想。最后，前面我们已经论证，所有思想和所有经验都是被语言包裹着的，或者用语言传达的，而语言是在公共领域或人际空间产生和维持的，那么我的"内心生活"这一个人世界就绝不是基本的、首创的或者享有特权的，我的"主体性"这个大我就没什么特别的，它只不过是对来自公众文化生活的材料的一种第二位的私人化而已。

　　一个进一步的问题立刻产生了：是什么区分了我和你呢？库比特的回答是，在我们这样一样复杂的社会里，诸个体在他们每天接受的东西和他们习惯注意的东西上可能大相径庭。他以自己为例说明这一点：50年来，他几乎一直在相当集中地读、教、写哲学和神学著作，这必定影响了语言在他的头脑中自动运行的方式，以及他选择事物来加以注意的方式，如此而已。

---

① 关于我和我们的内容，参见唐·库比特：《后现代宗教哲学》，朱彩红、王志成译，浙江大学出版社2008年版，第94—100页。

既然"我"只是公共语言的一种第二性的产物,那么它就没有什么特别的。因而不难理解,库比特为什么反对荣格主义者的如下观点:认为"内心世界"由于某种原因比外部世界更加广阔、更加真实。在库比特看来,我们的表现主义生活之流应该指向外部,应该从我们这里流进公共领域。他说:"我倾向于欣赏那些从来不去想自己的灵魂的人,因为他们是如此彻底地专注于对人类同伴的事奉,专注于对世界的爱,或者专注于艺术性的表达。我乐意外向到根本没有自我的地步。"①

从对"我"的分析可以看出,在库比特那里,我们先于我。原因是,首先,我是作为我们的一部分出现的,我不是自省地定义自身,而是通过我在他人眼中的样子定义自身。就是说,我首先"宾格地"了解自身,获得宾格的我(Me)而非主格的我(I),在这个意义上,自我是"异逻辑"的。这在牙牙学语的小孩身上十分明显,小孩对自己最早的指称明显是宾格的,甚至更离谱,用第三人称指称自己。所以,思考自己的想法、做出自己的决定和过自己的生活的那个自我定义的、自治的我是一个后来的产物。其次,公共先于私人。我们通过与他人的各种交流并在这些交流之中成为我们自身,而我们的交流发生在公共空间内部,并始终由公共空间来传达和支撑。人与人之间的公共空间不仅仅是一个中立地带,或者是一个不归于任何私人的地方,而且是所有语言意义、所有真理和所有价值得以建立的空间。

可以看到,库比特所说的"我们"包括两层含义:一个固定的群体,以及存在于群体成员之间并包围着他们的公共空间,他们的公共生活建立在该空间内部。

在这里,有必要追问一个十分重要的问题:大写的我们在本质上是民主的和平等的吗?当然,这不是一个简单的问题。按照库比特的看法,第一,在一些方面,语言与公共领域"结构性地"趋向平等。人人都能平等地进入语言,平等地进入公共领域。甚至在相当不平等的社会里,每一个人也被说成在法律面前平等,通常也被认为在上帝与死亡面前平等。第二,这也是可能的:我们沉浸于语言那连续不断的涨潮和退潮之中,不会为平等问题过分困扰。正如我们前面谈到的,"我"是相对迟来的和第二

---

① 唐·库比特:《后现代宗教哲学》,朱彩红、王志成译,浙江大学出版社 2008 年版,第 100 页。

性的，在大部分时间里，许许多多的人不会关注自我或者平等这样的问题，因为他们在专注于自己的事情。第三，我们倾向于制造不平等。我们就像其他生物一样，好出风头，需要竞争可得的资源和注意力，而不同的人在起点、实力和表达能力上差别很大。在这里，语言起到了减少冲突的作用，因为语言交流为我们达成理解提供了一种经济快捷的方式。

库比特对"我们"的解释引出了一个他认为更加重要的观点，那就是作为人际关系原则之一的"理解"。他说，理解这个词有两种含义。一种是经典哲学的含义——理智：当我把某个事物看成体现一个普遍事物，承认它处于一种普遍的规则之下，认识到一种逻辑关系，认出我所熟悉并知道如何使用的一个符号时，我就理解了该事物。另一种含义是同情的、同感的和"情商"的理解，比如"我感同身受"。大写的我们不仅创造言行上的协调，而且创造情感上的谐音。

那么，什么是世界？① 库比特解释道，一个世界是我们生活的一个舞台或一种背景。它为我们提供一个场景或环境，在此之内，我们能够表演、表达自身，概括地说，能够做我们的事。它也起到市场的作用，在此之内，我们能够进入彼此的种种交换关系之中。显然，库比特所说的世界是一个已经为人类所占用的世界。这样一个属人的世界是在相当晚近才形成的，伴随着自由民主国家与工业革命的到来和现代科学技术的飞速发展。

为了帮助我们理解，库比特区分了世界（the world）和我们的世界（our world）。最初，世界不属于人类。人类几乎没有关于事物原因的理解和理论，仅仅将自身看成未知的宇宙力量之间的巨大冲突的旁观者。后来，关于一个相对稳定和统一的宇宙秩序的观念发展起来，人类通常把这种观念称为天命、必然性或命运，并仍然把自身看成只不过是它的牺牲品。一直到路德以前，那些十分伟大的人物仍然把人类说成仅仅是必然被驾驭的野兽，驾驭者要么是上帝，要么是魔鬼。这种"天命"观念在希腊悲剧中明显地反映出来。更晚近些，比如在托马斯·哈代（Thomas Hardy）的小说《德伯家的苔丝》中，世界仍然是神秘的、不可掌控的他者，将苔丝在道德的车轮下碾碎。直到过了相当缓慢并且相当长的时期，

---

① 关于世界的内容，参见唐·库比特：《后现代宗教哲学》，朱彩红、王志成译，浙江大学出版社 2008 年版，第 92—111 页。

人类才成功地占用他们自己的世界，将世界变成"我们的世界"。

然而，另一方面，很久以来同样一直存在着另外一种信念：世界原本就被设计成我们的世界。在伊甸园里，没有精灵或魔鬼，所有野兽都已经由人命名，这暗示占用。所以，世界至少在刚开始的时候完全是我们的世界。堕落与拯救的叙事允诺在历史的结尾，人类重新占用世界。由此，库比特得出结论，人类宗教历史相当大的一部分致力于一场伟大斗争，为的是使世界成为我们的世界。

如今，我们已经有效地完成了历史计划，使得世界成为我们的世界。比如在德国哲学家中，我们听到有关"支配世界"和"征服世界"的谈论。然而库比特认为，我们应当避免这种表达方式，取而代之，应该谈论通过描述世界的每一个片段并将它理论化来彻底熟悉世界。在这里需要注意的是，虽然世界已经成为我们的世界，然而我们仍然没有彻底抵达旧宗教的梦想——一个完全属人的世界，因为我们仍然在某种程度上受到巧妙地逃避我们的完全理解与控制的非人格的"它"或"一切"的包围和威胁，它类似于拉康所称的"实在者"，即拒绝符号化者，某种顽固的、逃避的东西，无法通过将它纳入我们的语言来熟悉它。

我们用下面的表格来概括库比特的非实在论世界图像。

思想方式	非实在论，无外在性
存在	生成，范式为事件；一切事物的来临，纯粹偶然性的向外倾泻
语言	反对表现主义语言观；语言是人类的符号交换过程，语言的运动形成光明，建构世界和人
知识和真理	"弱的"，来自不同群体的公共合意；是暂时的、实用的
我和我们	语言运动的产物；我们先于我，公共先于私人
世界	我们的世界，已经为人类所熟悉和占用
宗教	天国阶段的基督教；太阳式生活和人道主义伦理学；是无教条的、直接的

第三节　现代西方是基督教的天国阶段

关于西方当前的处境，库比特提出的第三条解读路线认为，现代西方是天国阶段的基督教,这在本章第一节已经提到过。这一洞见牵涉到对基督教的重新理解。库比特认为,我们应该放弃这样的观点:基督教仅仅是一种宗教,并且是"世界宗教"之一。取而代之,我们应该认为,"基督教是一种乌托邦的文化运动"①,"是一种宗教人文主义,是关于人类关系和人类生活有朝一日可能实现的乌托邦式的伦理景象"②。库比特打了个比方,宗教的形式好比基督教作为蛹的阶段,现在,它化蛹成蝶,脱胎成为了现代西方世界。

在这里,需要澄清一点。库比特不是在谈论传统宗教中"天国的降临",因为那断言了关于一种超自然的历史神学之假设的正确性。他要说的是,在批判思想方式慢慢侵蚀了教会的传统信仰之后,基督教文化仍然以世俗形式继续存在。换种更好的说法,基督教已经完成自我超越,从西方传统宗教脱胎成了现代西方文化。在这一过程中,我们抛弃基督教体制性的一面,以及专制、渴望权力、超自然教义的一面,留下基督教的伦理学和灵性。那么,为什么库比特将基督教的这一阶段称为"天国阶段"呢?我认为,原因可能是《圣经》和我们的古老梦想中所描述的天国与现代西方社会有三个共同之处。第一,在期盼的天国,没有任何组织化的宗教和阶级制度;在现代西方社会,教会已经完成历史使命。第二,在现代西方社会里,普通大众实现了平等、和平与繁荣,这就是经典中天国的样子。第三,在天国里,十诫刻在人的心上,信仰从心而发;在今天的西方,宗教信仰和灵性已经内在化,嵌入人们的日常语言。

库比特关于基督教作为乌托邦的文化运动以及天国阶段的论述集中在《西方的意义》这本著作中。我们从以下三个方面来理解他的这一至关重要的洞见。

一 启蒙运动的所有新观念来自基督教传统

在开始讨论之前,有必要先区分旧西方和新的现代或后现代的西方。按照库比特的划分,旧西方大约从恺撒在位开始,一直持续到法国大革命。旧西方曾经是欧洲的文化秩序,在哲学上由柏拉图占据主导,宗教上由希伯莱《圣经》中的伦理一神教主导,法律和社会组织上则由古罗马

---

① 唐·库比特:《西方的意义》,王志成、灵海译,四川人民出版社2012年版,第2页。
② 同上书,第162页。

第三章 生活宗教的背景：西方当前的处境

遗产占据主导。拉丁教会是它的中心，也是最持久的机构。现代批判思想方式的兴起和启蒙运动的发展深深地影响了旧西方。然后，在19世纪，它进入了知识和工业快速发展的时期。用来建构它的所有观念都受到了一群伟大的哲学家（主要是德国哲学家）的批判。大变革在20世纪初的两场可怕的战争中达到了顶峰。之后，史无前例地出现了社会繁荣，人口迅速增长。50年代期间，新西方几乎得到了充分发展。人们只称这一新西方为"西方"。现在，它仍然以某种方式迅速变化和发展着。[1]

许多人认为，启蒙运动的价值观界定了新西方的本质，这些价值观用一个词来概括通常是"自由"。新西方的人们知道，只是人自己创造了我们的世界观、知识体系、技术和价值观。我们的世界是属人的、世俗的世界。我们的政治是自由民主的政治。我们的经济秩序是"社会市场"或"国家主导的资本主义"。我们的伦理首先是人道主义。这一切归功于法国大革命的理想"自由、平等、博爱"和美国革命——代议制，法治而非人治，法律之下的自由，不受限制的质疑、表达、公开辩论和结社的自由，崇拜的自由，以及一个人根据自己的方式追求善的生活观的普遍自由。归根结底，法国大革命和美国革命的观念都源自启蒙运动。因此，人们普遍地假定，我们的世俗文化秩序本身不以任何方式依赖宗教。一个人可以拒绝基督教教条，离开教会，然后，与基督教再不发生关系。[2]

库比特反对这一立场，他的理由主要可以归结为两条。第一，现代早期的先驱者们，如笛卡儿，的确展现了一个全新的开始，并找到了通向知识的新方法。但是，笛卡儿也是奥古斯丁和阿奎那的审慎的学生，他希望在将来教会可以正式宣布，他的哲学思想最适合科学新时代的基督徒。库比特观察到，正如在绘画或诗歌领域那样，在哲学领域，那些把自己视为最大胆的革新者的人，往往正是那些最深刻地沉浸在旧传统中，并且仍然赞赏它的人。实际的情况是，直到18世纪初期，也没有最终明确地打破基督教教义之正统。直到19世纪初，人们仍然信仰上帝。打破教义正统非常困难，以至于正在打破它的人禁不住要半遮半掩，比如，洛克和牛顿

---

[1] 参见唐·库比特：《西方的意义》，王志成、灵海译，四川人民出版社2012年版，第1—2页。

[2] 同上，第2、60页。

都尝试降低他们自己的教条式异端的程度。在1799年爆发的针对哲学家费希特的著名"无神论"论战之前，大多数启蒙运动思想家继续坚持最低限度的旧的哲学有神论形式。套用德里达的话，虽然他们已经摈弃了大众宗教信念的位格上帝，即摈弃了"狭义神学"，但他们坚持哲学家的"广义神学"，因为他们需要用它来支持世界和知识的客观性。因此，大多数启蒙运动的思想家都不是后形而上学的，而是保持了最低限度的有神论，继续停留在宗教的框架之内。

　　第二，库比特进而指出，事实上，对"启蒙运动之价值观"的呼吁，还没有明显地产生任何本质上是西方的而又不是先前基督教的东西。启蒙运动中所有新颖的、世俗的、据称是非宗教的新观念都直接来自宗教传统。傅立叶主义者、圣西门主义者和无政府主义者的末世论期盼全都直接来自《圣经》传统对天国的盼望。现代世俗自由民主制的历史前身是像公理会、独立派、贵格会这些群体的教会政治形态。西方自由民主的市民社会就是以鲜明的形式表现出来的贵格会，说到底是一个正在完全此世化的、属人的基督教文化。它已经超越了等级秩序，也超越了神圣和世俗两个世界的区分。一定程度上，西方主导的国际伦理只不过是基督教伦理的延续。联合国和欧共体的道德规范，国际人道主义组织的道德规范，西方的民法和拥有"政治正确性"的道德规范，只不过是左翼的自由的基督教新教伦理。库比特说，在现代晚期，人类状况的总体特征依然具有非常明显的基督教色彩。例如，鲁道夫·布尔特曼（R. Bultmann）对圣保罗的人伦之解释和他的朋友海德格尔在《存在与时间》中对人类境况的解释具有显著的相似性。这种相似性生动地提醒我们，不论我们喜不喜欢，我们都已经受到了基督教的塑造。最后，遵循尼采的分析，逐渐侵蚀了基督教教条的批判思想方式本身也是基督教审慎的伦理的产物。[①]

　　因而，库比特总结道，首先是犹太—基督教传统为现代西方的兴起提供了可能的必要背景条件。确切地说，浮现的"西方"只不过是基督教自身，是最终的、世俗化的、人文主义的、第三个千年的基督教"天国"的形式。启蒙运动的价值本身并不是全新的创造，而是直接从基督教中来的。

---

　　① 本段内容参见唐·库比特：《西方的意义》，王志成、灵海译，四川人民出版社2012年版，第60—64页。

二 基督教的遗产：不可取消者

确切地说，这里的标题应当是"基督教在宗教阶段的遗产"，这符合库比特对基督教的重新解释。他说，在每一方面，现代西方人依旧是基督教塑造了的人群。在众多方面，后现代西方比以往任何时候都要更加基督教化。如果你是个西方人，认同西方的价值观，那么你就是一个基督徒。

为什么在所谓的宗教衰落以及教会和基督教超自然信念逐渐消失之后，基督教仍然不会终结，西方人仍然不能"逃离"它呢？库比特分析道，基督教中如此之多的重要内容已经成了不可取消者，它们已经以不可逆转的方式改变了我们，并且仍然在改变着我们。现在，基督教中的一些不可取消的长期影响不但被离教者体会到了，而且已经逐渐被全人类意识到了。

由此，库比特提出了如下神学命题：基督教是这样一种宗教运动，在受它影响的民族中，或许它已经比其他任何宗教都产生了更多不可取消的变化。基督教的历史是双重的历史，整个故事有两层含义：第一，建构世界和改变世界的力量如何已经逐渐地从超自然世界中的诸神手里转移到了生活世界、历史世界中的人类手里；第二，由于整个漫长的过程仍在继续，一个接一个新的假设、新的思考方式和新的价值评估变得不易改变、不可逆转，而且大部分是无意识的，它们给人类带来了不可取消的变化。[①]

我们暂且把第一层含义留到稍后"重读拯救的故事"部分讨论，在这里，先考察基督教留给我们的一系列不可取消的烙印。正是在这一意义上，库比特认为基督教已经将自身世俗化，成为西方文化。这些不可取消者包括[②]：

（1）基督教关于人类的图景，它认为人类一直具有高度清醒的意识和自我不满的精神。这源自基督教关于人的教义。

（2）基督教的各种伦理原则，包括

Ⅰ 互爱和宽容的伦理；

[①] 本段内容参见唐·库比特：《西方的意义》，王志成、灵海译，四川人民出版社 2012 年版，第 55 页。

[②] 同上，第 58—59 页。

Ⅱ因为原则上每个人都是独一的、可救赎的,所以每个人都不应该被当作仅仅是可消耗的;

Ⅲ爱之伦理的目标,尤其是对那些最弱小和最脆弱之人。

(3) 基督教关于自然之统一性的原则,简单地解释就是,我们可以期盼建立一个连贯的世界图像,发展有效的技术。这源自创世论。

(4) 基督教教导我们相信,虽然根本没有外在的客观的目的,但通过逐渐累积一系列小小的不可取消的益处,我们还是能够希望创造某种真正的进步。这源自在历史中获得拯救的基督教事工观念。

(5) 基督教最终使我们确信,人类是有创造力的。我们可以创造性地生活。就是说,我们可以像艺术家那样重新想象、重新塑造我们自己和我们的世界,生活中创造的喜悦完全可以克服对虚无主义和死亡的恐惧。这一信念基于我们逐渐明白的道理,即整个宗教史是一个不断前进的、从上帝到人的权力移交史。

我们可以再加上一条,(6) 比起苏格拉底,批判精神更多地归功于圣保罗以及后来的圣奥古斯丁。基督教的审慎思想和修士的禁欲主义转变成了科学家的专业训练。

库比特说,即使在基督教的教会形式已经死亡之后,这些累积的不可取消的东西仍然存在,并将继续像文化内的酵母那样发挥作用。在《西方的意义》之前,库比特曾经以神圣者的"散播"来讨论基督教的不可取消者,"全部生活都是宗教生活。随着神圣与世俗的区分消除,宗教意义与价值已经有点不规则地散播到整个生活世界之中"①。接下来,让我们跟随库比特,对这些不可取消者给予更加详细的关注。

(一) 西方的自我观念②

库比特提出,西方的"自我"观念是各式各样的,摇摆在各种极性之间,其中有两个极性在西方思想中相对比较重要。第一个极性一方面肯定人与人之间的差异性;另一方面又不断地恢复古老的标准模式所刻画的西方式自我,这个自我永远在调和自然与精神,激情与律法。第二个极性

---

① 唐·库比特:《后现代宗教哲学》,朱彩红、王志成译,浙江大学出版社2008年版,第121页。

② 这一部分内容参见唐·库比特:《西方的意义》,王志成、灵海译,四川人民出版社2012年版,第45—48、135—148页。

是，西方的自我观念在"人文主义"和"反人文主义"之间摇摆。在这两个极性中，第一个极性是关于自我的最大极性。

我们先来谈论第一个极性。西方的自我的一个特点是，基督教人文主义者给予哪怕是最卑微的个体以独特的价值。然而，古希腊思想和早期的基督教思想根本没有反映出要珍惜每个人的独特价值这一点；相反，当且仅当你在自己的行为中简要地展示了永恒而普遍的道德本质的时候，你才作为一个榜样对他人而言是有趣味和有价值的。那时候，人与上帝的关系才是最重要的，只有通过这种关系，人生才能获得"意义"和价值。

那么，个体具有独特价值的观念是怎么来的呢？我们可以将库比特的回答概括为三个方面。首先，它可能始于普累若麻（pleroma）的概念。普累若麻指的是一个完整的集合、完美的整体，为了获得完整性，它常常需要包含巨大的差异性。按照正统的天使论，每个天使必须是个独特的种类，全部天使是一个普累若麻。因此，在反叛的路西法和其他天使被逐出天堂之后，上帝设计的天使的普累若麻就被损坏了。为了重新填补天堂里的空缺，上帝创造了世界和人类。他让人类在时间中生活，证明他们的忠诚，克服撒旦的诱惑，以便确保路西法的反叛不会重演。因而可以断定，每个被拣选的人必定有一个预先注定和预先设计好的精确位置，他们必须彼此不同，以便恢复被损坏的普累若麻。这是最初的信念，后来自由主义的新教引出了每个人都具有独特价值的信念。在基督教传统中，还有其他几种普累若麻的用法，比如，一个具有极大差异性的世界比起一个单调的、恪守律法的、舒适的世界更好、更丰富。所有这些争论提供了一个背景，使得现代西方人广泛地接受了这一教导：每个人都是有价值的，在世界的整体计划中扮演着独特的角色。

其次，对高扬个人价值的观念起到作用的还有一个隐喻，它被用来形容国家与教会或者家庭与个人之间的关系。按照这个隐喻，身体由许多部分或者器官组成，每一个部分都对整体起到自己独特的作用。同样，每个人都可以为做为整体的社会做出独特的贡献，没有人是不重要的或者可以随便排除的。

第三个方面归功于西方对个人的性格之多样性的特殊兴趣。这种兴趣从两个方面得到了滋养。第一，早期基督教的禁欲主义和忏悔原则鼓励人们努力获得自我意识，自我于是得到了发展。所有西方心理学最终似乎都可以追溯到古老的禁欲主义传统。第二，随着圣徒崇拜的发展，有必要区分数以百计的圣人。他们每个人都需要一幅画像、一个简单的圣徒传记、一个独特的兴趣领域等。因而，教会实际上教导了人们在数以百计甚至数以千计的个体中区分谁是谁。

　　基于以上三个方面的原因，库比特得出结论：人具有极大的差异性，每个人都是有价值的，没有人应该被当作是无价值的——这样一种观念在西方宗教传统中有着很长的前史。只是到了现代，我们才开始从字面意义上接受它。换言之，它存在已久，只不过我们所看到的事实是，只有随着现代人道主义的兴起，人们才开始援引它，把它作为我们绝不愿意随随便便结束个体生命的充足理由。在这里，值得注意的一点是，即使是这样，限度也是存在的：尽管我们简洁地宣称"所有生命都是神圣的"，但是我们并不努力集中保护每个流产的胎儿，或者总是设法延长每个走向死亡的生命。库比特指出，或许根本的伦理教条仅仅是我们应该重视人的差异性。

　　西方的自我的另一个特点是，自我意识存在某种程度的内在二重性和异化。西方的自我是焦虑的，带着罪感的，在"我应该所是并希望所是"与"我在实际行动中所是"之间存在着很大的差距，在"神圣的、理想主义的、自我掌控的自我"与"世俗的、玩世不恭的、推诿的自我"之间存在着滑稽的对比。高扬的自我意识伴随着微弱的尴尬、内疚、自我不满或者其他形式的消极情绪。西方比世界上其他地方对传记和自传有着更加强烈的兴趣。西方人想要努力找到某种方法来建立一个统一的自我，或者缓解长期的自我不满。

　　那么，自我意识的二重性和异化又是怎么产生的呢？在库比特看来，西方传统一方面承认我们应该重视人的差异性，另一方面却制定了标准的西方式自我，后者与罪和恩典的教义紧密相连。标准的西方式自我可以在保罗的《罗马书》第七章，在奥古斯丁的《忏悔录》和《独语录》，在路德、哈姆雷特和弗洛伊德那里看到。这个自我要从两个方面克服压力、满足要求：自下面，本能的驱动持续地要求得到满足；自上面，如果我们受到引诱，律法就会连续地用灾难和严厉的惩罚来威胁我们。因而，快乐原则永远和现实原则相冲突。这是关于个人的自我为何物的一个非常戏剧化的故事。它依然十分稳固，在我们中间不断重复。

现在，让我们转向关于自我的第二个极性。人文主义者坚持，古典的西方个人主义是完全正确的，虽然许多批评家对此表示强烈反对。人的自我比其他任何东西都更重要。我们的首要问题是并且必须是：我是什么，我的自我是什么，换言之，自我怎样成长，它最后的重点是什么？我应该如何生活？为了得救，我应该做什么？库比特说，某种人类中心主义贯穿了大部分西方传统。基督教是以人为中心的宗教，把一切看作是为了"人"的缘故；它以人为中心，观察着人。

反人文主义者拒绝把自我观念作为建构自我的主题。他们认为，只有作为第二性的自我才是可以理解的。自我需要社会：必须存在一个更大的、已经分享了的或者公共的王国，在它内部，自我走向自身，学会行使职责。这个更大的王国是语言或文化，或者仅仅是人类社会的生活世界和历史。

除了这两个极性，西方的自我观念还有其他许多极性，比如自我肯定对自我否定，人类中心主义对冰冷的客观主义等等。还有一点值得一提，在自我这个问题上，从《新约》中的使徒书信以来，如下两个传统交织在一起：一个是哲学家与古典文学的世俗传统，另一个是犹太教作家与基督教作家的宗教传统。

（二）爱的伦理①

"现代激进的人道主义伦理学……在古代的伟大先知是一位被忽略的犹太导师——拿撒勒的耶稣"。② 库比特向我们指出，从《圣经》的一些经文中可以看到，基督教教会以遮遮掩掩的形式保存了一个耶稣传统，按照我们现在的措辞，这样一个耶稣可以称为坚定的人道主义者，甚至称为社会主义者。比如，在《马太福音》中，耶稣说"你们这蒙我父赐福的，可来承受那创世以来为你们所预备的国。因为我饿了，你们给我吃；渴了，你们给我喝；我作客旅，你们留我住；我赤身露体，你们给我穿；我病了，你们看顾我；我在监里，你们来看我"③。耶稣声称，我们实际上要做的事是，"瞎子看见，瘸子行走，长大麻风的洁净，聋子听见，死人

---

① 这一部分内容参见唐·库比特：《西方的意义》，王志成、灵海译，四川人民出版社2012年版，第170—179页。

② 唐·库比特：《耶稣与哲学》，王志成译，中国政法大学出版社2012年版，第29页。

③ 《马太福音》，25：34—35。

复活，穷人有福音传给他们"①。《路加福音》中记载着耶稣在会堂里念的这样一段话，"主的灵在我身上，因为他用膏膏我，叫我传福音给贫穷的人；差遣我报告被掳的得释放，瞎眼的得看见，叫那受压制的得自由"②。

显而易见，在这些经文中，耶稣没有教导一套超自然的教条，他只不过宣布了一个新的道德世界正在来临，这个世界被称为"新耶路撒冷"。库比特评论道，新耶路撒冷是作为人类长期努力的结果还是作为上帝的超自然干预的结果出现，这一点无关紧要，真正重要的是对于一个彻底解放的人类社会的梦想。在这样一个社会里，人们将学会简单直接地回应任何一个需要帮助的同胞，方式就是：哺养、衣物、施舍；广泛地解除贫穷和压迫；探望病患和犯人，寻求俘虏的释放；友好地欢迎移民和其他外来人。那时，我们能够学会如何爱"邻人"，即爱我们身旁的普通人，学会如何过我们内心真正想要的生活。这就是全部。

然而，耶稣的信息并没有得到如其所是的理解和执行。起初，基督教中的某些传统试图执行这一议程的某些部分，例如，募捐金钱散发给寡妇和"可怜的"圣徒。然而，古代希腊罗马世界是个非常严酷的奴隶制社会，根本没有兴趣考虑人道主义。即使有人履行了七大肉体善事中的一件，也仅仅是出于遵循上帝的命令，追求自己的永恒拯救。在早期基督教帝国中，有一些受到基督教影响的法律体现了耶稣宣扬的伦理学，但在总体上，缓解人类各种需要的大规模和高效率的集体行动不会到来。在一千多年里，人们关心的是人与上帝之间的垂直关系，而非人与同胞之间的水平关系。

幸运的是，耶稣的教导没有被完全忘记，特别是从 12 世纪开始，许多富裕和强有力的个体和企业建立了慈善机构，比如农村的学校、养老院、"医院"或者面向旅行者和病人的旅店等。它们保留了伟大的和极其重要的道德传统，即源于耶稣的基督教人道主义，尽管在其他方面，社会仍然呈现出丑恶和残暴的一面。

维多利亚时代的人们非常清楚，正是在基督教伦理的鼓舞下出现了种种机构，比如医院，老人、穷人、精神病患者和弃儿的避难所，以及为了

---

① 《马太福音》，11：5。
② 《路加福音》，4：18。

改进监狱而进行社会活动的各种协会。今天，人们积极寻求埋葬和忘记基督教的过去，在很大程度上，他们不知道现代人道主义伦理学的基督教起源以及意义。可以说，如今人们已经忘记了他们自己的道德慈善机构的历史。

人们忘记人道主义的基督教起源的一个原因是，在教会神学被放弃和遗忘了许久之后，基督教人道主义传统在非官方部门不断得到创新。这种例子有很多。在近两个世纪，西方的富人给各大公共博物馆和画廊捐赠绘画和其他物品，使公众可以免费欣赏它们。新近兴起的献血和器官捐献就有明显的基督教色彩。另一个由基督教伦理传统创造的例子是：面向摆脱家庭暴力、逼婚和为"名誉"遭谋杀的妇女创建的秘密避难所。

值得注意的是，教会神学的衰落与人道主义的兴起之间有着密切的关联。套用库比特的话，"上帝之死和人心诞生同时发生了"[1]。他说，活跃在 1678—1725 年这一时期的哲学家们是最后一代持有如下信念的人：相信上帝已经在那里，是一个被给予的存在。大约在 1720 年左右的某个时候，上帝死了，正是在那个时期，形而上学有神论停止了，主要的启蒙运动的知识分子们开始嘲弄着，把自己从教会那里疏远开来，自然神论的文学作品开始繁荣。正是在同一时期，现代慈善和人道主义的传统开始了，并从此稳步发展。上流社会中情感丰富的人们在参观了医院之后，发现了新的道德：代之以理性地服从颁布的神圣律法，人的行为也可以仅仅由人类温暖的同情心和主动的仁爱激发出来。在 18 世纪晚期和 19 世纪早期，人们成立了委员会以促进慈善事业。法国大革命之后，公众要求国家本身必须成为积极的人道主义者，公共领域成了人道主义提倡普惠大众的领域。因而，我们从历史事实中看到的是，当宗教急剧衰退之时，现代国家成了基督教伦理的国家。

库比特断言，如今，在相当大的程度上，全世界的人们盼望国家成为在地上的上帝之国。至少在很多发达国家，人们期望国家当局不仅管理公众，而且积极寻求促进他们从摇篮到坟墓的福利。这种期望是基督教为生活带来的不可取消的差异，它首先发生在西方，现在则开始扩展到全

---

[1] 唐·库比特：《西方的意义》，王志成、灵海译，四川人民出版社 2012 年版，第 177—178 页。

人类。

（三）累积式进步论①

在这里，首先有必要弄清楚的一点是，古老的以色列宗教盼望的顶点简单地说就是普通大众世俗的和平与繁荣。正如我们前面讨论的，耶稣谈论的天国是一个彻底解放的人类社会，与超自然信条无关。《旧约》中描述的梦想世界是：普通百姓坐在自家房前的葡萄藤和无花果树下，他的妻子就像果实累累的葡萄藤，当他看着自己的后代子孙时，他享受着生命中最大的幸福，和平降临在以色列，他的一生受到祝福，以致他不会遇到战争，不会碰上瘟疫，不会遭受政治压迫，也不会面临饥荒。库比特说，宗教不可磨灭的梦想，即设想我们生活的世界如何变得更好，比宗教教条更为持久和重要。梦想创造了巨大而持久的动力，驱使着我们集体前往应许的圆满。他甚至说，宗教人士的社会使命不是传播信仰，而是培养希望。

在进步这一点上，库比特同样认为，并不一定要把关于进步的现代世俗观念视为无神论的、反宗教的。相反，在我们的宗教传统中，它有着很长的前史。

那么，基督教如何产生了一种强大而成功的信念——相信持续不断的进步或发展呢？库比特分析了三个方面的缘由。首先，占据主导地位的西方神学刻画了关于拯救的漫长历史，它经过六个独特的阶段、行动或者天命，通向历史最后的辉煌圆满。这六个天命我们将在稍后提到。与世俗的进步观念不同的是，根据正统的解释，整个剧本完全受控于上帝，个体信仰者只能根据特定的天命顺从地扮演自己的角色，但正如库比特指出的，重要的是梦想，而不是教条。其次，基督教使人们认为，我们可以通过自己的行动加快未来圆满的来临。基督教会从早期就开始把它自身视为普世的，把它的历史视为全球进步与扩展的故事。在不到三个世纪的时间里，它就已经给各处带去了自罗马帝国就建立起来的信仰。直到20世纪初期，教会历史一直通过属人的使徒工作用"进步"这个术语思考着。基督教的宣教被视为是文明的宣教，基督教被视为一种社会进步的力量。最后，在基督教中一直存在一个"极端"的传统，它努力敦促以行动加快上帝国的来临，无论是通过自愿殉教，通过禁欲主义和神秘主义，通过诉诸武

---

① 这一部分内容参见唐·库比特：《西方的意义》，王志成、灵海译，四川人民出版社2012年版，第67—80页。

力试图在地上建立基督的国，还是通过极端的激进神学。

由此可见，在某种程度上，基督教信仰一直被看作是这样的信仰：不仅仅命令你耐心地等待，直到你看到一切成真，而且告诉你，你必须通过自己的行动使得一切成真。

关于进步，还有一些更加复杂的问题要处理。首先，我们必须承认，无论是在宗教传统中还是在后基督教文化传统中，进步并不总是平稳地发展的。事实上，它不时地包括主要范式的转换和社会巨变，带来了世界观和道德观的巨大变化。在基督教传统中，我们经历了六个范式转换或天命。从诺亚到摩西是族长时代，在这个时代，没有职业祭司，任何家庭的家长都可以代表本家庭从事献祭，族长可以迎娶随便几个妻子和小妾，族长可以为了自己的利益对他人撒谎。摩西在西奈山开启了律法时代，从那以后就有了祭司，也有了非常复杂的律法条文规定圣殿的崇拜仪式，更不用说在个人道德问题上的大量规范了。律法时代之后是教会时代。到了《新约》的恩典时代，整个"宗教礼仪法"被废止了，允许外邦人进入社团，无须割礼，利未族的祭司身份被取消，各种各样的新宗教组织发展起来。在天国时代，基督将会复临，将有一个千年"王国"，基督和他的圣徒将统治一个新的世界。除了这五个天命之外，有许多人断言，在公元622年，最后出现的先知以及来自上帝的最后启示已经对《圣经》中的拯救史进行了相当大的修改，这位最后的先知带着他的早期追随者从麦加迁移到麦地那，在地上开创了新时代。

关于我们生活在哪个天命之下，存在着许多分歧。犹太人相信他们自己仍然生活在律法时代，教会基督徒认为自己生活在恩典时代，天国基督徒认为自己生活在教会时代向天国时代的转变中，穆斯林当然相信自己生活在最后一个天命中。所以，在这六个天命中，我们现在生活在四个可能的天命之下，它们分别为犹太人、教会基督徒、公谊会成员和穆斯林持有。实际的情况很复杂，很难找到一些术语使得各方可以讨论和商谈他们之间的分歧。通常的情况是，有关各方总是发现难有愿望进行任何这样的讨论。

在这里，库比特追问，为什么不同的信仰者们没有注意到所有的信仰和道德问题所包含的历史—文化相对性，并且这种相对性已经深刻地、巧妙地贯穿了他们自己的传统呢？答案大概是，大量普通信徒教条主义地接受了关于他们自身的天命的观念，要不然就是他们不关注这些问题，没有兴趣思考宗教真理和历史的关系。然而,对于研究宗教史的学者来说,某种形式的历史—文化相对主义显然是不可避免的。第一是因为,宗教真理的任何形式最后总是可以追溯到一个开端。第二是因为,在漫长的历史发展中,似乎所有的观念、体制、价值观和解释都是可以改变的。在原则上,一切都是可以协商的,唯一不变的真理就是"无常"的真理。支持这种历史—文化相对主义的第三个证据是,基督教本身在它自我理解的运动中也包含着一个虚无的时刻,即一个冥想式的"耶稣受难日",必须有纯粹的死亡和黑暗的时刻,并且如果你要了解基督教,就必须熟悉之。另外,作为一个文化系统,通常西方天才们的思想中也包含着西方的虚无主义。库比特说,西方是这样一个文化传统,它建基于永久的、不停的批判,自我批判以及怀疑,这些品质使得它持续地进行改革、创新和彻底的改造。在某种意义上,西方是虚无主义的,因为除了没有什么是固定的这个原则之外,它没有什么是固定的。西方建基于上帝之死,也就是建基于下述持续努力的一再失败:建立一个至上实在的伟大原则和一个可理解的事物价值。我们再三地建构,而建构了的再三倒塌。我们假设上帝,然后上帝死了。

不难得出,库比特要说的是,西方人永远在教条主义和怀疑主义之间摇摆,在肯定和否定之间摇摆。对此的最高例证是基督教关于耶稣死在十字架上的核心象征。

紧接着产生的一个问题是西西弗的问题:无穷无尽的质疑和革新使得西方具有巨大的创造力,但也确保了它决不能有什么结果——永远不能获得客观的实在、真理与价值,寻找它们是永远要受到"惩罚"的。那么,西方注定是失败的吗?再者,我们的历史—文化相对主义让我们确定,当我们的思考已经彻底世俗化、内在化和内历史的时候,我们再也不能声称有机会获得任何绝对的、人之外的、超历史的观点或标准作为衡量进步或衰落的尺度。那么,进步这个词是没有意义的吗?

库比特给出的答案是,虽然整个历史进程确实是内在的或无外在性的,因而我们没有真正独立的进步标准,但是有可能出现小小的不可取消或不可逆转的进步,这些进步的积累构成一种我们仍然可以信赖的进步。

总的来说,库比特接受后现代虚无主义。除了无始无终、无外在性的人类会谈,不存在其他任何东西。在会谈之外,我们没有办法推进到某个外部立场,借此判断某些部分比其他部分更好,或者更加接近真理。就是说,我们的文化之流是无尽的"钟摆摇摆"。但在人类会谈中,细小的事情有可能发生,不可逆转或者不可取消地改变着我们。例如,从纯真到历经世事的改变是一种不可逆转的改变。在社会伦理中,人们可能会普遍认同,从部落主义到民族主义再到国际主义的改变是不可逆转的。这种不可逆转的改变就是库比特说的进步。基督教带来的进步则体现为上面列出的一系列不可取消者,它们持续地深刻影响着西方甚至整个世界,以致现代西方的世俗世界本身就是基督教的一个创造。

(四)批判思想方式

在库比特看来,批判思想方式也是西方文化的各种宗教特征的结果,他列举了其中两个主要的特征。① 第一,在西方,人们审慎地、细致地、敏锐地、挑剔地、勤勉地以及"虔诚地"遵循日常的规则和程序。这里的起点是宗教仪式的履行。履行宗教仪式要求规范性和精确性,只有这样才能生效,当这种精确性被用于日常生活时,仪式程序就像模板或者备忘录一样,确保技术工作全部能够按照正确的次序做好。第二,当你在上帝面前检讨自己的良心时,审慎而系统地进行自我批判就很重要。为了实现宗教生活的目标,你必须彻底净化自己,这就意味着,你必须对自己完全诚实,寻找和净化每一个错误和自欺欺人的部分,因为据说上帝是全知的,所有人的心灵都在他的注视之下。所以,你不可能接近上帝,除非你的内心完全纯洁。一个偷偷犯下的罪就足以让你非常不适,以致无法承受上帝那神圣的目光。尼采曾经指出过在追求个人道德和理智的整合上的这种基督教自省的重要性,对"受审查的生命"和完整自我的追求要求警觉的、严格的自省。尼采还指出,通过这条自省的道路,基督教伦理学不断地破坏着基督教的教条,因为如果你要知晓真理,那么你的心就必须要纯粹,必须清除所有的错误和矛盾。

库比特赞同尼采的看法,但他认为尼采还有一点没有说清楚。② 对于个人而言,基督教的自省太容易变得过于谨慎,从而导致精神焦虑。

---

① 两个特征见唐·库比特:《西方的意义》,王志成、灵海译,四川人民出版社2012年版,第115—116页。

② 同上,第64—66页。

在现代早期，关键的、英明的一步是，审慎的关注点从个人自我和自我动机转移到了个人使用的理智方法之上，就是说，宗教的甚至神经质的审慎转变成了理智上的审慎，而这种审慎给了我们一个非常强有力的新工具，引发了种种令人吃惊的结果。如果自由的代价是永久的警醒，那么真理的代价就是在你工作的领域内检验并完善证据规则，试验真实性。长远来说，现代西方文化独特的力量和成功或许应该归功于严谨和审慎，正是严谨和审慎使得各类学术机构不断成立，重新评估、改善和提高知识标准。

在这里，库比特所引用的达尔文的例子有助于我们理解宗教审慎与理智审慎之间的密切关系。通过多年的努力和大量的细节，《物种起源》最终于1859年出版，它采用了一种冗长的累积论证的方法。以自然为例，达尔文所提出的很多观点既不能用数学模式来模拟，也不能用实验来验证。他试图采用培根的电磁感应方法，以便清楚地表明取决于事实的一切都是可靠的，所有的论据都可以得到仔细的考察。达尔文勤奋地阅读着关于"设计论"的阐述和解释，以及相关哲学家的著作，在与别人的通信中，他收集所有可以得到的相关事实和论据，并且，他特别感谢那些寄给他看上去反对他的理论的事实和论据的人。在出版之前，他需要真正地考虑和处理每个可能反对他的理论的对象。他如此艰难地完成了他的繁重工作，疾病缠身，高度焦虑。他清楚地向我们表明了传统的宗教与道德审慎和现代西方的思想审慎之间的关联。

库比特主张，自由的批判思想方式这一伟大的传统是西方所有价值和传统中最重要、最强大的。在众多方面，它已经被证明非常强有力。大约四个世纪以来，它已经逐步使得我们摆脱了传统。它已经稳步地将我们的全部图像去神话化，无论是世界图像还是关于我们自身的图像。它为我们提供了科学方法，批判性的历史方法，以及人类首个大规模的有力的实验知识系统。它为我们提供了充当现代人持续地进行自我批判、自我改革之环境的自由民主社会。最后，它为作家、艺术家和思想家提供了一个强大的、创造性的、独立的原则。如今，在许多国家，人们首次在历史上拥有了很好的机会相当健康地过上长寿的、文化丰富的生活，对此，批判思想方式功不可没。

尽管如此，关于批判思想方式，还有各种困难和异议。[①] 第一，如果批判思想方式所取得的成就和影响如此巨大，那么为什么在一些领先的国家，仍然有很多人相当怀疑它？为什么世界上科学领先的国家也是最反对达尔文主义的国家？第二，批判思想方式被认为和西方过度的个人主义、消费主义、民粹主义和享乐主义联系在一起，并且，批判思想方式与西方的传统道德对普通百姓行为控制的巨大崩溃联系在一起。第三，批判思想方式被认为像资本主义一样拥有巨大的力量和潜在的破坏性，除非对它加以谨慎管理。通过对其他一切事物的去神话化，不受约束的批判性思考最终会毁灭自身，必然走向纯粹的虚无主义和文化的崩溃。第四，教会始终代表形而上学实在论、教条和官方信仰，似乎每个时代的自由思想家都有理由认为教会是理智自由的敌人，而不是朋友，那么，如何合理地声称，《圣经》和西方基督教传统甚至比苏格拉底和学院派的怀疑论者更是我们现代批判思想方式的真实来源呢？

　　针对第一个异议，库比特回答说，那是因为这些文化和处境中的运动松散地贴着"原教旨主义"的标签，在其中，人们讨厌批判思想方式，害怕这种思想方式引领我们所到之地。对于第四个异议，他说，在某种程度上，批判精神的确归功于苏格拉底，但是它更多地归功于圣保罗以及后来的圣奥古斯丁，他们使得批判精神成了基督教灵性的一个原则。这里的关键之处是，只有当批判思想方式外倾时，也就是向外并成为探讨所有领域的普遍原则时，它的巨大力量才得以展现出来，而转变为科学家的专业训练的是修士的禁欲主义、基督教的反偶像崇拜和否定法，与苏格拉底的方法论并没有直接关系。

　　针对第二个和第三个异议，库比特首先肯定自由的批判思想方式的传统是西方最伟大的发现和成就。正如持异议者指出的，它暗示了不存在永久确立的永恒的真理。西方的一切都是"暂时"的，所以，西方的普通人必须学会明白没有也不可能有什么是本质的、不变的、始终存在于偶然性之流背后的，就是说，人们必须学会与偶然性、短暂性和有限性和谐相处。关于批判思想方式走向虚无主义和文化崩溃的说法，必须澄清的是，

[①] 相关内容参见唐·库比特：《西方的意义》，王志成、灵海译，四川人民出版社2012年版，第124—131页。

西方没有直接进入或者跳进被动的虚无主义状态,并把它作为最后的和唯一的"真理"。因为如果纯粹虚无是唯一和最高的"真理",我们就没有真理可言。库比特说,真实的状态是,"在坟墓中,既没有真也没有假",就是说,西方让我们返回到第二性和意象之中,使得我们的整个生命进入丰富复杂的图像游戏,这些图像游戏建构了世界,让我们获得通向非大写的"真理"的灵性进步。批判思想方式持续地提出一种建构,一种对事物的评价,然后批判它、修正它。通过在肯定和否定之间持续地摇摆,它逐渐地建构并丰富我们的生活世界。它让我们看见最后的真理是没有真理,乐于返回生活和第二性。简而言之,在库比特看来,批判思想方式通向的不是实在论者惧怕的那种混乱与崩溃的虚无主义,而是新的无外在性的天国阶段的基督教或者生活宗教。

三 重读拯救的故事

受到意大利哲学家瓦蒂莫(Gianni Vattimo)和法国哲学家德里达的启发,库比特以三种方式重新解读了基督教的拯救史。

瓦蒂莫把基督教拯救的叙事和黑格尔关于"存在式微"的说法交织在一起,库比特将他的理论概括如下。[①] 起初,存在的结构非常强大,人什么也不是,客观实在压倒一切,人则完全无能为力。然后,存在展示为上帝以及被造的人类。通过这样的转化,这个上帝已经开始把他自己的某种命名世界、赋予世界秩序的力量以及选择的力量授予了我们,而且,从此整个拯救史成了神圣的"虚己",即旧的客观的上帝逐步把自己倾泻在我们之中并且消失的故事。接下来,上帝将自己展示为人类必须接受、解释和运用的宗教律法系统。然后,通过在基督里成为人,上帝将自己交给历史、偶然和死亡,作为爱的灵、给予生命的灵,上帝自己融入了属人的共同体。最后,上帝的国来临,那时,人完全得到解放并且被授权。形而上学的时代过去,上帝仅仅作为纯粹的爱保留下来。存在式微,一切成了解释的问题,就是说,一切都是由语言和历史传达的,不再有任何我们必须服从的、纯粹的客观实在,虚无主义就是我们的灵性解放。我们人的世

[①] 本段参见唐·库比特:《西方的意义》,王志成、灵海译,四川人民出版社2012年版,第9—12页。

界成了唯一的世界。

　　库比特指出，实际上，上帝的逐步撤退或者存在的弱化在《圣经》里非常明显。在《创世记》和《出埃及记》，上帝作为叙事中的代理人栩栩如生地呈现。尔后，他撤退了，把自己隐藏在《托拉》启示、先知神谕以及偶尔的宗教经验之中。在《新约》中，耶稣基督凸现出来，在基督的洗礼与变容中，上帝仅仅作为舞台之后的天堂之声被听见，在基督之死时，上帝混乱了舞台的背景。相当引人注目的是，作为一个整体，在《新约》中，上帝几乎完全消失了，只看到耶稣基督，而耶稣仅仅是个已经死了的凡人。因此，库比特得出结论："上帝的最后启示只是上帝之死"①，而上帝之死让我们获得自由。旧的权力的上帝成了新的爱的上帝。

　　对拯救故事的第二种解读方式是，把它视为从上帝到人的权力的移交史。库比特说，现代西方尤其是基督教的如下两个核心教义的遗产：上帝创造与维系世界，以及上帝在人子耶稣基督里明确的道成肉身。在这两个教义中，上帝将他的权力转给了人类，把语言加给了混乱的人类经验，并由此创造了一个有序的、律法统治的世界；同时，上帝也把赋予世界以价值的权力给了人类，正是通过这一权力，我们热爱世界，把自己倒入世界之中，并在世界中死去。核心的基督教教义起到了解放人类、授权人类的作用，并因此产生了世俗的现代西方世界。

　　那么，这个权力移交的过程是如何完成的呢？库比特从人类学的角度概括了如下几个阶段。②

　　在第一阶段，首先，有必要把基督教的历史放置在一个更大的历史处境中——回溯到旧石器时代。那时，人类把圣言体验为几乎完全不可控制的诸力量之间的混战。他们努力斗争，甚至试图发展出最基本的宇宙论。然而，当人类还异常弱小的时候，他们所能用来思考和阐明系统宇宙论的唯一方式就是异逻辑的思维，即想象没有人类弱点的超级存在，他拥有建立有序的宇宙，并牢牢控制宇宙的力量。人类以此摆脱弱小，满足控制世界的欲望。这样的存在者就是诸神。最初，神学就是从高度异逻辑的思维方式中产生的。

---

① 唐·库比特：《西方的意义》，王志成、灵海译，四川人民出版社2012年版，第11页。
② 以下相关内容参见同上，第56—58页。

在第二阶段，当人类的思维达到了相当于伦理一神教的思维水平时，便开始将上帝描述为已经把他的一些控制世界的权力移交给了人类。由于那时的人是狩猎者，他们仅有的控制世界的权力就是一点命名权，于是他们开始认为，上帝把命名禽兽的任务下放给了人类。

在第三阶段，上帝应许说，自然界将是规则的、守法的。然后，通过一个伟大的先知摩西，上帝给了人类将要遵守的神圣律法。由此，上帝给了人类一个有序的宇宙论，随后，让人类分享他自己的知识，并理解创造的秩序。

在第四阶段，一个大扭转发生了。"存在的弱化"就是上帝稳妥地把他的创造世界、命令世界、理解世界、改变世界、想象新事物、创造新价值的权力移交给人类。整个进程的焦点是上帝在基督里的道成肉身，以及他为了我们而死的故事。

在第五阶段，现代早期，种种迹象表明整个进程已经接近完成。在政治上，旧的绝对的君主专制让位于新的自由民主的共和政体。在形而上学方面，旧的教条实在论让位于一种新的哲学，它可以称为观念论、建构主义、反实在论或实用主义，甚至虚无主义。正在发生的是，越来越多的权力从上帝转移到人并内化，客观的"实在"消失了。终于，在尼采和他的后继者之中，我们开始看到整个进程自然呈现的结果：完全解放的新人类出现了，他们能够把自己的生命和自己的世界视为自己创造的艺术品，过太阳式的生活。至于"虚无主义"，不用担心，因为既然上帝从虚无中创造，那么我们也必须这样。

由此可见，基督教的宏大叙事讲述的是人的创造。基督教是独特的、自我世俗化的宗教传统。伴随着关于独一的造物主上帝、上帝在耶稣基督里的道成肉身、上帝的救赎性死亡以及上帝大规模融入人类的逐步自我沟通的叙事，缓慢地产生了新人类。

对拯救故事的第三种解读与我们逐渐认识到上帝的不可能性有关，这要感谢德里达和古老的否定法。不过，上帝的不可能性不是德里达的发明，它一直隐含在基督教传统中，伟大的神秘主义者早就认识到了这一点，以致他们说，宗教生活是进入绝对黑暗和虚无的旅程。

上帝的不可能性是如何逐渐显明的呢？库比特分析道，起初，亚伯拉罕和以撒的上帝是存在着的、活生生的上帝。那时，上帝的可能性根本就不是一个问题，因为他是如此强烈地被感觉到。然而，在《以赛亚书》的最后几章中，希腊哲学的影响已经相当强烈，以致它的作者已经把握了这样的观念：上帝的独特性和超越性清楚地表明，严格来说上帝是不可理解的、空的。因此，进入上帝之旅就是进入空的、无意象的黑暗之旅。因为上帝是无与伦比的，所以，他是无法言喻的、超越语言的。"你们将谁与我相比，与我同等，可以与我比较，使我们相同呢。"① 可见，从一开始有神论就认识到了它自身之中的无神论核心。在托马斯·阿奎那之后，服务于教会权力和利益的教义神学开始远离神秘神学，神秘主义者维护旧的、美丽的、严格地说是正确的虚无主义，即在宗教生活的顶峰，灵魂对纯粹黑暗、空和无的开放性，现在他们为此遭受迫害。教义神学占了绝对上风，上帝被理解为是万事万物，尤其是所有实在、理性、真理和价值的终极创造者、秩序制定者和维护者。然而，这并不表明否定法的终结，根据德里达的解释，这是通向更深的上帝再确认途中的一个展示阶段。

当然，在现代以前，很难理解上帝是绝对的黑暗和无，是生活的无外在性。除了范围相当狭窄的怀疑主义传统之外，西方思想的主体完全被德里达所说的"广义的神学"所主宰。从尼采开始，才尝试对广义的神学进行严肃的诊断并最终将它清除，直到德里达那里，清晰地隐含在柏拉图和第二以赛亚那里的真相才通过解构最终完全显明。然而，值得注意的是，这里的复杂之处在于，按照尼采和德里达的怀疑，广义的神学是依照我们的语言结构写成的，以致它控制着我们的思维方式；它决定着什么是理性的和有效的论据。在这种情况下，我们不能通过合理的论据把它打倒，因为唯有它才能规定什么算是合理的论据，它已经全部掌握了议程，不可能直接受到挑战。我们可能永远无法完全摆脱它，或许我们所能做的最多只是继续尝试去揭露和破坏它。②

德里达承认他试图推翻的那些学说或许是根深蒂固而无法根除的。解构使上帝发生动摇，但这种情况是暂时的，他还会回来：如果我们利用哲学来说明流行的宗教信念中的神人同形同性论的上帝不可能存在，我们会

---

① 《以赛亚书》，46：5。

② 本段内容参见唐·库比特：《不可能的爱》，王志成、王蓉译，四川人民出版社 2008 年版，第 39—47 页。

陷得更深，触到古典哲学的有神论的上帝；如果我们摧毁形而上学，并表明哲学家的崇高的上帝也不存在，我们会再一次陷得更深，把上帝等同于一种先于建构哲学的任何具体方法而存在的最初的始基。因此，在每一个层面上对上帝的每一次消解只会把上帝推到一个更深和更一般的层面上，而且，我们为摆脱上帝所作的斗争越是艰难，我们在伟大的古典精神的旅程中陷入神圣的黑暗和虚无之中的程度就越深。

因此，上帝之后的世界将继续受到上帝之幽灵的纠缠，正如自称的"无神论者"所承认的，只要他使用该词，上帝就会在他的面前。被上帝遗弃的这个世界将继续预设那个上帝创造的世界。在这里，我们需要思考的是，库比特提出的"无外在性"的理路能否解决上帝的幽灵的问题。在《不可能的爱》中，他自己承认还没有找到方法来阐述一种新的世界观和新的宗教观，而不会私下里预设旧的上帝和旧的世界观的第一性。他说："我自己还陷在与那个不可能的上帝的一种不可能的理性的爱的关系之中，甚至还不想被医治好。"① 我想，或许最合适的回答是，可以不必将旧的世界观和价值观视为与我们水火不容的敌人，因为它们是我们的起源。正如库比特说的，现代西方是基督教自身的产物，是天国阶段的基督教。

总　结

奈杰·利维谈到过 20 世纪中叶新西兰的学生基督教运动引发的一个问题：如果一个人既开始怀疑一个客观上帝的存在，又开始怀疑教会的适宜性，却依然能够欣赏宗教信仰的价值，那么这个人该从哪里寻找启发呢？② 本章的主题和这个今天仍在被追问的问题有着密切的关联。

库比特为我们提供了一条道路。沿着他的道路，我们既能够与"全球化"、"世俗化"、"后现代"等当前处境和解，又能够继续成为"笃信宗教"之人，不仅欣赏而且保留宗教信仰的价值。这是通过重新解读西方当前的处境和基督教来实现的，两者之间的关系证明并非相互排斥，而

---

① 唐·库比特：《不可能的爱》，王志成、王蓉译，四川人民出版社 2008 年版，第 48 页。
② Nigel Leaves, *Surfing on the Sea of Faith*. Santa Rosa: Polebridge Press, 2005, p. 130.

是紧密结合在一起。

　　本章的论题是生活宗教的背景，即西方当前的处境，内容分为三节。第一节描述关于西方当前处境的三条解读路线，包括宗教基础主义的解读，世俗主义的解读和天国版本的解读。第一种解读继续停留在西方传统的思想框架之内，拒绝接受新的思想和变化，并认为新事物是个错误，引导我们走向可悲的结局，只有回到传统的路子上才能获得拯救。第二种解读与第一种截然相反，认为现代西方纯粹是个世俗的世界，我们可以并且已经完全离开上帝与宗教。库比特认为这两种解读都是有问题的，并提供了第三种解读方式，这种方式既承认我们在过去、现在与将来始终与基督教传统密不可分，又承认现代西方是个世俗世界。我们把这称为天国版本的解读。这部分内容主要参照了《西方的意义》。

　　第二节描述的是库比特的非实在论世界图像。非实在论被认为是库比特最重要的标签，它一度被误解为是一种反基督教立场。事实上，库比特反对的并不是基督教本身，而是基督教的实在论。在此，一个值得我们注意的要点是，使得基督教与这个时代和解的恰恰是非实在论。另外，非实在论并不像许多人认为的那样是一个新异的词汇，比如，佛教说到底是一种非实在论的教导，基督教中的许多神秘主义者其实也是非实在论者。本节首先试图找出库比特反对实在论的几个论据，接着介绍了非实在论世界图像的总体面貌：作为生—成的存在，语言"创世"论，"弱的"知识和真理观，以及我、我们和我们的世界。

　　如果仅从库比特所描绘的这幅世界图像来看，的确很容易使人误以为他是基督教的反对者，因为他似乎在每一个方面都反对传统的二元论图像，并建立了自己的非实在论神话。库比特的新神话有一个重要的特征：不去试图描述人类认识范围以外的东西，这意味着既不反对也不接受，相当于希腊哲学的"悬搁"或者佛教的"沉默"。这里再次证明了维特根斯坦对库比特的影响。本节的一个重要概念是"无外在性"，它是理解非实在论的关键。本节主要参考《后现代宗教哲学》和《我们的头顶是天空》，库比特在这两本书中对非实在论有清晰的论述。

　　第三节描述的是库比特的"世俗基督教护教学"。他明确地说出了如下惊人的观点：现代西方是基督教的天国阶段。这是他毕生的努力之汇聚点。细心的读者在他1980年代的著作中就可以找到这个观点的模糊形式，当时库比特本人对它还没有充分的认识，就像远远望着云雾缭绕的山顶。三十年之后，他终于登上了这个山顶，并写下《西方的意义》一书来具体阐明之。我将该书的论证概括为三个方面：启蒙运动的所有新观念来自基督教传统；基督教的遗产——不可取消者；重读拯救的故事。需要说明的是，在展开论证之前，库比特对基督教进行了重新定义，认为它是一种"乌托邦的文化运动"。通常被视为世界宗教之一的基督宗教被库比特当作整个基督教的一个阶段或者一种历史形态：教会阶段的基督教。如今，这个阶段让位于下一个阶段，即天国阶段。他认为，这种让位既符合《圣经》中的古老应许，也是基督教本身的自我超越。那么，这种超越是如何完成的？库比特打了个比方：化蛹成蝶。他分析说，基督教从宗教形式脱胎成了整个现代西方文化，留下六个不可取消者成为文化中的酵母，持续地发挥作用。这表明基督教完成了内在化过程，成为刻在人心之上的信仰，而不是刻在石头上的律法。

在早先的著作中，库比特也谈到过传统基督教为现代世界留下的遗产："上帝的目光"、"极乐的空"、"太阳式的生活"、"诗性神学"等。显而易见，《西方的意义》标志着库比特对传统基督教的看法发生了一定的变化，认识到整个传统基督教是现代西方文化的母体。有趣的是，他说过一句话，大意是，那些对传统最激烈的反对者往往也是最深刻地沉浸在传统之中的人，这句话现在刚好用来描述他自己。"天国阶段"的论述使库比特最终成为一名世俗基督教护教论者。他对自己的身份表示认同，因为按照他的分析，在基督教文化之中成长起来的现代西方人始终是基督教的孩子。

所以，我要为库比特作出如下辩护：从一开始，他的目标就不是与基督教决裂，而是实现对基督教传统的转化。当代英国神学家布莱恩·赫伯斯韦特谈到过库比特在 1980 年宣布走上新的道路之时，给出的理由虽然与无神论者的理由没有明显的区别，但他对基督教的态度不是断然地抛弃之，而是温和地肯定之。虽然在 1990 年代，库比特从敦促教会改革基督教转而对改革彻底失望，但他反对的始终是基督教体制化的和超自然主义的一面。天国阶段的基督教留下的是伦理的和灵性的一面，我们在第五章将会看到。

可以预料，很多人会反对库比特对基督教的重新定义，认为他不是成全基督教，而是歪曲甚至抹煞基督教。也许还有人会跟随赫伯斯韦特追问，库比特是不是无神论者，既然他的非实在论否定了有神论的"神"之存在。这个问题早在 1980 年代就被提出，当时有人称库比特为"无神论的牧师"。[①] 实际上，非实在论与无神论是两个不同的概念，无神论是相对于有神论而言的，它试图取消"上帝"这一概念，非实在论是相对于实在论而言的，它反对实在论的上帝，坚持非实在论的上帝。换言之，正如我们可以在本章最后一节的末尾看到的，对库比特而言，上帝是存在的，它作为一个符号深深地嵌入了西方的语言结构之中，持续地发挥着作用。让我们再次引用《不可能的爱》中的原话，"我还陷在对那个不可能的上帝的一种不可能的理性的爱的关系之中，甚至还不想被医治好。"

[①] 可以参见 Scott Cowdell, *Atheist Priest? Don Cupitt and Christianity.* London: SCM Press, 1988.

第四章　生活宗教的方法论：
日常语言调查方法

在库比特的宗教哲学思想中，除了理论的维度，还有实践的维度，后者使得他的生活宗教无法仅仅被反对者们简单地归入"标新立异"的行列。如同我们将会表明的那样，他的实践维度不仅包含着深刻的意义和价值，而且具有强大的说服力。本章试图阐明的宗教研究新方法，即日常语言调查方法，就是这一实践维度的核心内容，也是生活宗教的方法论。

从总体上看，日常语言调查方法在库比特的思想中所占的比重很大。一方面，从1999年到2008年，他撰写了两个日常语言三部曲来描述和发展这一新的研究方法；另一方面，他的生活哲学所包含的内容是在与日常语言调查方法的互动中产生的。前者要么是在后者所取得的结论的基础上发展起来的，要么需要通过后者的检验。从这一点上看，库比特充分体现了英国的经验主义传统。我们将表明，日常语言调查方法既是一种彻底经验主义的方法，又能揭示今日的宗教真理。

第一节　日常语言调查方法的缘起与含义

一　转向新方法的五个原因

在过去，人们只有"神学"，没有"宗教"。传统的二元论模式区分了两个世界，即神圣世界和世俗世界，神学的一个古老而纯粹的用法是：灵魂朝向上帝之旅程。我们通常谈论的"宗教"是一个相对晚近的概念。库比特告诉我们，18世纪晚期，作为以人为本对所有学科重新进行全面编排的一部分，对"启示真理"的谈论开始被对我们的"宗教经验"的谈论所取代，对上帝能够并且将会为我们做什么的谈论开始被对我们的

"宗教信仰"能够为我们做什么的谈论所取代。人们开始把宗教视为人类表现性的象征活动之方式,而不是某种超自然的和仅仅被给予我们的东西。简单地说,形而上学实在论的逐渐倒塌使得我们能够以属人的视角重新审视旧的神学主题,宗教的概念由此产生。

我们在上一章已经论证,前科学时代关于一切事物的目的论思想方式如今已经让位于一种非实在论的、纯粹内在的观点,它使得下面这种旧的谈论失去意义:在这个世界以外存在一个更伟大的、不可见的、超自然的世界,从那里已经降给我们关于拯救的真理之启示。取而代之,我们拥有的仅仅是这个世界,它是无外在性的、有限而无边界的。然而,这并不意味着我们把过去的神圣领域及跟它有关的一切统统抛弃,只剩下世俗领域,毋宁说,这样的谈论本身是不合法的,一方面是因为它仍然受制于二元论的思想方式,另一方面是因为它绝不仅仅是一个理智上的问题,正如我们在上一章谈到的,"上帝"已经嵌入语法之中。库比特认为,实际上所发生的是,神圣领域与世俗领域的一种融合,就是说,我们当前拥有的这个世界是一个新的产物,他把这称为生活的神圣化,并且认为这就是古老的以色列人盼望的"天国"的世俗化来临。

在天国阶段,过去用来谈论神圣领域的词汇散播到日常语言之中,我们可以认为,在某种意义上,这是一种回归。柏拉图曾经迷惑过:我们用来谈论现象世界的词汇如何能够被用来谈论"共相"?在基督教的例子中,我们从生活世界抽取词汇和价值,把它们稍加变形,用来谈论神圣世界。如今,这些词汇和价值再度返回自己真正的家园。这是转向新方法的第一个原因。

第二,维特根斯坦的语言游戏理论是新方法最直接的来源,它提供了两层启示。第一层启示是,按照维特根斯坦的实证主义观点,一切都在语言游戏中得到阐明库比特曾用"语言之外无一物"的口号来支持维特根斯坦的理论。宗教也是一种语言游戏,既然这样,那么通过研究富有哲学和宗教含义的日常话语,我们应该能够获得大众的哲学和宗教观点。语言游戏理论提供的第二层启示与真实性问题有关,该理论使得对真实性的谈论被对意义和用法的谈论所取代,换言之,对我们有用的就是对我们真实的。所以,我们听到维特根斯坦只是轻描淡写地说:这个语言游戏玩过了。由于日常语言是当下正在使用中的语言,因而,从日常语言中获得的哲学和宗教思想正是当前大众真正持有的世界观、价值观和信念。

　　转向新方法的第三个原因与库比特对宗教的重新定义密切相关。根据非实在论的世界图像，我们通过我们的语言塑造自身、社会关系以及我们生活于其中的共同世界。虽然可以说，语言创造世界，但这里的"创造"并不是从绝对的无到有的创造，而是从混沌到有序的创造，类似于亚里士多德谈论的形式决定质料或者过程神学谈论的上帝的创造。所以，存在语言的他者，库比特把这一语言的他者，即语言努力将它塑造成一个有序的、可居的世界的原材料称为存—在。它是一股倾泻而出的偶然性之流，温和却难以捉摸。这一模糊不清的不可控性或抵制性要素不能用我们的思想或语言直接把握，却常常在迂回委婉的用语中得到暗示。库比特在《日常话语中"一切"的含义》中对此有专门分析。

　　语言的他者使得我们的属人生活总是屈从于某种永久的、无法摆脱的条件或者限制，库比特在最低限度上把它概括为短暂性、偶然性和有限性，或者时间、机会和死亡。它们就是莱布尼茨所说的形而上学的恶，然而在库比特的体系中，它们不再是"形而上学"的，而仅仅是非常普遍的生活事实，我们需要加以接受。他说，这三个条件或限制都是有限的存—在之模式。在过去，人们常常想象或许能摆脱它们，比如在死后进入一个天堂世界里，但是，这在现在看来是相当可疑的，事实上我们无法脱离它们。所以，更好的态度是完全承认这三个条件，并逐渐与它们达成一致。具体的做法是，详尽阐述有关它们的象征表现和故事，并发展出用来跟它们交涉的社会仪式。这里的结果就是人们所称的"宗教"。所以，"宗教可以被定义为这样一种尝试：用符号表示生活的神秘和无法逃避的限制，与其谈判，并达成某种满意的安排。"①

　　库比特对宗教的重新定义放弃了超自然的维度，把宗教解释为人们直面现实，并找到快乐的方式，这使得对日常语言的调查在宗教中成为合理的和必要的。既然宗教只是一种属人的文化创造，那么日常语言就是它真正的家园，由此推出我们可以通过调查日常语言获得大众的宗教信念。

　　到目前为止，我们分析的原因似乎都可以归入对新方法的可行性的一

---

① 唐·库比特：《宗教研究新方法》，王志成、朱彩红译，宗教文化出版社2008年版，第44页。

第四章　生活宗教的方法论：日常语言调查方法　　103

种主观论证。那么，库比特是否在进行一项美妙却一厢情愿的设想呢？这要看在他对新方法的实际操作中，日常语言是否被证明真正包含一套属于日常性自身的哲学和宗教思想，这套思想是否反映大众当前真实的信念。对这一问题的论证构成我们转向新方法的第四个原因。

关于这第四个原因，我把库比特的论证概括为以下六点，体现在他对新方法的总体理论框架或背景的分析中。①

（1）他对日常语言的经验调查发现，在日常语言中，我们使用不同的整体化的词和表达式来指称我们在前面提到的语言的"他者"，或者说，我们的"他者"。在这些词中，过去的上帝习语依然在使用，但为数甚少，当前最大众化的总体性词汇是"生活"，我们用它在整体上唤起诸条件和人类的处境。

（2）由于20世纪信息技术的巨大发展，语言的流通和来源不再受到时空的决定性限制，我们对习语变得高度敏感。结果是，普通人的日常语言已经变成高度"文本间的"，这一点至今大多数学者没有注意到。

（3）我们有把握认为，如果一个新习语快速流行，传遍英语世界，并成为语言的一部分，那么这是因为它满足了真正的需要。库比特提供了一个达尔文主义的类比：我们的语言是一个活的、发展的有机体，各种变化被不断引入，自然选择不断进行，它如今的状况是对今天人们实际上思考的东西最好的也是最可靠的指数。

（4）习语中的小小改变有时可能预示着重大的哲学改变正在发生。比如，"知觉"（perception）一词过去只用于指感觉材料给予我们的感官的印象，但在过去二十年中，它却被用于指"解释"。这一新用法的言外之意是，"事实"不是纯粹的，我们从一开始对它的理解就包含了解释。所以，普通人并非没有哲学，语言中一个小小的用法改变可能就足以表明这一点。

（5）宗教的改变以相当类似的方式表现在语言中。比如，上帝习语的减少和向生活习语的转移暗示我们宗教对象的改变。库比特认为，当我们收集并研究当今流行的生活习语时，我们就是在直接研究当今真正的大

---

①　下面六点参见唐·库比特：《宗教研究新方法》，王志成、朱彩红译，宗教文化出版社2008年版，第25—33页。

众宗教。在这里，需要说明，库比特谈论的不是基本的语言结构的改变，而是有趣而刺激的新习语，它们有意让我们注意到宗教态度和评价中的一种重要变化。

（6）库比特指出，如果根据当前大量的宗派主义形式、新宗教运动、各种形式和程度的不可知论及怀疑主义来研究世界宗教，那么我们会获得一种印象：文化世界已经变得高度多元化。但当我们在日常语言的习语中研究宗教思想的进展时，却发现在最深的层面上，存在高度一致性。

由此，库比特得出结论：通过检验日常语言，尤其是当前的习语，我们就能够快速而轻易地在经验上、在最深刻也是最普遍的层面上确立现在普通人的真宗教是什么，以及它是如何改变的。

转向新方法的第五个原因与已有的宗教研究方法的失败有关，这里牵涉到应用批判思想方式的教义神学的失败和一般的社会调查方法的失败。

大约在18世纪中期，德国大学里的学者们开始运用历史批判的新兴研究方法撰写教会史。在接下来的50年里，历史批判方法被运用于《圣经》和教义史研究，从那时起，神学就成了一门富有影响力的历史学科。今天，神学家仍然在使用历史批判方法。那么，这种方法为什么没有如期望的那样让神学受益呢？为什么如同克尔凯郭尔所指出的那样，对《圣经》的批判研究反而削弱了信仰呢？库比特为我们分析了两个原因。①第一，历史批判方法必须始终如一地对事物的运行方式做出非宗教的假设。正如法庭调查所显示的那样，我们在判断过去事件的各种重现之相对可能性时，必须使用自然主义的假设，如果允许奇迹的发生，那么所有合理判断都不能成立。第二，批判历史只能作出可能的裁决。虽然在有些案例中，可能性相当高，以致律师们会说"超越了所有合理的怀疑"，但即使是那样，也仍然缺乏纯粹的必然性，而这种必然性对于超自然信仰是必需的。所以，批判方法向我们表明的始终是，宗教是属人的和历史性的。它决不能让我们确信，某个教义是超自然地给予我们的，并且具有永恒的真实性。批判方法剥离了信仰非理性的一面，而这一面在信仰中起到关键作用。结果，历史批判方法发现，它已经摧毁素朴却强大的宗教真理观，却

---

① 两个原因参见唐·库比特：《宗教研究新方法》，王志成、朱彩红译，宗教文化出版社2008年版，第3页。

又没有什么东西来取代这种真理观。它将旧文本牢牢地置于历史语境中，表明不同的人过去可能相信什么，但对于我们今天应该思考什么，它只能刻意表现得中立。最终，它让那些使用该方法的人走向宗教自然主义，整个宗教传统最终必定被渐渐视为一种人的创造，与文化的其余部分一起随着历史的发展而发展。由这种方法所带来的学术神学的主导地位在过去的两个世纪里已经慢慢地让这门学科变得苍白无力。在库比特看来，今天，官方教会神学是一门"遗产"学科，它完美地维持着我们的宗教传统，却毫无生命可言。

库比特的新方法是对宗教的经验主义研究。你可能会说，这有什么新奇的，宗教经验主义研究已经有一个多世纪的历史了，只需看一下宗教心理学和宗教社会学就会明白。那么，过去对宗教的经验研究是怎么进行的呢？库比特举了一个很好的例子——民意测验。通过民意测验可以发现人们声称持有什么样的宗教信念，以及从事什么样的宗教实践。根据不同指标确立了人们不同程度的宗教性之后，可以进一步追问宗教性如何随着年龄、性别、政治面貌、社会阶层、教育等的变化而变化。当我们发现看上去有趣的关联时，就想出理论来解释它们，并试图想出种种方式去检验我们的理论。这一切主要建基于要么强调个体心理学（宗教心理学）、要么强调泛泛而言的人（宗教社会心理学）、要么强调社会机构的工作（宗教社会学）。然而这里常常出现两个问题，涉及调查者和被调查者双方。[①]第一，当普通人在接受询问时，他们立即臆测自己正在被检查，以便了解他们和官方标准有多符合。所以，他们亲切地给予了一个不是完全发自内心的答案，却是迎合提问者想要听到的（会被接受的）内容稍加歪曲的答案。第二，调查者几乎总是从宗教机构的观点来理解他们的主题和设计他们的问题，他们追问的是，人们在多大程度上持有宗教机构认为他们应该持有的信念，做宗教制度认为他们应该做的事。所以，库比特得出的结论是，学者们至今在测量的不是人们的宗教性，而只是他们的顺从性。

旧的经验主义宗教研究方法的缺点提醒我们，新方法需要解决两个问题：首先，它必须是客观的，不偏向任何特定的制度、信条或者文化的种

---

① 下面两点参见唐·库比特：《宗教研究新方法》，王志成、朱彩红译，宗教文化出版社2008年版，第22—23页。

种宗教定义、宗教性的标志等；其次，它必须找到一种方法解决"自反性"问题，使得被研究者不会意识到自己正在受到审查，从而给出真实的结论。那么，库比特提供的新方法是怎样操作的，又能否解决这些问题呢？

二 新方法的操作和困难

在库比特之前，几乎没有人尝试通过调查日常语言来获得任何思想。唯一对他有过启发的是奥佩们（Iona and Peter Opie）于1959年出版的《学童的爱和语言》一书。在这本书中，奥佩们发现了一个我们都曾经历却已遗忘的童年世界。与这个世界相比，日常性的世界离我们更为切近，更确切地说，我们就生活在它里面，但却奇怪地忽略了它。

1999年，库比特开始着手研究日常语言。他开始收集听起来富有哲学和宗教意味的习语，收集工作是这样进行的：使用自己的才智，查阅俚语辞典、习语辞典、谚语辞典、引用语辞典以及当前的英语辞典，向朋友和读者寻求建议，同时还利用当前英语中庞大的互联网数据库和双语辞典这些资源。很快显明，能够获得的资料相当充裕，因为每个人在日常语言方面都是专家。他发现，虽然日常英语会话使用的词汇很少，只有几千个单词，但其中仅仅一个简短而具有哲学意味的单词，比如生活（life）或时间（time），连带它的一些关联词，就可能有500多个常见的、引人注目的惯用语。由此产生了一个问题，如何能够分辨哪些习语值得纳入研究清单呢？库比特一般至少为一个习语寻找两个来源，书面的来源和口头的来源，此外，他还确保自己以前听到过这一习语，并且它在语言中已经流行了好几年。库比特提到搜索电影片名是一个好办法，鉴于影片的发行，制片厂会确定这个片名具备一个生动而流行的短语的所有特性，因为它不久就会广为人知，很可能成为流行习语。

第二步，他对资料进行分类，不是根据字典编撰者们的分类方法，而是根据资料的哲学和宗教含义。这使得他很快就开始领会日常语言如何看待某个特定的问题。他选取那些最刺激，包含最大胆的隐喻，并因此最迫切要求分析和解释的习语，尝试解开它们。结果证明，它们通常微言大义，说明了复杂的哲学道理。这向我们暗示，日常话语有一个非常重要却奇怪地被忽略的创造性前沿，我们可以在提出大胆的、刺激的新隐喻和新习语的那些地方看到它。此外，还需要寻找和注意例外的、古怪的用法，以及日常语言乐意包容冲突的意见的那些点。

第三步是尝试确定这些习语的时间。这里牵涉到库比特的一个信念：习语就像家具和建筑等人工制品一样，是可以确定日期的。他很快发现，他不仅正在第一次揭开日常性所具有的微妙而复杂的形而上学，而且正在追踪它的历史发展，因为如此多的习语似乎都具有相当晚近的起源。

在第四步，他尝试收集更多的习语，并开始在他的收集中寻找模式和线索。这时他想到，何不突出看似出现得最频繁的关键词。根据他手头的资料进行的统计显示，关键词是生活和一切（it/it all）。他先不理会"一切"，把注意力集中于生活这个词。当收集满100个生活习语之后，他尝试在1972年版的《简明牛津英语字典》上查找它们，结果只查到了一个。这表明对生活的转向是现代的，而且是相当晚近的。接着，他开始寻求为他的生活习语标注日期的方法，并开始试图建构一个历史故事——"生活"这个词在整个现代时期一直在发生什么变化。[①] 为此，他积极利用手头资源，咨询了在观念史和英语语言史方面都相当内行的朋友。他获得的成果体现为1999年出版的第一本研究日常语言的小册子《日常话语中新的生活宗教》。之后，他用相同的方法研究了日常语言中的"一切"、"天国"和人生大问题等，撰写了两个日常语言三部曲。

在此过程中，库比特遇到了许多困难。[②] 第一个困难是，特别难以看清比如"生活"和"它"（it）这样短小并看似简单的日常词汇之用法。通常我们对这些词的使用是无意识的和理所当然的，不会停下来思考它们，这实际上使得我们对它们十分陌生。库比特说，尽管他的第一个日常语言三部曲简单而清晰，但他本人在撰写它们时显然感到它们难以理解。另外，在大众文化中，日常性所引起的更多的仍然是奚落而非尊重。

第二个困难是难以找到合适的切入点，难以找到最重要的新习语并确定它们出现的时间。库比特说，对他而言，"生活"一词显然是一个很好并且很幸运的选择，但"一切"这个词相对困难得多。他曾经计划写一

---

① 关于四个步骤，参见唐·库比特：《快乐之路》，王志成、朱彩红译，浙江大学出版社2006年版，第2—4页。

② 关于三个困难，参见唐·库比特：《宗教研究新方法》，王志成、朱彩红译，宗教文化出版社2008年版，第46—52页。

本伦理学著作，但由于很难找到好的材料，计划没有实现，便只得转向有关大众语言中末世论实现的主题，这看起来容易一些。从 2000 年到 2003 年这段时间，他一度转向其他主题，这与日常话语系列著作带给他的挫折感不无关系，直到 2003 年的《生活，生活》一书，他才重新回到宗教研究新方法。为短语确定日期同样会遇到不少困难，因为短语就如神话，倾向于不明来源，难以确定日期。我们所能确定的只是一个短语的最低年龄，把它在文献上的出现日期作为书写时已经流行的时间。库比特承认，在确定短语的日期时，他部分地依赖自己的"语感"，所幸有利的一点是，英语习语的细节在国际上是异常统一的。

第三个困难是如何确切地解释收集到的大量习语？是否应该尝试将研究结果整合到一种系统哲学中？是否有资格认为，体现在日常语言中的普通人的思想一旦加以分析，将会表明多少是一致的和系统的？关于这一点，库比特无法给出确定的答案，而只能报告他到目前为止所发现的。一方面，大众形而上学的确比我们所预期的更加一致、时髦、有趣和敏锐。另一方面，一种文化的习语典型地包含许多领域，在其中，人们强调并且十分喜欢正面冲突。库比特发现，在两个已经确立的习语彼此正面冲突的地方，潜在的问题常常是实在论和反实在论的问题。另外，在你的处境中对你正确的准则或许在我那里行不通。他说，不同的原则、箴言和言语之间的冲突常常十分有趣和富有教育意义，保留它们比消除它们更好，因为这就是日常语言真实的样子。

到这里，我们可以得出结论，库比特的新方法的确解决了过去的宗教经验研究方法的两个问题。首先，他的新方法所坚持的宗教自然主义能够发展并检验一套普遍的、理性的结论，用来说明我们的宗教是什么、如何运作、如何形成等。他对宗教的这种看法是从人的生物性出发的，在起点上避免了传统神学假设的主宰，消除了特定的制度、信条和文化的影响，尽管这些因素在宗教的具体运作中是难以避免的。他的这种做法的前提是承认宗教纯粹是人的创造，并且是为人的生活服务的，换言之，不同的宗教只是不同的语言游戏，在实用主义的而非绝对的意义上为真。其次，由于我们要研究的材料只是日常语言，原则上不具体牵涉某个人、某个群体或者某个机构，所以避免了"自反性"问题。

你可能还有疑问：库比特在收集、选取和解释习语时，必定带着一定的偏好、目标或者理论前见，如何能够说，他不会只看到他想看到的，用收集的材料来印证他事先已经形成的观点呢？这是个棘手的问题。我们知道，每个人都有自己的一套既定观念，或者如托马斯·阿奎那（Thomas Aquina）所说，认知者总是有自己的认知模式。库比特当然不例外，在具体的操作中，他也一度受到自己的理论前见的强烈影响，直到后来才得以慢慢减少前见的影响，不让它们主宰他的经验研究。值得指出的是，库比特本人并不隐瞒这一点，他甚至还分析了自己在第一个日常语言三部曲中如何受到理论前见的影响而犯下一些错误，我们将在接下来看到他的反思。在这里，只能说库比特始终在努力尽量减少主观因素的不利影响，并且新方法本身的确如同他承诺的那样，是客观的和经验主义的。

第二节　两个日常语言三部曲

在这一节中，我将简略地介绍库比特在1999—2000年和2003—2008年两个阶段撰写的两个日常语言三部曲。第一个三部曲包括《日常话语中新的生活宗教》、《日常话语中"一切"的含义》和《日常话语中天国的来临》。第二个三部曲包括《生活，生活》、《快乐之路》和《人生大问题》。还有一本需要提到的关于日常语言的著作是2008年出版的中文本《宗教研究新方法》，它的上篇是库比特新写的一个总论，下篇是对《日常话语中新的生活宗教》的重印。

介绍这几本著作的目的是帮助我们进一步了解库比特对日常语言调查方法的具体操作过程，以及在此期间他的生活宗教的发展过程。如同我们将会看到的，这中间经历了一些曲折和反思。库比特研究者奈杰·利维曾经对第一个三部曲做过很好的描述[1]，我们这里的部分内容参考了他的研究成果。

一　第一个三部曲

（一）《日常话语中新的生活宗教》（*The New Religion of Life in Everyday Speech*），1999年

在这本书中，库比特第一次提出一种经验主义的新方法来研究宗教：

---

[1] 参见 Nigel Leaves, *Odyssey on the Sea of Faith*. Santa Rosa: Polebridge Press, 2006, pp. 91–100.

他收集了 150 多个包含"生活"一词的词组，尝试理解 20 世纪 50 年代期间被编码进日常话语的生活哲学。库比特所做的事没有其他神学家做过。这种方法使得他能够站在一个有利的位置上对他的反对者们说，他的生活哲学是日常语言和普通人已经接受的，他并不是在发明任何不同于人们实际上自称相信的东西。

他是如何发现这种方法的呢？在结束了关于存在的三部曲①之后，受到维特根斯坦的语言游戏理论的影响，他发现我们的整个后现代经验是一种世俗化的宗教，而它在日常语言中得到了最好的揭示。利维指出，库比特在结束《存在的启示》时就预料到了《日常话语中新的生活宗教》的主题：

> 维特根斯坦的"精微的实证主义"已经为这种观点埋下了伏笔：最终我们所知的莫过于在日常语言和日常生活中已经向每个人敞开的东西。我要说的是同样的道理……日常性是深不可测的。整个哲学中没有什么能够胜过最普通的英语习语所具备的微妙性和美妙性。②

那么，为什么选择生活习语呢？这与库比特的一个激进信念有关：如今，人们的宗教对象已经从"上帝"转移到了"生活"。利维认为，与其说这本书是一个新的出发点，不如说它是一次转换：取代卷入海德格尔关于"存在"的模糊含义，库比特探索"生活"在日常话语中的含义。换言之，库比特在海德格尔安放"存在"的地方安放"生活"。

关于这本书的结论，我们指出如下三点。第一，这本书主要印证了他关于宗教对象转移的猜测。对于大多数人而言，生活如今承担了失去的上帝的所有属性，并以基本上相同的方式受到膜拜，就是说，生活已经成为新的宗教目标。第二，他借鉴保罗·蒂利希（Paul Tillich）在《系统神学》中的做法，创造了"生命律的"（bionomous）一词来描述人与生活的一种新的关联方式。这种方式处于自律和他律之间，是"一种后现代

---

① 指 1992 年的《有时》（*The Time Being*），1998 年的《存在的宗教》（*The Religion of Being*）和 1998 年的《存在的启示》（*The Revelation of Being*）。

② Don Cupitt, *The Revelation of Being*. London: SCM Press, 1998, p. 86.

的、高度自觉的、经过选择或挑选的直接性"①，而不是动物直接性。"生命律的"之核心是，人们最终已经变得能够在宗教上对生物学上的生命和他们自身的必死性说"是"。这与他肯定现世生活的太阳伦理学具有内在一致性。第三个值得指出的地方是，在考察了生活习语之后，库比特认为，已经发生的是生活的神圣化，而非通常认为的那样，是宗教的世俗化。

　　库比特的这本首次运用新方法的著作存在一些问题。第一，他在这本书中承认，他对生活习语的罗列不可能是全面的。后来在撰写《宗教研究新方法》的第一部分时，他自己指出，在《日常话语中新的生活宗教》一书中，他使用了"试探生活"，却没有把它作为一个生活习语标注出来。另一个令他倍感遗憾的疏漏是，他没有收集来自托尔斯泰（Leo Tolstoy）的《战争与和平》中的重要段落，"生活就是上帝……爱生活就是爱上帝"。第二，他认为自己当时并没有完全理解自己所做的事情的含义。如同我们上面提到的，利维在一个段落中指出库比特在结束《存在的启示》时就预见到了《日常话语中新的生活宗教》的主题，然而十年之后，在撰写这本书时，库比特却确信他是在创造新的观点。他承认，随着他更鲜明地意识到日常语言的某些领域，他自己过去的作品之意义也发生了很大改变。第三，正如他后来指出的，这本书太强烈地偏向于印证他的猜想，即对生活的谈论取代了对上帝的谈论，生活已经成了宗教对象，以致忽略了生活与上帝的诸多差异。具体而言，虽然他发现了日常语言中新的宗教变化，但他用某些来自黑格尔和激进神学传统的论点把他的发现包装了起来，实际上弱化了这本书的力量。所幸他认识到了这个问题，并在后来的《生活，生活》中尝试克服之。第四，库比特的论证是否真正与日常语言所说的相一致。利维指出，人们有可能言不由衷，嘴上说想要过自己的生活，但只有少数人真的这样想。更多人也许满足于把他人当偶像来崇拜，并因此以一种使自己仅仅适合过替代生活的方式成为信徒、粉丝和旁观者。一些来自社会学数据的证据，比如年轻人的高自杀率显示，很多人尚未跟随库比特而肯定此世生活。那么，库比特是否在用一个他并

---

① 唐·库比特：《宗教研究新方法》，王志成、朱彩红译，宗教文化出版社 2008 年版，第 123 页。

不能真正证实的宣称误导读者呢？对此，库比特进行了自我批判，这种批判引出了他下一本书的主题：他提出英语语言中包含许多"它"（it）和"一切"（it all）习语，这些同样可以成为宗教对象，它们更偏向于悲观主义的生活态度。事实上，他随后在日常语言中找到了两种宗教态度——肯定生活和惧怕一切（it /it all）。

（二）《日常话语中"一切"的含义》（*The Meaning of It All in Everyday Speech*），1999 年

《日常话语中新的生活宗教》把库比特引向了 it 和 it all 的问题（为了更好地说明，这里保留英文）。他发现，如今人们已经以一种模糊的方式意识到了我们所有人的生活，并使用"it"来指某种萦绕着我们的生活的非人格的和隐隐约约具有威胁性的东西，这类似于荣格（C. G. Jung）的分析中的黑暗面、生活的悲剧面和噩梦。具体而言，it 引起五种情感反应：

（1）某种不能说出口的东西——比如脏话、排泄物、金钱，谈话中的不雅对象；

（2）某种无法用言语表达的东西——通常与性行为有关；

（3）某种不能命名的东西——非人道的或骇人听闻的，引起恐惧或恶心；

（4）某种不可避免的东西——不能改变或受到影响；

（5）某种难以形容的东西——以空或混沌的形象为代表。

当 it 变成人们要么试图避免要么试图对抗的宇宙层面的黑暗面时，it 逐渐变成了 it all，并被给予比如必然性、命运、宿命、上帝、机会、无、死亡等名字。这引起的问题是，我们是否应该避免或抗拒 it all 呢？

库比特在这本书中给出了一个双重答案：我们既要如其所是地接受 it 和 it all，又要克服它们。首先，他讲述了他如何彻夜沉思两个习语，"the way of it"和"it came to pass"，并得出结论：it all 的奥秘就是存在的奥秘，而存在的奥秘就是 it 来临和消逝的奥秘。就是说，it 是作为生存的存在之表达或展示。其次，他表明通过肯定关于"生活"的话语，一个人能够克服 it 和 it all 的虚无主义。肯定生活的方式就是他的太阳伦理学，我们将在下一章谈论。通过这种方式，库比特使得悲观主义让位于对生活的肯定。在此，利维认为，事实上库比特迈出了第三步：试图弄清 it 所

代表的悲观的一面能否被忘记，人们仅仅简单地接受并愉快地肯定生活，无论发生什么。然而，他不得不立刻退回去，因为日常语言仍然在使用 it。

库比特对第三步的撤回再一次告诉读者，他不是在试图说服人们相信他的宣称，而仅仅是在表达日常语言所传达的东西。

这本书和上一本书合起来描述了如下宗教状态：肯定"生活"却仍然深深地畏惧作为人类存在之一部分的、包围着我们的黑暗。两本书包含的这个冲突点又一次证明，库比特试图传达的不是他自己发明的理论，而是丰富复杂的日常语言本身的哲学，因此他不能避免矛盾或者悖论。对于这种看似矛盾的宗教状态，库比特的建议是，如果一个人能够对 it all 说"不"，对生活说"是"，那么这就是激进的基督教人文主义的宗教。这一建议可以在下一本日常话语著作中找到。

（三）《日常话语中天国的来临》(*Kingdom Come in Everyday Speech*)，2000 年

库比特注意到，近年来人们纯粹以此世的方式使用像"天堂"、"地狱"和"乐园"这样的词，这使得他有可能转向有关大众语言中末世论实现的主题。他以这个主题结束了他的第一个日常语言三部曲。虽然这三本书是分开写的，但它们应该看成一个整体，合起来表达的是"日常话语的宗教"。

在这本书中，库比特关注的是，在何种程度上，《新约》中传统的末世论已经在日常的后现代语言中得到"实现"。他的目的在于表明，当前的西方世俗世界在多大程度上是天国这个古老盼望的一种实现。当然，这里的"天国"不是在超自然意义上使用的，而是耶稣口中的天国，我们在上一章已经谈过。

库比特的论证过程分三个步骤展开。第一步，他罗列了教会神学与天国神学之间的九个对比，从他的概括中我们可以看到，教会神学是实在论的，而天国神学是非实在论的。第二步，他提出世俗的后现代性已经基本上实现了天国神学，这是一种世俗化的实现。在这里，你很可能会得出这一简单的等式，"后现代性＝天国"。对此，库比特立刻澄清道，他试图说明的是，后现代性已经在很大程度上实现了基督教应该成为的样子，但

这并不表示后现代性就是基督教盼望的天国本身。在这里，库比特表现出对教会的乐观态度，当时的他认为教会一旦恢复对天国神学的兴趣，就会自动"消失"，让位于民主的、人文主义的后基督教。但在后来，库比特对改革教会彻底丧失了信心，认为教会是不会自动退出历史舞台的，即使已经到了该退出的时候。我们可以看到他的思想的前后变化。第三步，他解释了为什么可以说后现代性是对天国神学的实现。他的理由是，后现代性是最后的时代，以激进的人文主义和人道主义伦理学为特征，这是耶稣所预言的天国已经来临的两个重要"征兆"。在他看来，耶稣将宗教等同于人道主义伦理学，将对上帝的信仰等同于对传统的善行的履行。为了说明人道主义的基督教起源，他甚至绘制了激进的人文主义在基督教内部的历史进程。尽管对于传统的基督徒而言，人道主义行动总是有条件的，它们的终极目的是增加一个人自身获得永恒拯救的机会，但后现代的人道主义的确拥有基督教的起源。

在这里，我们还需要澄清三个问题。首先需要说明的是，当库比特说后现代性是最后的时代时，"最后"并不意味着"末了的"，而是在"只有这一个，没有其他的"的意义上使用的。这使我们联想到尼采，他说"在世界末端的世界是一个历史之后的世界"。库比特对"最后"的用法受惠于尼采，通过这个词，他表明后现代性之中的人已经接受实在论的终结。

其次需要解释的是，库比特将人道主义伦理学与激进的人文主义并列的用意之一是避免太阳伦理学引起的"唯我论"倾向。有人问过他这样一个问题：太阳伦理学教导每个人成为一个发光发热的太阳，这些热衷于自我表达的太阳之间会不会各不相让，从而产生冲突？通过将太阳伦理学与人道主义伦理学结合在一起，库比特能够调和"个体的"与"社会的"伦理学之间可能的冲突。然而，在此必须指出，这只是答案之一，更好的答案与非实在论这个立场有关，我将在下一章中加以说明。

最后一个问题与前两本书中关于人类后现代处境的乐观主义和悲观主义态度有关。利维指出，库比特面临这一悖论，"在一种高度乐观主义的观点和极其悲观主义的观点之间被撕裂"。然而，我不同意利维的观察。

诚如约翰·希克所言，"智慧的开端是意识到我们自己的预设是一些选择"①，库比特教导我们如其所是地接受生活本来的样子，即它是"一揽子事项"，包括美好的一面与丑恶的一面、乐观主义的一面与悲观主义的一面。再者，他进一步为我们提出了应付这一张力的方法：选择建立一幅光明的生活宗教图像来热爱生活，委身于生活，并且充分利用生活。这就是《圣经》上所说的"苦中作乐"。

二 第二个三部曲

（一）《生活，生活》（*Life, Life*），2003 年

库比特的第一个日常语言三部曲出版后就如石沉大海，没有引起多少反响。人们要么把它们当成又一批"激进神学"的著作敬而远之，要么感到它们难以理解。迫于压力，此后三年，库比特转向了别的领域。在《生活，生活》中，他才重新回到日常语言话题上来，接着，他又先后撰写了《快乐之路》和《人生大问题》，它们构成一个新的日常语言三部曲。

在这本书中，为了赢回读者，库比特试图从多方面克服《日常话语中新的生活宗教》的种种缺点。为此，他引入了新的论题，并采纳了新的文体。他的改变主要体现在以下四个方面。② 首先，《生活，生活》以 32 个简短的章节写成，库比特的想法是，"只要你读其中几个章节，在某个时刻你就会对现代生活观念的无限范围和神奇留下印象"③。我认为，他这样做一方面是为了确保读者对这本书的兴趣，因为读者只需拿起来随便翻阅即可，并不需要费心遵循任何内在逻辑顺序进行阅读；另一方面，就像他说的，没有什么预先保证生活中的一切都可以被吸收到一个思想体系中，因此以非系统的方式描述生活是最合适的。

其次，《日常话语中新的生活宗教》过分强烈地偏向于论证生活对上帝的取代，以致我们可以抱怨库比特对现代生活感的处理相当地单薄和具有选择性。因此，在《生活，生活》中，库比特倾向于指出生活

---

① 约翰·希克：《第五维度》，王志成、思竹译，四川人民出版社 2000 年版，第 2 页。
② 这四个方面参见唐·库比特：《宗教研究新方法》，王志成、朱彩红译，宗教文化出版社 2008 年版，第 58—60 页。
③ 唐·库比特：《生活，生活》，王志成、朱彩红译，宗教文化出版社 2004 年版，第 2 页。

在许多方面跟上帝很不一样。上帝是无限的、完美的和至善的，而生活是有限的和繁杂的，既包括疾病、贫困等糟糕的时光，又包括健康、富足等美好的时光。当一个人选择上帝时，他必须完全放弃恶，但当一个人接受生活时，他接受的是一揽子事项，包括生活的黑暗面与光明面。

再次，当我们谈论生活在康德意义上是"先验"的时候，那并不意味着转向某个崇高的、气态的、灵性的领域，而是意味着我们总是在生活之中，并且生活总是有前提的。库比特试图表达的是，生活一方面是无外在性的，我们不能获得脱离生活的某个点从外部观察它，另一方面是现实的而不是抽象的，我们都是生活在时间之中的具有生物特征的动物，生来就被给予某种处境，与我们的世界交织在一起。

最后，这本书扩展了"生活习语"表，从150个生活习语增加到了250个。另外，库比特给出了32个关于生活的哲学默想，就是构成本书的32个章节。我们可以看到，库比特的论证方式已经改变。虽然这本书与《日常话语中新的生活宗教》的主题是相同的，都是为了确立生活的伟大宗教意义，但这次库比特不是极力论证我们现在正在像过去谈论上帝那样谈论生活，而是试图展示生活这个词的当前用法之极端宽广性和丰富性，让读者自己去领悟。就像他说的，《生活，生活》的目的不在于证明一个清楚界定的论题之真实性，而是在读者那里唤起对生活的宗教感情。库比特的改变也许是明智的，虽然《生活，生活》比《日常话语中新的生活宗教》少了体系化的严格论证，显得更加文学化，但它在读者那里更受欢迎。

如果说《生活，生活》是库比特调整战略后的首次尝试的话，那么在《快乐之路》中，他走得更远，试图从情感和生物性的角度谈论宗教。现在我们转向他的下一本书。

（二）《快乐之路》（*The Way to Happiness*），2005年

由于出版了第一个日常语言三部曲之后，库比特获得的回应是普遍的沉默和怀疑，因而他开始反思，"我需要把我的宗教调查方法嵌入一个使它看起来更清晰、更貌似有理的新的宗教理论之中。我需要提出一个总的宗教理论，如果我要克服那些怀疑的话。"[1]

---

[1] 唐·库比特：《快乐之路》，王志成、朱彩红译，浙江大学出版社2006年版，第5页。

这本书就是这样一种尝试：库比特将他的日常语言调查方法嵌入了宗教自然主义的背景之中。他认为没有任何超自然领域，我们和不可见的、超自然的人格没有任何交往，然而，在我们看似后基督教的文化中，宗教意义、价值和情感依然保留着，它们散播到了整个生活世界之中。随着作为单独领域的宗教终结，我们全部的生活经验已经变得富有宗教性。在《快乐之路》中，他尝试论证这种宗教自然主义主张是合理的并且可操作的：它能够首次向我们理性地解释什么是宗教，我们为什么需要它，以及它是如何运作的。换言之，他要论证的是宗教自然主义可以具有充分的宗教性，而且在我们被迫放弃超自然信念之后，宗教对于人类仍然可以是好的和必要的。

那么，什么是宗教呢？在本书中，他把宗教定义为一种宇宙情感。这受到了早期浪漫主义者的启发，他们描述了一种从其普通的生物性基础与背景之中升华，成为宇宙性的情感。库比特的宗教定义将宗教置于人的生物性这个层次上，避开了制度、信条或者文化对宗教也就是对人的种种限制。在这个全球化的、多元的时代，这样的宗教定义对世界诸宗教的和平共处、相互理解和交流具有深远的意义，我们将会谈到这一点。

库比特的宗教定义与他的人观有关，在他看来，我们是动物，我们的生命是流动的情感生命，它由三个支流组成：我的气质或个性，即由内产生的外溢的情感这种独特混合物，它始终支撑着我的个体生命；我对来自环境的输入所做出的不断变化的情感反应；我与他人的社会交流，通过此，情感生命获得澄清、增强和愉悦。相应地，库比特提出了一种新的理性概念——情商，他认为，我们应该从一种僧侣式的理性概念转向一种更加女性化的理性概念，即一种根植于我们的生物性和情感的概念。它是我们自己的情感和欲望的一种手腕，它试图弄清楚他人如何活动，以便令人满意地处理与他人的关系，从而保证情感和欲望的实现和我们的快乐。

该书表明，正是在人作为情感生命这一点上，宗教获得了它的位置。库比特说，宗教的工作大致上是，"呈献给我们伟大的和解符号与仪式，帮助我们消除混乱的、冲突的情感。如果符号强大得足以完全包含和吸收我们冲突的情感，特别是我们的消极情感，那么它就能把这些情感转变成完全宗教类型的情感。于是，焦虑的自我关注完全消失了，一个人的意识得到扩张，变成神圣的，即宁静的、平和的、闪烁的、喜悦的、安静地倾泻的、全神贯注的。"① 宗教符号、词语和仪式是做这项工作的工具。库比特以生命和死亡为例来说明这里的要点。如果要完全公正地对待生命和死亡这两个现实的话，宗教符号就必须达到生命和死亡的某种综合。如今，一种切实有效的方法必须仅仅依据这个世界来表达，因为不存在其他世界；它必须是强烈地、纯粹地表现情感的，因为除非它完全消除我们遭遇时间的流逝和死亡的步步逼近时所充满的本能的恐惧和害怕，否则它便一无所是；它还将必须是某种我们现在开始实践的东西，因为生活是偶然的、短暂的和有限的。

在这里，库比特自然而然地引出了他的太阳伦理学。这种综合生命与死亡的生活方式就是太阳式生活，它首先教导我们把生与死看成一张纸的两面，我是我自己的生命，我同样是我自己的必死性，不可分割；其次，它教导我们把自己交给生活，交给我们自身的短暂性，过表现主义的生活。通过实践太阳式生活，我们能够把关于生命、时间、死亡的所有强烈的、冲突的情感变成纯粹的宗教情感。在库比特看来，这就是宗教的重要工作之一。

宗教的另一项重要工作是，在使用宗教语言吸引、聚焦、传送和释放宇宙情感的过程中，实现作为宗教之目的的永恒快乐。关于永恒快乐，需要注意以下三点。第一，它是关于一切的快乐，是关于一切以及我们自身在一切中的席位的普遍的、全面的快乐。这表明永恒快乐是一种宇宙性的清凉的快乐。第二，永恒快乐指的不是不受时间影响的快乐，而是我们能够相信它不会离开我们的快乐，不管情况变得多么糟糕。它在《圣经》中有个对应的词——"苦中之乐"。我们不能完全体验到纯粹的快乐，因为没有那样的东西，但是我们能够在苦中之乐的意义上体验到永恒快乐。第三，作为宗教情感的永恒快乐已经找到了冲破热切的自我关注的方法。库比特指出，真诚的宗教情感是非实在论的，它并不试图使宗教对象还原为一种存在物或者一个人，否则宗教之爱便会成为偶像崇拜。他甚至谈到那些在默想之时体验到性冲动的宗教人士应该去找一个有血有肉的情人。如同斯宾诺莎（Spinoza）所说，爱上帝的人必定不期待上帝偿还他的爱，宗教的爱是完全开放的，无差别的，无对象的，正是在此意义上，它才是

---

① 唐·库比特：《快乐之路》，王志成、朱彩红译，浙江大学出版社2006年版，第67页。

"神圣的"。

最后，必须指出的一点是，虽然库比特谈论的宗教能够帮助我们克服对自身死亡的恐惧，获得永恒快乐，但它不是完美的。库比特坦言："它有一个我根本不想掩饰的巨大荒谬之处……生活有悲剧的一面，我不能将它制服、驯服或吸收进我的体系，它归它。"① 太阳式生活能够让人克服对自身死亡的恐惧，但是其他某些人的死亡将会成为打击，使人无法从中恢复过来。虽然人们总是声称宗教实践在那种情况下提供安慰，但库比特指出，人们过去能够在宗教中找到的安慰依赖的是虚假的信念，我们必须完全承认，一个人可能在任何时候遭受绝对损失，对于这种损失，没有也不可能有任何安慰——它是爱的代价。但他又说，既然我们不能没有爱，那么即使付出致命的代价，我们也要追求它。

在此，我想提出的一点是，按照库比特的思路，对生活拥有信仰的人不会因为失去什么而丧失对生活的爱。对于这样的人而言，信仰是一种内在的力量，能够帮助他获得"苦中之乐"，任何事情都不会将他击垮，也许《圣经》中的约伯就是一个很好的例子。从这个意义上看，或许库比特所说的"巨大的荒谬之处"没有他认为的那样难以克服。当然，我并不是在试图抹煞生活的悲剧面和黑暗面，毋宁说，我所指望的是信仰的力量。

在本书中，库比特教导我们，自然主义的宗教能够帮助我们获得永恒快乐。在下一本书中，他试图用他的日常语言调查方法处理人生大问题，对这些问题的回答揭示了目前人们的生活信念。

（三）《人生大问题》（*The Great Questions of Life*），2005 年

这本书是第二个日常语言三部曲中的最后一本。在此，库比特退得更远，站在日常性这个起点上调查日常语言中的人生大问题。

在这本书的开篇，库比特再次强调已经发生了的这种重大的宗教变化：从长期主义的、强调来世的、需要中介的宗教到短期主义的、强调今世的、直接的宗教，即从教会基督教到天国基督教或生活宗教。以前，人们几乎没有多少知识，但具有衡量一切事物的绝对标准（参照物）。他们

---

① 唐·库比特：《快乐之路》，王志成、朱彩红译，浙江大学出版社 2006 年版，第 79—80 页。

根据大量宏大的规范化的观念来理解一切事物并建构世界，这是过去宗教运作的方式。一切事物根据它与理想秩序的关系来理解和评价。如今，我们拥有大量的经验知识，而不是绝对的真理。我们全然不顾所有旧的规范化的观念，而是用我们自己缜密详尽的经验描述和理论去对待整个世界。结果是，我们已经集体地从建构世界的一种方式转向另一种方式。旧的宗教和道德传统已经式微，任何东西都不能使之复苏。在这种形势下，宗教必须重新创造。

这对应宗教民主化的进程，在该进程的结尾，所有意义和各类真理都是由人类的日常交谈产生的，没有特殊而崇高的真理代言人。由此推出，我们应该放弃所有启示的观念和所有传统权威的观念，在共同的生活中和普通人的声音中寻找真理。探讨真理的方法是听从日常语言不断变化的用法，即日常语言调查方法，因为新宗教就在普通人当中自然地出现和自发地传播，无需费力传播。如今，宗教的任务是发现和接受个人生活哲学和生活方式，以便最好地生活，成为自己，热爱生活，并增进在人类共同世界中的价值。

沿着这条论证路线，库比特得出，如今复活"系统神学"或"教会教义学"不再可能。我们要放弃教条式的思想，以非实在论的和伦理的方式（在你生活中起作用的方式）理解教义。这就是他所说的"诗性神学"。宗教信仰不是形而上学的思辨，而是生活的指导，影响我们看待生活、感受生活和评价生活的方式。从而，当前的宗教成了无信条（beliefless）的宗教。

然而，在此立刻需要澄清三个疑问或指责。第一，有人指责库比特将生活哲学和神学还原成了社会学。对此，库比特的回答是，并非如此，事实上，他只是在运用和推进维特根斯坦的一些观念。因为日常性是我们所能到达的最远的背景，其他一切事物都是从中构造出来的，所以，需要更多地关注与日常性联结的世界观和宗教。第二是关于灵性的一个困难，库比特强调，他所说的灵性截然不同于"心灵鸡汤"，后者被他指责为往往是大量自我放纵的胡说。在此，也许有必要说明，虽然确实发生了大规模的宗教转变，出现了有效的个人宗教追求，但不必采取一种补偿性幻想的形式，相反，只有基于对人类状况的各种事实的冷静认识，我们才能真正得到满足；只有通过信仰、爱和委身于生活，我们才有可能把生活纯粹的偶然性转化为永恒快乐。我们需要明白的是，充分成熟的宗教始于并坚持对人类状况之真相的一种冷静而坚定的认识，并且，它竭尽全力地肯定生活。第三个指责是，为什么无信念的宗教是返璞归真，而不是奇谈怪论呢？原因是，科学思想和批判思想已经逐渐侵蚀所有的教条式信念，使其去神话化了，并逐渐引导我们绕了一个圆圈，回到哲学与宗教多少一致的年代（对这个世界和人的状况最初的惊奇与敬畏）。我们需要重新开始，思考古老的人生大问题。所以，现在的宗教需要重新尝试与我们周围宽阔的生活环境相遇、感受之、与之达成协议，并接受之。

　　库比特的这些讨论为该书的主题——大问题的回归作了铺垫。那么，何谓大问题的回归？19世纪三四十年代，青年黑格尔主义者开始理解一个巨大的文化变迁：西方思想正在走向某种圆满或者实现，它绕了一个完整的圆圈，并回到了它的起点。从古代开始，西方的形而上学和客观化使宗教达到了最高层次的体制化和客观化，建立起大规模的神圣宇宙论体系。然而，从14世纪以来，西方思想返回到内在性和人的日常性，整个神圣领域通过新教改革返回到属人的生活世界，并深入个体信徒的心中。这里的循环涉及的时间是23个世纪（以巴门尼德为起点）或者26个世纪（按照尼采的划分，以荷马为起点）。我们今天的位置与早期希腊人，也就是荷马和前苏格拉底哲学家之间的希腊人所处的位置大致相同。庞大的惩戒性体制已经丧失了它们大部分旧的权力，凌驾于我们之上的旧的超自然世界也一去不复返了，我们是单纯的并且是倒空的，所以我们现在能够明确地、直接地面对人生大问题和哲学的根本问题。

　　关于什么是大问题以及对大问题的回答，我们将放到下一章具体讨论。可以看到，在两个日常语言三部曲中，库比特将他的论证一步步推进，直到追溯至大问题的回归这一哲学和宗教的起点之上。在此过程中，他不断修正日常语言调查方法在实际操作中的问题，反复调整论证方式和主题，不仅逐渐领悟了新方法，而且让新方法发挥出越来越大的效力。就库比特的总体思想发展而言，两个三部曲代表着一个前进的过程，随着他不断前进，他的论证也逐渐清晰和丰满起来。

第三节 日常语言调查方法的结果

日常语言调查方法的使用首次向我们揭示了被忽视的日常语言世界。为什么尽管我们身在其中，而且专业的语言学者和像维特根斯坦那样的哲学家已经做了很大努力，但日常语言世界的大部分仍然是未知的呢？按照库比特的推测，原因是至少自柏拉图以来，日常语言的思想方式被视为是低下的、混乱的和完全错误的。"教育一直是这样一种训练：拒绝日常的思想方式，采纳关于理论、理性、一般性、认识等更明晰的柏拉图式的理念。教育一直系统地使我们疏远我们所有人在它里面开始、一切事物都依赖于它的日常性。"[①] 比如长久以来，天才作家们习惯于把普通习语和措辞描述为陈词滥调，并卖弄地避开之。在库比特提出宗教研究新方法之后，马丁·埃米斯（Martin Amis）于 2002 年写下了《向陈词滥调宣战》（*The War Against Cliche*）一书，表明密切关注日常语言和惯用语的"民主"方法将不会找到任何具有大的思想趣味的资料。他认为陈词滥调是惰性的、陈腐的，是思想的一种替代品。那么，作为对埃米斯的反击，库比特的日常语言调查方法取得了什么结果呢？

库比特收集到的大量证据证明，的确存在嵌入日常语言中的一种有趣哲学连同一套思想方式。在上一部分描述的两个日常语言三部曲中，我们已经初步看到了库比特的宗教研究新方法取得的成果。在这一部分，我尝试从几个方面概括新方法揭示的日常语言的哲学与宗教，并在随后解决一些可能出现的问题。

一 日常语言的启示

由于库比特的调查集中在宗教领域，所以我们参照他自己在《快乐之路》中的概括，从日常语言中的宗教对象、日常语言中的信念和日常语言中的真宗教三个方面描述日常语言的启示。

（一）日常语言中的宗教对象

传统的宗教对象是上帝。然而，库比特在《日常话语中"一切"的

[①] 唐·库比特：《快乐之路》，王志成、朱彩红译，浙江大学出版社 2006 年版，第 20 页。

含义》中做了一次上帝习语调查，结果只找到了 20 个上帝习语，而且它们缺乏活力。他发现大部分词仅仅是以前的信仰的残留物，或感叹语，或被用来表示嘲弄和讽刺。过去，人的全部情感都能在与上帝的关系中得以表达，如今整个情感系列要在一组以准神学的方式使用的词中找到。他为我们列出了日常语言中的宗教对象的清单①。

（1）情况、事事、它、一切、存在、生命
（2）天命、宿命、命运
（3）机运、好运、运气
（4）上帝
（5）生活

这些准神学的词谈论的是笼统的非我，即我们的生命的他者。在这些词中，最有力量的是生活这个词。库比特的调查显示，曾经在谈上帝中得以表达的许多观念和情感如今尤其转移到了谈生活之上。这份清单显示，日常语言的宗教对象已经发生转移。

根据库比特的分析，我们至少可以从清单上看到三点。第一，日常语言并不带着一个形而上学的上帝观运作，并不给一个实在论的上帝观以特权，甚至并不对上帝这个词特别感兴趣，也不对宗教传统通常称呼上帝什么名字感兴趣。按照日常语言的观点，上帝现在恰好是一整组暧昧的词语中相当过时的一个成员，这组词语各自的作用和一系列习惯用法显示出一种强烈的家族相似性。简而言之，日常语言对纯理论的神学缺乏兴趣，对描述宗教对象的本质也缺乏兴趣。

第二，日常语言不仅不介意确切使用什么词，而且可以自由地对宗教对象采用非实在论的观点。库比特举例说，我们可以说"生活给我们上了一课"，或者"生活对我们很严厉"，然而我们也说非实在论的话，就像"生活就是你所创造的"、"他自己使生活变得艰难"。我们抱怨自己交了霉运，接着我们重新振作，说"我们创造自己的命运"。对于日常语言中的非实在论，库比特还举过一个生动的例子：在 2003 年的恩巴斯斯诺克世锦赛中，约翰·弗戈（John Virgo）解说道："他（威廉姆斯）必须放下上帝跟他对着干的想法——即使看起来似乎是这样。最终，靠的绝不

---

① 唐·库比特：《快乐之路》，王志成、朱彩红译，浙江大学出版社 2006 年版，第 23 页。

是运气，而始终是自己。"① 这是说，所有那些摆在那里的、想象中的"客观的"现实——我们被引诱把自己视为在与它们作斗争——都是由我们自己的软弱变出来的幻影。

第三，我们可以得出结论，日常语言关于宗教对象所说的实际上是相当不固定的和不精确的。它的所有兴趣在于个体的人对生活的宗教情感的丰富隐喻，以及我们在一生中日常的起起落落。

然而，事情并没有看上去那么简单。虽然按照前面的理论分析，天国阶段的宗教对象应该是非实在论的，而且日常语言调查方法也显示，普通人在很大程度上以非实在论的方式使用宗教词汇，然而事实上，普通人仍然坚持对上帝的实在论倾向。库比特在《人生大问题》中的类似调查也发现，当今的大众宗教是非实在论的，并且将会保持这种性质，但有一个限制条件：大众宗教奇怪地坚持其本身的实在论特征，尽管它完全不能确切地阐明上帝的"客观实在性"是什么。就是说，普通人的神实际上是有限的和非实在论的，但他们坚持神是实在论的。为什么他们不能清楚明白地、表里如一地接受非实在论呢？很难直接回答这个问题，但从根本上讲，按照库比特的结论，普通人并不关心实在论和非实在论的问题，他们关心的是何种方式有用的问题，就是说，普通人对宗教采取实用主义的态度，这从日常语言中的信念中可以清楚地看出。

（二）日常语言中的信念

库比特收集了19个日常语言中的信念习语。② 他获得的清单再次表明，日常语言以实践为导向，即采取实用主义的态度，完全缺乏对纯理论的好奇。

我们在这里只需简单地复述一下他的调查获得的结论。首先，他发现使用"你相信上帝吗"来表示"你认为存在一个上帝吗"或者"你认为上帝存在吗"是一个特例，是由我们文化中上帝的历史引起的。以前，无神论是稀有的，"你相信上帝吗"是一个关乎虔诚的问题，而不是一个关乎本体论或者世界观的问题，只是随着对上帝的信仰的逐渐消失，这个

---

① 唐·库比特：《快乐之路》，王志成、朱彩红译，浙江大学出版社2006年版，第91页。
② 参见唐·库比特：《快乐之路》，王志成、朱彩红译，浙江大学出版社2006年版，第26页。

问题才逐渐变成了如下问题：关于你对一个也许是也许不是实际存在的不确定的实体的观点。库比特对这个问题的澄清是为了驳回如下可能的反对意见：既然日常语言缺乏对纯理论的好奇，那么为什么我们会用"你相信上帝吗"来追问一个纯理论的问题。

其次，库比特发现除了上述特例之外，日常语言紧扣把信念与德语的"lief"（我感觉舒服的、熟悉的、愉快的东西）联系在一起这种比较旧的用法。在日常语言中，信念总是事关个人信心，事关知道我能相信谁，站在哪一边。信念不是相信 x 或 y 是事实的理智主义的信念，不是权衡有充分根据的证据，也不是无意中发现自己赞同在头脑中呈现和持有的命题，信念关心的是个人的接受、忠诚、相处、赞同和信赖。对所有人来说，最重要的是找出我们在贯穿一生的日常奋斗中能够相信谁和什么，并且与之相处。在这个语境中，库比特把宗教看作制造和保持高尚道德的一种方式，鼓起和颂扬我们在世上、在生活中和在彼此间的快乐和信任的一种方式，他说，在这个现代世界，我们如此频繁地感到脆弱并需要增强的东西正是这种对存在的信心。

库比特对日常语言中的信念的调查表明，普通人的"信念"一词始终是在生存论意义上使用的，信念不是一个纯理论或纯智性的问题。他们关心的不是传统的理论化的宗教信念体系，而是日常生活中对具体事物的信赖。这又一次表明，大众的宗教态度是实用主义的，从这个意义上讲，如今普通人都是后维特根斯坦主义者。

（三）日常语言中的真宗教

在此，我试图根据库比特在不同著作中的七句箴言、四条箴言和五条新信经来概括日常语言中的真宗教。他的七句箴言[①]是：

（1）不存在享有特权的正确词汇。

（2）不存在上帝批准的正确"立场"或解释规则。

（3）不存在唯一的、正确的和最后的宗教教义系统；不存在上帝关于他自己的故事，并如他所希望的那样被讲述。

（4）不能把未来的宗教教导建构为仅仅是我们迄今所知的基于经文

[①] 唐·库比特：《快乐之路》，王志成、朱彩红译，浙江大学出版社 2006 年版，第 47—48 页。

和教义的宗教的简单化和自由化版本。一定不能再次允许宗教教导成为编撰的、固定的、不可侵犯的,相反,它必须具备作为每一个现代知识体系之标志的全面可修正性。

(5) 在宗教、伦理和生活哲学方面,从今以后真理的代价是持续的自我批判和重铸一个人所有的隐喻的心理准备。

(6) 从上述内容得出,由前人制定的、流传给我们的二手信念现在没有任何宗教价值了。唯一有用的宗教信念是那些我们已经用来建构自身或在自身中找到,并在生活中和与其他人的交流中检验过的信念。

(7) 因而,未来宗教将是我们自己始终在自觉创造和重新创造的一种旅行者的宗教。我们将会像艺术家和没有固定住所的永久旅行者那样,边走边即兴创造我们自己的灵性和我们自己的生活故事。事实上,这是我们大部分人已经是的样子。

他的四条箴言①是:

(1) 在宗教上,如同在其他学科上那样,我们不应该接受任何独断的信念。没有信念因为是传统的或因为大受尊敬就应该被接受。事实上,我们不应该接受任何二手的或现成的宗教确信。

(2) 宗教真理必须在一个人自己的生活中亲证和经受道德的充分检验。相应的检验程序有点不同于在科学和历史中使用的那些程序,规则是,对你而言唯一真实的宗教信念将是这样的信念:你已经在自己的生活中应用和充分检验,并已经在与其他人的对话中清楚有力地表达和辩护。

(3) 由此可得,唯一真实的宗教信念是"异端",就是说,一个人已经逐条为自己选择和使之成为自己的东西的信念。必须拒绝作为全体和成品交给我们来接受的所有正统说法。

(4) 对你而言,真宗教就是你自己的声音———一种个人信仰,它是你在很多年中发展起来的,并已经在你的生活中、在你跟同时代人的对话中得到检验。

他的五条新信经②是:

---

① 唐·库比特:《快乐之路》,王志成、朱彩红译,浙江大学出版社 2006 年版,第 103—104 页。

② Don Cupitt, *The Old Creed and the New*. London: SCM Press, 2006, p. 3.

（1）真宗教是你自己的声音，如果你能找到的话。

（2）真宗教在任何意义上都是拥有自己的生活。

（3）真宗教是对生活纯粹太阳式的肯定，完全承认生活的彻底无偿性、偶然性、短暂性，甚至虚无性。

（4）真宗教是在公共领域中创造性的价值实现活动。

（5）信仰并非事关坚持什么，而仅仅是顺其自然。它嘲笑焦虑，自由漂浮。

总结起来，库比特的七句箴言、四条箴言和五个新"教条"表达的是相同的意思。如今，真宗教不是传统的体制化的、系统化的宗教，拥有一系列固定的教义，而是个体的人用自己的生活亲证出来的一种个人信仰（加上公共服务），类似于旅行者的宗教。

既然真宗教是一种个人的创造，那么它跟基督教传统有什么关系？基督教还是有用的吗？这就回到我们在"生活宗教的背景"中讨论的问题上去了。尽管日常语言显示已经发生了深刻的宗教变化，但基督教是孕育这些变化的母体，而且已经作为一系列不可取消者保留在文化之中。确切地说，基督教抛弃了超自然的、体制化的一面，留下伦理的、灵性的一面，从教会阶段进入了天国阶段。即便真宗教是个人的声音，这里的个人仍然是基督教传统孕育的个人，或者说仍然是一个"基督徒"。

由此可见，库比特这里描述的真宗教与他讨论的天国阶段非但不是矛盾的，而且是一致的。天国阶段的基督教没有等级制度、严格的组织和教条，而是刻在人心之上的"基督性"（潘尼卡用语），通过个人的生活展现出来、"活出来"。所以，"个人的创造"和"天国阶段"实际上是分别从个人层面和宏观层面论证同一件事，这件事库比特也称为"世俗基督教护教学"。

这里所说的真宗教就是库比特的太阳伦理学，一种表现主义的生活方式。我们把它放到下一章具体讨论。

二　日常语言调查方法的六个挑战和一个问题

为了方便论述，我以问题的形式讨论新方法面临的几个挑战。库比特在《宗教研究新方法》中已经尝试列出可能的挑战，并加以回应。

挑战1：新方法有多严格？

到目前为止，日常语言调查方法面临的仍然是普遍的怀疑和沉默，只有奈杰·利维在他的书中作出了赞同的评论。更糟糕的是，还没有神学家、哲学家或宗教研究学者对这种经验主义的方法表现出严肃的兴趣。库比特猜测，单纯的人只是不习惯以这样一种奇怪的、新颖的方法思考宗教，对他们而言，宗教是并且必须是权威的、传统的、正牌的、依据《圣经》的、基督教的；世故的人怀疑这种断言通过一个非常简单的经验调查，就能很快建立极其重要的、我们必须并且已经确实在信仰，却还不知道自己在信仰的宗教真理的方法一定有什么问题。

新方法是值得信任的吗？它从大众习语中提取我们共同的宗教与哲学思想的做法能在多大程度上成为一门科学？库比特从两个方面回答了这个问题。一方面，他竭力从理论上论证，在我们新的、完全世俗化的世界里，一切都已经回到日常性之中。日常性本身如今需要加以严肃研究，因为它已经像超自然世界曾经所是的那样变成基本的和指导性的。事实上，如今整个神圣宗教世界与日常生活世界完全一致，日常性是我们唯一拥有的根，甚至是我们唯一需要的根，不存在日常性之上的更高的世界，也不存在作为日常性之基础的更深层的秩序。总而言之，日常性就是所有。因为日常语言是日常性的通货，因而研究日常性的最好方法就是研究日常语言。所以，对于嵌入日常性之中的宗教与哲学而言，日常语言调查方法具有足够的严肃性。另一方面，在操作过程中，如同我们在上一节显示的那样，库比特一直在努力修正新方法，使它尽量避开作者本人理论前见的影响，变得更加严格。读者可以在两个日常语言三部曲中检查库比特对新方法的实践过程。

在这里，可以提出一个反问：人们抱怨，神学不像历史或者自然科学，它缺乏合适的方法来传达为人们所坚持和普遍接受的、可以作为建构基础的结果，可是，宗教信徒是否真的想要看到一种严格的研究方法，使得神学像自然科学一样，在理智上成为强健的学科呢？库比特指出，实际上，人们希望神学是"博学的"，也就是体面的、漫谈性的、没有实质影响的。宗教人士普遍十分保护他们的传统，不愿修正任何信念。另外，一旦真的有了严格的宗教研究方法，像在自然科学中的那种方法，那么人们可能发现它传达的是全新的和不受欢迎的结论，而他们必须吸收这些结论，或许还要相应放弃珍爱的信念，那时，人们的反应可能是"暴力性的反击",因为任何证明他们的珍贵主张竟然是错误的、他们生活在错误之中的东西都将被视为极大的冒犯,引起极大的愤怒。

事实上,库比特的确引起了愤怒。然而,他认为没有任何理由改变他的进程,他已经委身于让宗教信念变得更加合理一点,这是他的事业。

挑战2:新方法所得的结果能够要求什么地位?

第二个挑战表现为下面两个问题:首先,是否有可能宣称嵌入日常语言的大众宗教哲学就是当今的宗教真理;其次,它是你必须相信的东西,还是仅仅是一种选择,是你可以选择也可以不选择的语言资源。

针对第一个问题,我们需要指出,新方法传达的大众宗教哲学不是笛卡儿、莱布尼茨等思想家为自己的哲学体系宣称的那种教条真理,而是目前在大众语言中确立起来的合意,并且还在改变之中。换种说法,它不是大写的、"强的"真理,而是"弱的"真理,只是一种短暂的、民主的合意。库比特说,它不是一个"绝对的东西",而是一个给定的东西,我们自己的语言将它赋予我们。在相当字面的意义上,它是我们关于事物的常识、我们的常态,它给了我们一系列见解和评价,那些就是我们在今天可以清楚地公开表达的东西。关于这种类型的真理,我们在"生活宗教的背景"一章中的"非实在论世界图像"部分已经有过具体的讨论。

针对第二个问题,虽然必须承认没有习语是强制性的,就像库比特说的,在一个民主社会里,你是否要接受这些语言以及这个整体,这取决于你,如果你希望的话,你可以拒绝加入这个游戏,但是,如果你这样做了,你将不得不准备在一个持异议的少数派中生活,并且你有责任为你的拒绝举证,因为毕竟你属于"非主流"。进一步说,或许从长期来看,摆脱合意是不可能的。你所拒绝的对生活的一致评价不会因为你的拒绝而消失,它是持久的,并且具有极大的吸引力,会一直吸引你回到它那里。至少它一直提醒你,完全拒绝自己时代的价值观和世界图景是一件多么罕见的、困难的和冒险的事。这当然是痛苦的,而许多人的拒绝其实只是一种自欺。库比特尖锐地指出:"在一个人有意识地公开委身的宗教观和他所使用的语言所泄露的真实信仰之间存在很大的距离。坦率地说,在许多情况下,我们声称信奉的传统宗教和已经嵌入我们的日常语言中的宗教观之间有着尖锐的冲突。"① 现实情况是，只要人们在使用日常语言，就不能脱离日常语言携带的大众宗教哲学。

挑战3：新方法有什么益处？

虽然你可能开始觉得库比特有他的道理，但你或许仍然愿意坚守旧的信仰形态，因为它提供了一个看似绝对安全的稳定的庇护所。你可能会问，新方法有什么益处？为什么值得遵循？毕竟重建信仰是一件困难又痛苦的事。

库比特对这些问题的回答是，首先，研究日常语言中变化的习语这种方法如果得到恰当一致的运用，就能保证给我们一种相对客观和精确的描述，告诉我们所有人在想什么，以及我们的生活哲学目前是怎样发展的。因而，它能解除我们的文化和宗教传统加在人身上的暴力，解除的过程是一个舍弃的过程，也是"放下重担"的过程。"（当你能够）完全承认生命的无端性、偶然性和短暂性，甚至虚无性，全身心地接受生活，这就是极乐。"② 宗教研究新方法证明是一条快乐之路。

其次，新方法也为解决宗教思想的种种问题提供了一条新的进路。在过去，神学总是自上而下传递的，在一个理想的秩序中展开。普通人仅仅被告知宗教思想，因为他们被认为没有独立的思想。然而日常语言调查方法提供的路径是自下而上的，它教导我们采纳新的方法研究变化着的日常语言的习语，因为我们目前的生活哲学、信仰以及价值观都包含在这些习语之中，它们是普通人的共同创造。这种民主的方法事实上是对普通人的灵性解放：它告诉我们，日常性有它自己的一套大众宗教哲学，这套思想对所有人都是平等的，因为所有人都有平等的准入权和参与权，而且所有人都有能力获得和检验之，毕竟在日常语言方面我们都是专家。

总之，新方法是对普通人的灵性解放，它通向的是宗教快乐。

挑战4：为什么人们难以接受宗教短期主义？

这个挑战是从上一个挑战衍生出来的。新方法坚持宗教短期主义的立场，认为不存在大写的真理，只有短期的公共合意。宗教和其他人类关切

---

① 唐·库比特：《宗教研究新方法》，王志成、朱彩红译，宗教文化出版社2008年版，第73页。

② 唐·库比特：《空与光明》，王志成、何从高译，宗教文化出版社2003年版，第42页。

一样，是暂时的、可变的和表达感情的。这种立场解除了真理与历史之间的张力，帮助我们获得"自在"。然而，为什么人们依然沉溺于对宗教作意识形态的解释，坚守他们的超自然主义，并视之为神物呢？

或许是因为，自从1960年代以来，我们相当突然地从传统的长期主义的拯救观转向了极端短期主义的拯救观。科学的图景，尤其是天文学的规模，已经得到了极大扩展，对人类在地球上的长期前景持乐观主义已经变得困难了，并且我们所接受的政治末世论似乎都已经死了，现在没有了乌托邦的空想。传统的长期的宗教末世看起来太原始太狭隘，并且它们也都死了。结果，发生了一种从极端长期主义向极端短期主义的转变，最流行的拯救观念通常把个体描述为在此时此地找到拯救，这也是日常语言中的大众生活宗教对我们的教导。这种转向过于急促，以致许多热爱长期主义的体制性宗教之观念和礼仪的传统信徒难以接受，他们宁愿继续坚守自己最了解的东西。

挑战5：日常语言承载的知识系统在多大程度上已经真正得到检验和证实？

库比特打了个比方，新词和新习语就像进化中的变异，将它们抛向公共领域就像把面包扔到海里，它们可能立刻被遗忘，也可能流行起来，快速地从一个人那里传到另一个人那里，并在适当的时候成为公共语言的一部分，几乎为每一个人所承认。库比特把这一过程比作进化论中的自然选择。通过每日的词汇交流，语言保持时新、合适、健康，并充分履行它的功能。那么，日常语言中承载的知识系统在多大程度上可以被描述为已经真正得到了检验和证实呢？

事实上，日常语言中的习语已经独自经受了生存考验。正是因为它们好用，所以它们跳离人们的舌头。它们合在一起，形成一个一致和有效的世界观。这整个系统运转着，并且持续地进行自我修正。通过生存、流通和让自己保持为人所需要，它们已经证明了自身。

日常语言始终必须通过的检验程序跟现代自然科学中使用的新的检验程序有何异同呢？库比特认为，两者的差异在于，跟日常语言的使用者相比，（例如）物理学家只是一个区区几万人的小群体，然而他们经过了严格的挑选，并且接受了一套高要求的、自觉遵循的学科编码，这套编码使得每一个成员都保持一致，在他们那里，词汇得到严格定义，需要进行大量数学计算，检验程序比日常语言中的惯例要精致得多，并且有意识地加以执行。因而，今天在物理学中，你不太可能提出一种被认为值得检验的新理论，除非你自己已经是该专业共同体中的一个成员。相比之下，在日常语言中，在拥挤的市场上有一种永久的自由参与。两者的相同之处在于，从总体上看，不同领域对新成果的检验方式以及将新观念吸收到共同知识库中的方式之间具有连续性，都遵循适者生存的原则。

挑战6：日常语言中的真宗教是随心所欲的创造吗？

新方法强调真宗教是一种个人的创造，不是二手的信念。那么，这是一种随心所欲的创造吗？

库比特澄清，虽然我们在重新创造一切，但这种创造不是随心所欲的，而是共同的。它是一个长期的试错过程的当前合力，也是大规模会谈的结果，由此慢慢发展出一致的世界图像。我们生活在一个历史的世界中，其中一切事物总是暂时的、流逝的和从人的角度设定的。然而，即使我们不再信奉旧的"强的"形而上学之存在，也至少仍然信奉一个"弱的本体论"；即使我们不再信奉旧的"强的"绝对真理，也至少仍然信奉"弱的"真理。这是真正的信念——在信任和忠诚的意义上。

我补充一点。虽然真宗教强调个人创造自己的信念，但这种信念不是胡说八道，而是"你已经在自己的生活中应用和充分检验，并已经在与其他人的对话中清楚有力地表达和辩护"的。它是一个人用自己的生活亲证出来的，因而具有足够的严肃性和诚实性。在这个意义上，或许我们倒是可以说，对于个人而言，未经亲证的二手的信念才是随心所欲的信念。

问题：日常语言的思想是否具有一致性？

日常语言调查方法证明，日常语言的确拥有嵌入它之中的一套宗教和哲学思想，库比特也揭示了这套思想的部分面貌。然而，他的调查所揭示的可能只是冰山一角。我们在这里的描述很有可能造成一个错误的印象：日常语言的思想是统一的和体系化的。事实上远非如此。这里呈现出来的秩序很大程度上是由我们当前的关注点赋予的。然而，我们也不能说日常语言的思想是完全混乱的、不知所云的。与一般的宗教和哲学体系不同的是，日常语言的思想总是乐意包含各种冲突的方面，鼓励冲突如其所是地存在，不去试图做到逻辑上的内在统一。日常语言更像一个市场，各种关系都有可能获得生存空间，因为日常语言的服务对象是复杂的现实世界。

那么，这是不是意味着我们在任何问题上都不可能获得相对一致的观点呢？我认为并非如此。首先，我们总是受到具体问题或兴趣的引导，在某一个具体的方面或领域对日常语言中的思想进行调查。在调查过程中，一来我们的关注点本身会创造某种秩序，二来日常语言关于具体的方面或领域总是有相对明确的观念，尽管这些观念可能相互矛盾和非常微妙，但单个的观念是相对清楚的。所以，日常语言的含混性是一种抽象的、总体的含混性。其次，虽然当前没有任何人能够垄断日常语言市场，在各种观念之间进行筛选，但这并不等于日常语言不进行选择。相反，一个优胜劣汰的选择机制时时在发挥作用，就像市场上的价格机制一样。只是进行选择的主体不是个人，而是原则上的每个参与者，就像我们在前面说到的，日常语言拥有的是弱的真理，是大规模的人类会谈当前的合意。这种合意是变化之中的相对稳定性和一致性。从这个方面来说，库比特通过日常语言调查方法获得的宗教图像只是一幅暂时的图像。

总　结

本章讨论的是库比特提出的宗教研究新方法：日常语言调查方法。1980年以后，库比特撰写了40余本著作，与新方法有关的有7本。单从数量上所占的比重看，算不上多。我把新方法作为一章来讨论是因为，它是库比特最重要的原创思想之一。库比特的整个思想具有很强的实证性，这是他和其他许多宗教作家的区别。这种实证性一方面是日常语言调查方法提供的，另一方面是库比特本人近40年来对其思想的亲证提供的，此外还可以加上"信仰之海"运动对他的宗教非实在论的实践。从学术的角度来看，新方法非常重要，打个比方，日常语言调查方法就像一个锚，把他的思想之舟牢牢锁定在日常性之上，它也为库比特提供了一个强有力的位置来回应诸多批判。

第一节交代了日常语言调查方法的缘起与含义。我概括了转向这种新的宗教研究方法的5个原因或者来源，它们包括：思想方式从实在论到非实在论的转换所导致的宗教语言的散播，维特根斯坦的语言游戏理论对宗教研究的启发，库比特对宗教进行的自然主义的重新定义，来自日常语言自身的证据，即日常语言的确拥有自己的一套哲学与宗教观念，以及已有的宗教研究方法的失败，具体指应用批判思想方式研究教义神学的失败和一般的社会调查方法的失败。接着，我分 4 步介绍了新方法的具体操作办法，随后列举了操作过程中的 3 个困难之处。

第二节介绍了两个日常语言三部曲。前面我们说过，与新方法有关的著作有 7 本，其中的 6 本构成两个日常语言三部曲。我并没有使用笼统的方法概括这 7 本书的主要结论，而是按照成书的时间顺序依次交代每一本书的主要内容，在此过程中试图具体地展现库比特在不同的书中对新方法之操作的探索和修正。你可以跟随我的讨论看到库比特对新方法的整个具体操作过程，这中间不乏失误、困难和自我批判。这两个三部曲构成一个整体，你可以看到库比特对自己的论证主题的逐渐领悟。

有了第二节的纵向论证，第三节的横向论证过程就相对顺理成章，少了许多障碍。这一节的标题是日常语言调查方法的结果，我分两个部分来讨论：日常语言的启示和新方法面临的挑战。库比特已经分别在《快乐之路》和《宗教研究新方法》的上篇中对这些做过梳理，因而我只需要整理他的结论并加以适当补充即可。在日常语言的启示部分，我陈述了日常语言中的宗教对象、日常语言中的信念和日常语言中的真宗教，前面两者参考库比特的论述，第三者是我的总结。随后，我整理了新方法面临的六个挑战和一个问题，问题是我加上去的，挑战部分基本上可以在库比特的第 7 本日常语言著作中找到，我的任务只是耐心仔细地挑选，确定哪些内容对新方法构成挑战，并补充和完善库比特对这些挑战的回应。

在这一章中，库比特面临的难题是："天国阶段的宗教对象应该是非实在论的，而且日常语言调查方法也显示出普通人在很大程度上以非实在论的方式使用宗教词汇，然而事实上普通人坚持对上帝的实在论倾向"，这是为什么？这是库比特整个思想中少数几个尚未或者无法给出解答的问题之一。

本章尝试说明的是，日常语言调查方法是一种严肃的经验主义的宗教研究方法，它证明日常语言包含一套嵌入日常性之中的大众生活宗教哲学，并能够揭示其内容。与马丁·埃米斯的看法相反，如今日常语言证明不是陈词滥调，而是蕴含着普通人真正的宗教思想。我们或许可以把这称为"日常生活的发现"。

由于库比特在从事的是一项没有任何神学家和宗教学家做过的工作，可以说是前无古人，所以我无法对他的新方法进行比较研究，只能进行描述。关于可能引起的疑虑和误解，我已经试图在论述的过程中及时澄清。

新方法证明日常语言中的真宗教就是库比特所说的天国阶段的基督教和太阳伦理学，前者我们在"生活宗教的背景"中已经讨论过，后者是下一章的内容。

第五章 生活宗教的内容：表现主义的宗教

我们谈到过一个全新的开始：在这个时代，我们已经在黑格尔的意义上走完了整个圆圈，再次回到了"困惑的个体向四周张望"的起点之上。库比特称之为"第二轴心时代的黎明"。虽然纯粹的、上帝般的、完全客观的理性主义理想尚未消失，但哲学与宗教已经回归日常生活。在此背景下，宗教思想可以理解为一种斗争：与我们仅仅模糊地理解的强大的诸事实与力量作斗争，为赢得勇气和信仰成为自己并快乐地生活而斗争。我们试图找到一个使我们看清生活的框架，或者一条使我们与生活关联的道路，它将帮助我们把生活视为有意义和有价值的，它就是宗教。

"我们不是在寻找一种方式说服自己相信一串难以置信的超自然信条的真实性。我们在寻找的是某种类似于爱情的东西——某种我们能够为之献身，能够借以整合自身，能够因之找到新生力量的东西。我们不仅仅是在寻找解决生活之谜的答案，而是在寻找一种个人的治疗和拯救。"① 这里谈论的是一种发自内心的宗教，它不是基督教教会阶段的体制化的、实在论的宗教，而是伦理学与灵性；它不是自上而下给予我们的，而是我们用自己的生命活出来的，是《圣经》上所说的"活出来的真理"。

根据库比特的解释，真宗教是天国阶段的基督教，是日常语言中的生活宗教。具体而言，它包括太阳伦理学和人道主义伦理学。此外，我们在本章中还将涉及人生大问题和"信仰之海"新宗教运动。

---

① Don Cupitt, *The Old Creed and the New*. London: SCM Press, 2006, p. 73.

第一节　太阳伦理学

一　太阳伦理学的背景

太阳伦理学是库比特提出的一种新的表现主义的伦理学，区别于旧的道德实在论。"太阳"的比喻有可能来自尼采，也有可能来自柏拉图的洞穴理论。我们在前面几章提起过这种新的伦理学，也间接地谈到过它在库比特理论中的产生背景。第二轴心时代的总体背景、非实在论的世界图像、耶稣的激进的人文主义、神圣语言在生活世界中的散播、新的自我观念、新的宗教定义等都是太阳伦理学的背景，我在这里讨论其中的三个背景。

第一，太阳伦理学与库比特对存—在或生命的解释密切相关。库比特在《一切之后》（1994年）和《最后的哲学》（1995年）中提出了"热情的斯宾诺莎主义"的新口号，这个词标志着一种彻底自然主义的立场。他把世界视为自我更新的、无止境地向外倾泻的、被理解为符号的能量流，自我和世界一样，也是能量之流。库比特的这一理解显然受到了叔本华、柏格森、弗洛伊德等人的影响。他本人年轻的时候曾在剑桥大学攻读自然科学，这或许也可以视为一个影响因素。

乔治·巴塔耶（George Bataille）晚年提出了一个理论：所有社会都需要以某种方式消耗掉剩余物，不管剩余物是年轻人、公牛、财富还是其他东西，而过度的消耗或挥霍行为可能表现为战争、建立修道院、斗牛、盛宴和交换礼物等。执行破坏的体制（战争、建立修道院等）变得日益强大，逐渐发展出它们自己的道德，最终，通过破坏得以发生的仪式活动象征性地表达了它们的世界观。战争和武士伦理可能是对这一世界观的一种象征和回应，宗教禁欲主义以及通过净化灵魂以抵达更好世界的努力可能是另一种象征和回应。库比特认为，虽然巴塔耶的理论阐明的是过去的宗教体系中的情况，如今我们不再把剩余物还给上帝，而是拿来再投资，但是巴塔耶有一点是对的：我们的宗教提供给我们一套词汇，通过这套词汇，我们得以消费我们的情感剩余。库比特正是根据这一点来重新定义宗教的，他认为宗教的工作大致是，呈献给我们伟大的和解符号与仪式，帮助消除我们混乱的、冲突的情感。

个体的生命被视为一股不断向外倾泻的生物性的情感之流,这一情感之流寻求符号表达,在表达的过程中获得自我、成为自身。在这里,需要澄清两点。首先,二元论的传统把人分为身体和灵魂,灵魂住在身体里,是不朽的精神实体,与神圣世界相联结。然而,按照库比特的看法,人的灵魂不在人的里面,而是在外面,"灵魂只存在于我们的客观符号的自我表达之中"[1]。他举例说,我们看戏时会对剧中人物作出心理上的判断,而这种判断只是基于对剧中人物的外在观察。人是高度社会化的动物,就像文身一样,在表层刺下文化的内容。所以,心灵和意义、灵魂和感觉都是短暂的文化建构。其次,虽然库比特遵循叔本华—弗洛伊德传统,把情感看作强大的本能冲动,这些本能冲动寻求表达,但他赞同雅克·拉康(Jacques Lacan)的观点,认为文化先于本能。他举例说,我们通过给年轻人讲笑话来教会他们幽默感,通过给他们读浪漫小说来教会他们如何恋爱。在这些例子中,我们不是直接获得所谓的本能的倾向或情感,而是通过文化表达来获得。

基于这种自然主义的解释,新的伦理学必定不同于传统的禁欲主义的伦理学,后者强调撤退、独居、内省、自制和自我净化,而前者追求一种公开的表达、表现、宣称和展示。

第二,传统的道德哲学已经失败,我们需要一种新的伦理学。现代社会面临道德焦虑,一些人提出,如果我们回到传统,那么一切都会好起来。这是基础主义的道路。对此,库比特反驳道,只要看看城市里的一些还没有和传统失去联系的人,我们就很容易检验出传统的价值。这些小群体当中的许多人或者大多数人缺乏可以让他们在现代生活中充分发挥能力的技术和社会技能,以致他们陷在糟糕的圈子里。他们之所以坚守传统及其价值观,是因为只有这些传统才能慰藉他们的贫困以及被拒绝的处境,而恰恰是他们坚守的传统导致了他们这样凄惨的局面。库比特断言,现在,传统根本就没有复兴的可能。

道德哲学为什么失败?随着人文主义的发展和启蒙运动的不断推进,人们逐渐放弃了客观主义的道德观。人们不再相信道德是外在于人的东西,不再相信道德具有一个绝对的、不变的基础。传统的道德实在论已经

---

[1] 唐·库比特:《太阳伦理学》,王志成译,浙江大学出版社2009年版,第45页。

瓦解，如今道德成了人自身的东西。然而，道德哲学过于固守公认的道德秩序，并以奇怪的方式去维护和坚守这一不再可靠的秩序。于是，道德哲学家成了道德的教条神学家。

尽管库比特认为道德实在论已经死了，跟它相关联的词汇，比如理性灵魂、良知、意志、道德律等都不再使用，但他仍然试图给予道德实在论一个实现范式转换的机会，"我们把道德实在论视为宣扬人类社会生活，而且我们需要这个固定的框架以便获得稳定性和尊严，这才是比较公平的。如果没有这样一个框架，社会最终会走向崩溃"。库比特的言外之意是以非实在论的态度对待道德，把它视为我们建构出来的框架，为的是维持社会的运行。这是一种道德自律说。

第三，在库比特的整个思想中，太阳伦理学应该放在他从1990年至1997年的"表现主义"哲学背景下来理解。在这一阶段，关键词是"热情的斯宾诺莎主义"、"太阳伦理学"和"诗性神学"。第一个词语我们已经解释过，最后一个词语出自奥古斯丁的《上帝之城》第六卷。罗马晚期作家瓦罗（Varro）区分了哲理神学、公民神学和诗性神学，哲理神学就是哲学家们所知并在学院里宣讲的真理，公民神学就是被确立的国家宗教，诗性神学就是由荷马（Homer）、奥维德（Ovid）等诗人倡导的宗教，讲述的是关于诸神的古老神话。库比特告诉我们，自文艺复兴以来，有一个不规则的作家谱系，他们已经接受了诗性神学的观念。基督教的旧教义不可能在实在论意义上为真，但有可能被视为具有诗性的真实或者诗性真理。

这三个背景都呼吁一种新的伦理学。这种伦理学抛弃实在论，采纳非实在论的立场，抛弃内省的灵性，提倡向外表达，并且能够使人与自身、世界和生活和好。

二 太阳伦理学的含义

太阳伦理学看似简单，其实不容易真正理解。

我们首先有必要解释伦理学的含义。库比特的"伦理学"是广义的伦理学概念。它不是建立在道德准则意义上，也不是建立在道德哲学立场上，而是建立在生活方式或生活姿态的意义上。"伦理学是一种善的生活学说，我们跟随它倡导的这种生活方式，就能达到至善和至福。"① 简而言之，伦理学指的是生活方式。

"生活方式"的提法是 20 世纪 70 年代开始的，与此相关的背景是，伦理领域已经从"市场"转向"剧场"，从作为规则的道德转向作为生活方式的道德。伦理不再被描述为像市场一样的东西，倾向于同一，压制个体差异，讲究标准程序，重视细节，而是被描述为剧场或者盛会、场景或者展示，是可供人们扮演不同角色的舞台，突出的是个体的人格、风格、风尚、形象等。对个体而言，伦理的任务是"为自己找到合适的'场景'，然后在里面扮演一个角色，充当戏剧的一部分；每个人都能充分而满意地表现自己，并因此找到个人实现自身、获得快乐的方式"②。从这个角度而言，诚如库比特所说，道德发生了美学化。

那么，太阳伦理学呢？它是一种"竭尽全力，表现宗教性的伦理或者生活方式"③。它基于上述表现主义的伦理观，在这一背景下，人们的伦理愿望是纯粹自由地表达。正是在此，库比特找到了一个超越传统的二元区分的位置。太阳伦理学是一种不二论的伦理学，在六个方面超越了二元区分④，这六大超越构成它的基本特征。

（1）太阳式生活超越了生死的区分。这一点我们将在后面展开讨论。

（2）太阳式生活超越了名词和动词、本质和活动、存在和行动之间的区分。它就是"行动"本身，它和它自身持续的外泻相一致。所有的存在都是暂时的，是一个过程或者表演，在时间中发生或上演。

（3）太阳式生活超越了现实与理想之间的区分。它自身的表现主义的外泻已经足够充分，以至于它就是能够是和应该是的一切。

（4）太阳式生活超越了内在和外在的区分。它只是充分地、持续地自我外泻和自我外在化的现象过程，只是将自身由内而外处处展现的过程。

（5）太阳超越好人与坏人、得救者与迷失者、可敬者与肮脏者之间

---

① 唐·库比特：《太阳伦理学》，王志成译，浙江大学出版社 2009 年版，"引言"第 2 页。
② 同上，第 10 页。
③ 同上，第 11 页。
④ 以下六个方面参见唐·库比特：《太阳伦理学》，王志成译，浙江大学出版社 2009 年版，第 11—13 页。

的普遍区分。尽管人们通过对太阳的不同回应而彼此区分，但太阳本身并不会做出这些区分。

（6）太阳避免了道路与目的、旅程与终点之间的区分。我们应该把自己视为已经生活在目的地，而我们的生活应该避免或者克服目的与手段之间的区分，我们应该表现性地生活、展现自己、照亮自己、燃烧生命。

理解太阳伦理学也就是理解"出神的内在性"（ecstatic immanence）的含义。库比特用这个词来指一种由来已久的意识状态，尤其可以在古老的神秘主义传统和抒情诗歌中找到。他是这样解释出神的内在性的："是对纯粹的生存之流强烈而快乐的回应。一个人完全沉浸于这样一个时刻——世界能量涌现出来，通过符号形成存—在，并变得明亮、有意识、在整体上和谐。这个人发现自我与世界之间的相互性和伙伴关系，以及共享的特征。我们是世界的，世界是我们的，我们和世界都是倾泻而出的，彼此成就对方"[①]。他谈论的是作为能量之流的一部分的人对整个世界能量的认同，并在认同过程中实现自我的倒空。这就是基督教中的与神"合一"。

起初，出神的内在性是一种稀有的神秘经验，然而正如库比特指出的，到了19世纪80年代左右，在画家莫奈（Monet）的眼里，在梵·高（Van Gogh）太阳式的表现主义绘画以及尼采的散文里，它开始被严肃地民主化。《快乐之路》中谈到莫奈的睡莲连作中的一幅所具有的出神的内在性效果，他说，那幅画中描绘的一切都是一种瞬间效应：在水面上延伸的植物，从上面投射下来又从水面折射回来的光线，斑驳的影子和一片片蓝色薄雾。没有单一的、清楚的焦点。世界被视为类似于一种吸引眼球的闪光的魔法幻象。一个人被吸出来，进入这个世界，充满喜乐地消散为无边无际的、空的平静。为什么直到19世纪晚期，出神的内在性才被广泛体验到呢？理由其实很简单：只有摆脱了感性和灵性、短暂和永恒等旧的对比的支配，你才能以太阳式的方式生活，并体验到出神的内在性。由此引出的问题是，出神的内在性是否应该被称为一种"灵性"？这要看对灵性的定义。旧的灵性概念在外部生活和内心生活、肉体和精神之间预设了二元论，出神的内在性是不二论的，因而它不是传统意义上的灵性。只有

[①] 唐·库比特：《太阳伦理学》，王志成译，浙江大学出版社2009年版，第17页。

在形而上学和上帝死亡之后,出神的内在性才能被广泛体验到。

太阳伦理学是一种外向型的伦理学。传统认为,向内的道路是通向上帝最好也是最近的道路,它教导人过一种双重生活,其中个人的宗教生活是一种第二性的、内在的或精神的生活。你对于宗教的追求是孤独的、寂寞的,也是平静的:"闭上你的眼睛,回忆你自己,进入你的内在精神空间。"然而,太阳伦理学坚持,能与永恒相联结的内在核心自我是不存在的,我们只有外在的、有限的生活,只有向外流逝的事物之展示。世界只有一个——宗教关注的日常生活世界。我们表现自我的公共生活正是我们的宗教生活。

综上所述,太阳伦理学表明,在我们之上没有更真实的世界,没有客观的理性秩序,只有创造和毁灭的太阳式之流,只有向外倾泻、自我更新的舞蹈之流,只有散播为符号的能量之流。我们是能量之流的一部分。太阳式生活取消传统的二元区分,因而取消了传统的超越与自我超越的观念,然而,它实现了一种新形式的自我超越,这种自我超越将自我消融,从而获得宗教快乐。

三 太阳伦理学的意义

我们试图从以下五个方面谈论太阳伦理学的意义或价值。

第一,太阳伦理学消除了形而上学与伦理学之间的区分,是伦理学的一个新起点。自柏拉图以来,大多数的道德哲学建基于这样的预设:人们处于善的异化状态,需要得到权威的指导,需要惩戒性的结构、绝对者、律法、约束措施,以便通过它们走向更美好的世界,终结糟糕状态。库比特拒绝这一异化的预设,他的理由是[①]:我们没有充分的根据相信其他地方有更好的世界;自19世纪达尔文和其他许多大哲学家之后,我们能以有力的根据来假定人类交流的世界是我们真正的、唯一的家园。他的这种拒绝意味着不再认为道德领域是一个独特的领域,不同于经验领域;意味着接受一种伦理自然主义,把道德生活视为号召我们全身心地投入此世生活,将自身外在化,表现自己,参与到人类共同创造世界的事业之中。

---

① 两个理由参见唐·库比特:《太阳伦理学》,王志成译,浙江大学出版社2009年版,第26页。

可以推出，库比特用来终结异化症状的方法在逻辑上分两步走：（1）肯定两个世界是同一的和完全融合的（或者重叠的），以至于生成的世界，即日常的短暂的现象世界被视为本身是无外在性的唯一世界；（2）快乐地肯定生成的世界是具有永恒价值的世界，我们乐意在这个世界里逐渐消逝。

第二，太阳伦理学结束了事实与价值的长期分裂。这种分裂状态从古老的时代就开始了，在康德和克尔凯郭尔那里依然是个问题。它迫使我们过着一种双重生活。太阳伦理学拒绝整个有关内在的和隐秘的更高实在的观念，为我们提供了一种克服事实与价值分裂的方式。具体而言，我们要从以下三个方面着手。①

（1）我们必须克服以实在论方式理解的文化长期占据的主导地位或状态。从哲学上说，普通人正确地假定了最初的世界是日常的人类生活世界，这一生活世界在逻辑上优先，但它不是数学家的世界，而是会说话的动物的生活世界，受到动物在生活中的兴趣的影响。我们的生活世界是我们的建构，我们形成它，它养育我们。

（2）在这一背景下，我们需要承认，价值在客观世界是普遍存在的，也就是说，我们对经验的不同评价和情感反应建构着世界。这里的意思是，世界在建构之时已经渗入了我们的价值取向。

（3）价值也已经隐含在我们所有的经验、语言和实践之中。库比特强调，生物学意义上的情感生活与我们评价性的生活相一致。它们是同一的，总是在有了道德秩序之后，我们才能通过观察事物、谈论事物的方式感受到这一秩序。

库比特提出上述三个方面目的是试图消解在克尔凯郭尔和康德那里的问题，他们两者属于最后一批实在论者。克尔凯郭尔的信徒处于宗教律令之下，依然停留在私密的生活中，是"在更高服务和受管辖之下的间谍"；而康德的道德代理人则认为，在哲学上无法解释的同样行为，可以是自由的道德行动及其后果，我们无法清楚地解释道德自由是什么，但必须相信它。在他们那里，我们都是被分裂的。诚然，在当时的时代背景

---

① 这三个方面参见唐·库比特：《太阳伦理学》，王志成译，浙江大学出版社2009年版，第35页。

中，他们的思想是有积极意义的，然而，到了库比特这里，我们看待宇宙、世界和自我的方式已经发生了变化。如果说形而上学的二元论把价值从世界中抽取出来，归于上帝及其神圣世界，接着，机械论的世界图像因为把上帝剔除而从整个物理宇宙中剔除了价值，那么库比特通过两个世界合一的非实在论方式重新把价值注入了世界。更确切地说，他认为世界总是具有道德秩序的世界，物理的世界与道德的世界对人这个主体而言是无法分离的。他谈到上帝死后，神圣语言与价值散播到生活世界之中，那表达的是同样的意思。从这个意义上看，就不难理解为什么他认为所发生的不是宗教的世俗化，而是生活的神圣化。

第三，太阳伦理学能够使我们拥抱虚无主义和自身的死亡，从而试图克服莱布尼茨所说的形而上学的恶的问题。首先有必要澄清一个误解：当我们发现自己已经失去了一切，不再相信任何东西，空空如也的时候，就只是太阳式的了。这个误解涉及的其实是"虚无主义"，它是19世纪晚期留给人们的具有威吓性印象的词，它引发某种误解，或许依然会被用于吓唬庸人，这里的庸人指的是这样一些人，"他们认为，通过上帝、道德秩序和实在论的信念而得到祝福是最好的事。这些人需要一个客观实在的上帝，一个客观的价值尺度和道德秩序，一个客观的受法则约束的、完全形成的宇宙。在这个宇宙中，一切都像时钟一样有规律地运行着。他们以这个具有良好秩序的宇宙为自己家园的范本……在某些情况下，他们甚至愿意无条件地永远相信确实有这样一个宇宙存在"[1]。

虚无主义理论有时被用来服务于实在论，因为它暗示只有回到实在论才能避免虚无的"可怕"状态。然而在库比特看来，实在论如今不再是一条拯救之道，而是变成了一种灵性奴隶制度。教会实在论的上帝是客观、超越、不与信徒同格的，用哲学的话来讲，是绝对的他者，它是宗教异化的一个象征。同样，道德实在论的信念是道德异化的象征。库比特说，我们只有充满信心，打破陈规，制定新的规则，并进而认识到自己是唯一的立法者，道德才能发展成熟。只有为自己所创造的道德秩序担负责任，我们才是具有充分道德的人。

时至今日，人们已经逐渐明白，正是我们创造了自然科学、世界图

---

[1] 唐·库比特：《太阳伦理学》，王志成译，浙江大学出版社2009年版，第53页。

景、各种道德传统和宗教信念，正是我们赋予了所有的秩序以种种色彩，方法是：我们共同将可行的模式置于无序的经验之流。所以，人类知识是一种不断变化发展的人类发明。除了我们的世界，没有别的世界，库比特用"无外在性"这个词巧妙地阐明了这一点。在此背景下，虚无不再是一种可怕的、毁灭性的状态，虚无主义变成了一个冷静的学说。太阳伦理学使我们能够真正拥抱虚无，心甘情愿地与存在之流一道呼吸和流逝。

对虚无的重估也是对死亡的重估。一方面，太阳伦理学超越了生死的区分，达到了生死的综合。传统观念把生与死视为对立的两极，但太阳伦理学教导我们，正如太阳燃烧的过程也是消亡的过程，我们应该把生与死看成一张纸的两面：我是我自己的生命，我同样是我自己的必死性，两者不可分割。为了在情感上学会这一点，我们应当实践生活，把自己交给生活、交给我们自身的短暂性，并始终交出自己。在自我流逝中，我们成为自身，庄子有个词，"方生方死"，就是这个意思。实践太阳式生活的人在最终的死亡到来的时候能够感到心满意足。另一方面，按照库比特的说法，太阳性是"反思之后复得的直接性"。《圣经》教导我们不要为明天忧虑，空中的飞鸟不担心没有食物，野地的百合有最美的衣裳。飞鸟与野百合生活在纯粹的直接性之中，无忧无虑，它们只是它们自己，并与自己的生活重叠。相比之下，柏拉图主义者们过着一种焦虑的生活，他们悬置在两个世界之间。太阳伦理学教导我们过一种表现主义的、方生方死的生活，把自己完全交付给生活，像飞鸟与野百合那样不为明天忧虑，因为没有实在论意义上的"明天"。这就是"反思之后复得的直接性"，它不是随心所欲，而是对自己完全负责、与生活达到同一。这带来的是光明与喜乐。

然而，需要再次指出的是，虽然库比特认为太阳伦理学能够克服对自身死亡的恐惧，但是他没有将死亡解释掉。他说，我们所爱之人的死亡可能会对我们造成致命的打击，对此太阳伦理学无能为力，只能承认这是爱的代价。

第四，从上述分析中可以看到，太阳伦理学倒转了灵性的方向，从由外而内变成了由内而外。传统的灵性提倡向内撤回"心灵"之中，过独居的生活。太阳伦理学不在内在的精神世界和外在的物理世界之间做出传统的二元对比，只有一个世界，就是我们的语言给予我们的世界。心灵是视域，是你在世界中的角色以及你在公共生活中必须扮演的那个部分。人是一个"自我外在化"的流动过程，在这个过程中，自我融入生存之流，实现了客观化。太阳伦理学提倡像太阳一样毫无保留地发光发热，将自己清空，完全倒入存在之流。

第五，由第四点可以推出，今天正确地实践传统的沉思的唯一形式是关注存—在的来临。库比特提出的沉思方式是，"以一种放松注意力的状态观看一个简单的自然运动，比如一片云的移动"[①]。由于存—在的来临与时间的流逝是紧密地捆绑在一起的，所以，观看一个温和的自然运动最接近对存—在的沉思，我们可以像东亚的圣人那样，形成对每一样轻松而短暂的事物的一种体验：影子、火焰、气泡、树叶、水、昆虫、云朵和流逝的一切。我们可以这样思考：每一件事物都如此这般，我也一样。这是库比特的灵修方式，佛教中把它概括为"边界移动的默想"，我们在前面已经谈到过。在基督教和佛教中，人们过去被教导以一些方式培养一种祷告或默观，你在这个过程中保持完全清醒和聚精会神，然而你也是非自我的和倒空的。"静观"、冥想和"正觉"这类词被用来描述这种祷告或默观，这与库比特说的边界移动的默想和出神的内在性是一回事。

库比特对太阳伦理学的实践表明，它带来的是轻省、自在和永恒快乐。他发现自己成了一个没有传统意义上的信条的基督徒，却依然是一个基督徒，而且是解放性的、喜乐的基督徒。这使他猜想，"西方思想在终结之处不是一种最大限度的累积和总体化的状况，就像巴洛克式的官邸或浪漫交响乐最后的和声，而是极度光明（因而也是喜乐）的状况"[②]。

四 需要澄清的问题

太阳伦理学是个全新的概念，难免有许多问题需要澄清。在论述的过程中，我已经试图回答一些有可能出现的问题，但仍然可能有许多问题没有得到解释。在这里，我尝试将库比特散落在《太阳伦理学》一书中的问题搜集起来，另外补充一些问题，并对它们逐一简要地做出回答。它们

[①] 唐·库比特：《后现代宗教哲学》，朱彩红、王志成译，浙江大学出版社2008年版，第124页。

[②] 唐·库比特：《太阳伦理学》，王志成译，浙江大学出版社2009年版，第27页。引文有所改动。

可以进一步加深我们对太阳伦理学的理解。

(一) 库比特与其他作家在相关问题上的比较

库比特与马丁·布伯 (Martin Buber) 的比较。在《我与你》中，布伯区分了两种关联事物的方式，即"我—他"关系和"我—你"关系。他将他的伦理学建立在后一种关系之上，从他人面对我时那神秘的、不可控的"他性"中引出无条件的和神圣的道德责任。库比特与布伯的差别在于，布伯通过一系列的区分，即人格与非人格、伦理与非伦理、我与我面对的他者之间的区分，阐明了伦理学，而库比特消除了这三种区分，认为价值在语言和感觉经验中普遍存在。他认为自我不是神秘的东西，并不超越现象之流，而是扩散性的，像一张大网被完全编织到世界之中。概括地说，两者都强调自我与作为非我的他者的关联，然而，布伯把伦理学建立在神秘的他性之上，而库比特把伦理学建立在自我本身在展示过程中的客观化及自我与生活世界的关系之上。布伯的伦理学是仍然二元论的，库比特的伦理学是非二元论的。

库比特与尼采和荣格的比较。尼采和荣格都把大量创造性工作的产品视为一种以编码方式撰写的个人思想传记。在某种程度上，创造性的工作为尼采减轻了精神疾病的痛苦，荣格更是强调创造性的艺术产品具有的积极治疗效果，认为"符号吸引并改变利比多"，就是说，符号表达是情感的宣泄，你创作的作品都是通向康复途中的里程碑，这是所谓的"艺术疗法"。库比特也认为世界和自我都是能量之流，要通过符号获得表达，而且在一定程度上，他赞同他们的观点，认为符号表达的过程对个体具有治疗作用。但不同之处是，尼采和荣格强调的是个体在存在之流中"生成"的一面，而库比特强调的是个体随着存在之流"流逝"的一面。对不同方面的强调导致的结果是，尼采与荣格关心个人的命运，关心通过"生成"获得的主观救赎；库比特则教导我们将自我交出，完全倾注到世界中去，停止关心个人的命运，而是从自己的创造性工作对他人发挥的作用中获得客观的救赎。相比而言，库比特更能认同自我与整个能量之流的同一。

库比特与克尔凯郭尔的比较。根据库比特的看法，克尔凯郭尔的19部美学作品所要达到的目的只有一个：试图加强个体的自我意识或心性，也就是加强个体的焦虑。在克尔凯郭尔的时期，整个心理学领域得到了快速发展，出现了一批强调自我意识的作家，他们使忧郁、绝望、恐惧、焦虑和厌倦等变得相对新颖而富有吸引力。在库比特看来，焦虑的确是有吸引力的，因为提升个人的焦虑层次或者提高对大脑的刺激以加强个体的自我意识，会极大地增强个人的理解、分析和创造能力；对于奄奄一息的人来说，焦虑也给予他们令人满足的优越感。然而，库比特强调，焦虑不是拯救之道。克尔凯郭尔将自己和读者对宗教的疑问引入了强烈的焦虑状态，但当他发现自己被卷入那种状态之后，却已经无法自拔。在绝望中，他尝试着把高度的焦虑转化成拯救性的信仰，但事实是，他为了获得永恒的快乐而让自己进入焦虑状态，无法回头。所以，克尔凯郭尔所教导的核心主题可能是个错误，甚至是场灾难。库比特说，我们不应该寻求变得主观，而应该寻求变得客观；不应该执着于个人的自我，也不应该执着于个人已经完成的、拥有的、做出的以及所爱的："人们的生活应该反复地、持续地、自我外在化地、自我释放地表现和放弃。抛掉，忘了自己。"[①]在很长一段时间里，库比特是克尔凯郭尔的追随者，后来变成了坚定的反对者，原因是他发现克尔凯郭尔的道路通向的或许是灾难，而不是拯救。

　　库比特与萨特的比较。萨特在他的演讲《存在主义是一种人道主义》中阐明了这样的观点：存在先于本质，人是自由的，命运掌握在自己的手里，所以人要承担责任，即创造和投射赖以生活的价值观的责任。在萨特那里，人的自由是一种绝对的自由，"作为出发点来说，更没有什么真理能比得上我思故我在了，因为它是意识本身找到的绝对真理"[②]。萨特也谈人的处境，"对所谓人的处境……一切早先就规定了人在宇宙中基本处境的一切限制。人的历史处境也是各不相同的……我们可以说有一种人类的普遍性，但是它不是已知的东西；它在一直被制造出来"[③]。可以看到，萨特把人的自由放在处境之先。然而，在库比特这里，人没有绝对的自由，因为个体总是生活在一个已经被充分挪用并覆盖了价值观的世界里，生活在某种历史地发展出来的属人的世界建构中，一切都已经被理论化、被评价了。库比特谈的"人"不是一个孤立的、漂泊在冰冷而单调的宇

---

　　① 唐·库比特：《太阳伦理学》，王志成译，浙江大学出版社 2009 年版，第 50 页。
　　② 让·保罗·萨特：《存在主义是一种人道主义》，周煦良、汤永宽译，上海译文出版社 2005 年版，第 21 页。
　　③ 同上，第 22—23 页。

宙中的、失去了价值并发现自己卷入创造价值的责任之中的人，而是在构成上就已经与充满了价值的世界交织在一起的人。当然，库比特与萨特的相同之处也很明显，两者都认为人是自己的立法者，对自己承担完全的责任，两者都是乐观主义者。

库比特与斯宾诺莎的比较。斯宾诺莎的哲学理性主义将上帝去神化，上帝成了客观理性；直面上帝的快乐转变成了我们的理智在对永恒的、必然的真理的沉思中得到的满足；宗教教义系统转变成了先验真理的体系。虽然在斯宾诺莎的年代，似乎一切都可以纳入一个相当简单的、围绕着物理世界建立起来的数学定律框架中，理性主义因而似乎是一种合适的哲学回应，但是在今天，随着科学发展带来的语境的变化，激进的人文主义成了一种更合适的哲学回应。在库比特看来，斯宾诺莎的哲学已经丧失了神学之心，"这颗心曾是如此鲜活，曾唤起我们很多的感情和想象。而现在，它更像是理性的神学幽灵"[1]。库比特甚至说，它够不上称为自然主义，因为真正的自然主义认为一切都是偶然的、无根基的、流逝的。他的太阳伦理学是激进的人文主义的一种形式，它将我们自己完全投入世界之中，从而达到圆满。

库比特与克里希那穆提（J. Krishnamurti）的比较。克里希那穆提宣称，真理是无路之路，库比特将他的意思概括为，"我们是无法找到至福的固定道路、技巧和魔术般的程式的。不会有现成的答案等着我们去发现，没有信条一样的程式，没有技巧或者道路，也不存在体制或者具有超凡魅力的人能让我们依靠并得救"[2]。克里希那穆提的教导是一种治疗性的方案，类似于佛教的否定法：我们所需要的不是增加，而是减少；我们一步一步地探求，使自己从幻象中，从执着于知识和道德的约束中，从对抵达某地的渴望中解放出来。快乐只是放弃那些让我们不快乐的错误和幻相。库比特评论道，克里希那穆提的观点既像又不像他自己的观点。相像的地方是，两者都提倡质疑一切，库比特在《空与光明》中同样谈到了"弃绝"的哲学；两者随后都发现没有现成的绝对真理和价值，也没有现成的正确的生活道路。不同的地方是，在最后，克里希那穆提指出了一种

---

[1] 唐·库比特：《太阳伦理学》，王志成译，浙江大学出版社2009年版，第68页。
[2] 同上，第67页。

语言之外的、无言的、最初的喜乐状态，通过长期的冥想可以达到，而库比特谈论的是通过太阳式的生活将自我外在化和消耗至死，从而获得快乐。

（二）有关太阳伦理学的五个疑点

既然心灵是短暂的文化建构，而非通向更高世界的形而上学实体，世界必定是已经被语言包裹的世界，那么如何解释比如音乐引发的情感？进一步的问题是，是否存在精神的意象？库比特的回答是，的确存在由词联系着的或多或少支离破碎的情感，但这并不否定"语言创造世界"的观点。一方面，在任何情况下，情感之间的关联都是通过语言传递的；另一方面，事实上语言和其他符号先行出现，它们规定并构成我们的情感之流，并给予我们可靠的、可重复的、可公开检验的接触之门，例如，"悉尼歌剧院"一词对你我来说是相同的，这不是因为我们信任我们看到的意象，而是因为我们都信任词。同样的语词穿过你我的头脑，照亮"印象"，使之成为可理解的和可交流的。这一点的推论是，公共的沟通性生活在逻辑上和哲学上具有优先性，即公共先于私人。

我们在前面谈到过太阳伦理学通过表现主义的生活方式将自我与其自身的客观性联系起来。"人的自我总是处在某个环境中，总是在燃烧，总是在它自身的生活世界中、在它客观的另一个自我中、在对手和伙伴那里，并通过运作表现出来。"① 这里隐含的意思是，自我总是要寻找对象，并通过对象来表达自身。比如，一个人可能把他的妻子说成是他的另一半，他的生活，他眼里的光，他灵魂的宠儿，她就是他自己的客观性。激励我们前进的有各种对象，它们可能是奇怪的混杂物。在此，库比特提醒我们，从"太阳式的"观点来看，客观性和碰巧成为激励因素的对象并没有太大的关系，这一点在太阳伦理学中是非常重要的，因为它试图向我们表明"不执"。"太阳式的"要求我们爱但不执着，因为一旦开始执着，无条件的爱就变成了锁定对象的厄洛斯，于是二元区分连同它携带的问题就会再度返回。太阳式的爱始终是无对象性的和无偿的，"无对象性"指的不一定是没有任何具体对象，而是不执着于具体对象。

第三个疑点关系到轻省，在旧的实在论的思维方式中，我们总是将价

---

① 唐·库比特：《太阳伦理学》，王志成译，浙江大学出版社2009年版，第63页。

值归于那有重量的、锚定的、有根基的，偶然的、飞逝的事件和生存过程通过与必然的、永恒的事物联结并以之为基础而得到安置。虽然耶稣教导我们放下重担，但实在论的传统将重担放在我们肩上。在此背景下，有必要重估"轻省"的概念。太阳伦理学教导我们过一种轻省的生活，因为根据非实在论的观点，任何事物都没有独立的、客观的和强制性的存在理由，一切都是偶然的，从而变得轻省了。但我们应该认识到，这带来的是解放，而不是随心所欲。另外，轻省可以是宗教性的吗？库比特的回答是肯定的，我们可以把轻省理解为没有本体论的超越，是有趣的、流动的和诙谐的。当我们学会以非实在论的方式来理解宗教信仰和象征时，我们可以学会如何轻松地接受它们，还可以发现它们能用来做很多新的事情。

关于宗教经验问题，传统的观念认为宗教经验是把握超自然真理和了解超自然实体的特殊方式，它是先于语言的一种直观，但在库比特看来，我们是语言的唯一使用者，是真理的唯一制造者。"天使、圣母马利亚、天堂的声音并非来自外部世界；它们主要或者完全是宗教思想的无意识的投射结果，而这种宗教思想已在我们之中"，宗教经验的产生是由于"主体遭受某种张力以及内心的冲突。宗教思想的过程涉及一种对和解象征的寻求。思想的过程大致上是无意识的，但当和解象征一旦被发现，它就突然闯入意识，这种意识可以被视为一种'已知的'宗教经验"。[①] 可见，库比特对宗教经验持自然主义的态度，与此相关的是，他在《后现代神秘主义》中将神秘主义视为一种政治书写。

最后，关于太阳伦理学赋予"流逝"的价值，这里涉及两个追问。你可能会说，我对周围的客观世界相当满意，为什么要像你说的那样降低每一事物并把它们都说成是流逝的呢？对此，库比特只能给出一个半分析性的答案，他认为我们看到的客观世界是遗留下来的，是过去的遗物，是人们的感知、差异、理论化之积淀，这些积累起来的习俗和事件传承给我们的是一种客观实在感。第二个追问是，既然强调流逝，那么我们长期的计划和伟大工作成就了什么呢？库比特的回答是，实际上，太阳式生活的目的是试图让每一个人尽可能地过一种充满热情的、有创造性的生活。由

[①] 唐·库比特：《空与光明》，王志成、何从高译，宗教文化出版社 2003 年版，第 143—144 页。

于我们的生活是有限的，未来也变得越来越不确定，我们要过的是一种末世的生活，每个人都应该把他的每一天当成最后一天来对待。我们需要的是关注自己，为自己而奋斗，而不需要所谓的宏伟蓝图。把握现在就是制胜的关键，太阳式生活让我们活在当下。

我以王志成概括的太阳伦理学的四个主张结束本节内容：

（1）否定一切教条，自由展示；

（2）反对内省，强调外在表现；

（3）赞美生活，热爱生活，立足当下；

（4）将人自身客观化、外在化，如太阳一般不断燃烧自身，消耗自身，让自身流逝，不执着于世界、他人和自我。[1]

第二节　人道主义伦理学

表现主义宗教的另一部分内容是人道主义伦理学。与太阳伦理学相比，库比特对人道主义伦理学的论述相对少一些，然而，这并不影响它在库比特的宗教思想中的地位。人道主义伦理学与太阳伦理学一起构成了库比特的"真宗教"的完整内容。

一　人道主义伦理学的含义

库比特从三个方面阐明人道主义伦理学的含义。[2]

首先，人道主义伦理学承认道德不可能再根植于或者诉诸任何"客观的"或超越人的东西。在过去，道德得到传统、上帝、"自然"道德律或者先验理由的支持，现在，我们承认道德是属人的，是可创造的。其次，人道主义伦理学的方法不同于功利主义传统，因为我们试图避免诉诸任何心理上或文化上可变的东西，如快乐和忧愁的观念、幸福和悲惨的观念。再次，消除人与人之间基于种族、宗教、性别、年龄、等级、民族等差异而产生的任何道德歧视，寻求道德的普遍性。新的人道主义社会伦理

---

[1] 四个主张见唐·库比特：《太阳伦理学》，王志成译，浙江大学出版社2009年版，"序言"第2页。

[2] 三个方面见唐·库比特：《太阳伦理学》，王志成译，浙江大学出版社2009年版，第88页。

学是强烈反歧视的，它将道德行为置于共同的人性和他人的需求之上。

上述三点是从否定的方面得出人道主义伦理学的含义的，这有两个益处。第一个益处是，我们很容易推论出人道主义伦理学拥抱虚无主义。一方面，正如库比特分析的那样，它反对一切旧的、绝对的东西，反对排他的忠诚以及所谓"干净"和"纯洁"的概念；它拒绝过度发展的宗教与公民的秩序，这样的秩序预先设定了人的身份、责任、信念和社会角色。我们需要的是一种完全开放的、反歧视的、"虚无主义"类型的社会，而人道主义伦理学能够帮助我们建立这样一个社会。另一方面，人道主义伦理学试图建立的社会为我们提供了最大限度的精神自由，它要求人对自己负责，并创造自己的价值观，而非遵循任何给定的绝对秩序。换言之，它能安置人的价值观，从个人角度而言，能展现个人的生活经历，并能帮助个人建构一个属于自己的世界。正如萨特在《存在主义是一种人道主义》中清楚地阐明的那样，人道主义伦理学是一种积极的、乐观的生活方式。

第二个益处是，我们很容易从否定的方面推知人道主义伦理学的产生背景。这是接下来要说的内容。

二 人道主义伦理学的兴起

按照库比特的分析，现代人道主义兴起于 19 世纪后期，标志事件是小说兴起，成为主流文学形式，反奴隶制运动展开，红十字会于 1863 年在瑞士成立。当热衷于慈善事业的人们出现时，人道主义便开始了。人道主义援助由不代表任何国家利益、宗教利益或意识形态等诸如此类利益的人来实施，无需在值得或不值得之间做出任何形式的区分。当人道主义不再是一个贬义词的时候，人道主义伦理学出现了，它在 18 世纪 20 年代[①]至 20 世纪 70 年代之间得到确立。人道主义伦理学这个词表明了在没有超人类道德秩序的时代里，道德发展变化的过程。它将伦理学仅仅建立在相互交织的共同人性之上，而不是其他任何东西之上。

人道主义伦理学在历史上是如何逐步确立的呢？[②] 18 世纪早期，托马

[①] 库比特在 2000 年出版的《后现代宗教哲学》中的说法是 18 世纪 80 年代，我在此处参照他在 2008 年出版的《西方的意义》中的提法。

[②] 唐·库比特：《西方的意义》，王志成、灵海译，四川人民出版社 2012 年版，第 176—179 页。

斯·科拉姆（Thomas Coram）创办了福林医院，在伦敦吸引了一大批著名的赞助者，包括威廉·贺加斯（William Hogarth），他们出钱、出力、出时间。上流社会中情感丰富的人们纷纷参观他的医院，期望培养新的慈善道德情操。科拉姆还卷入了与詹姆斯·奥格索普（James Oglethorp）的乔治亚州事件，当时希望保持奴隶解放，另外，他参与了新斯科舍事件，打算为失业者提供新生活。在18世纪晚期和19世纪早期，人们成立了委员会以促进慈善事业。当时，改进囚犯待遇、改善精神病患者的治疗以及废除奴隶贩卖的运动开展起来。起初，各个委员会通过创办机构来促进这些运动，比如建立孤儿院、学校甚至供水系统。后来，尤其是在法国大革命之后，这些运动争取的是法律中有关条款的改变，即公众要求国家本身必须成为积极的人道主义者，国家本身必须积极地推进社会变革：童工、工作时间、公共卫生、贸易联盟、国家教育系统等等。公共领域成了人道主义提倡普惠大众的领域。从19世纪30年代开始，在主要的城市中，巨大的公共博物馆和画廊建立起来，它们大多由富人捐助。人道主义情感也开始延及动物，在19世纪40年代的英国和美国，反对残暴虐待动物的立法早于反对虐待儿童的立法。整个长长的历史在威廉·亨利·贝弗里奇（William Henry Beveridge）的生涯中达到了一个顶峰：20世纪40年代，他的《社会保障和联盟服务》和《自由社会中的充分就业》报告、教育法案以及英国国家卫生制度服务一起成为了战后福利国家的基础。所有这些相当广泛和迅速地在世界范围内传播。现在，我们全都期望从国家获得福利。

　　在这里，一个问题产生了。现代慈善和人道主义传统是从18世纪20年代开始的，大约也是在那个年代，上帝死了，形而上学有神论停止了，那么，人道主义伦理学是非宗教性质的吗？这个问题我们在"生活宗教的背景"中已经谈到过。在这里，我从以下两个方面来回答。首先应该指出，"上帝之死"并不代表基督教之死。库比特把基督教解释为乌托邦的文化运动，上帝之死因而仅仅预示基督教某个阶段，即教会阶段的结束，但教会不是基督教本身。在我们的后现代文化中，基督教以天国阶段的形式存在，它留下的不可取消者将作为文化中的酵母持续发挥作用。所以，人道主义伦理学与基督教并不是前者取代后者的问题。其次，人道主义伦理学事实上是基督教的产物，也是基督教的一种存在形式。前面谈到的基督教的六个不可取消者之中包括一些基督教伦理的中心主题，它们是①：

（1）这样的信念：个人具有独特性和独特的价值，没有人能够被轻易地毁损或被视为可牺牲的；

（2）互爱和宽容的伦理；

（3）这样的原则：那些最弱小和最脆弱的社会成员，他们可能是卑微者，但他们仍然需要爱与关注。我们应该关注他们，努力为他们做些什么。

这些爱的伦理就是今天我们所称的人道主义，它的导师是耶稣，一位坚定的人道主义者。他没有教导一套超自然的教条，而是宣布了一个新的道德世界正在来临。这个新世界是反歧视和反控制的，人们将学会以人道主义的方式简单直接地回应任何一个需要帮助的同胞。早期基督教伦理学的重要主题就是一些人道主义的主题：给饥者以食、裸者以衣、探望病人和犯人等。在早期基督教帝国中，有一些受到基督教影响的法律，比如禁止杀婴。另外，基督教教会以遮掩的形式保存了一个人道主义的耶稣传统，人们一直没有忘记耶稣的教导。从 12 世纪开始，一些个体和企业建立了慈善机构，比如农村的学校、养老院、医院、针对旅行者和病人的旅馆等。人道主义伦理学拥有基督教的起源，只是今天的人们或许已经忘了他们自己的道德慈善机构的历史。库比特强调，现代西方主导的国际伦理在一定程度上只不过是基督教伦理的延续。

在库比特的思想中，人道主义伦理学的提出还有另外一个原因，这一点我们在前面也提过。有人反对他的太阳伦理学，认为它太过个人主义，或者它不是一套完整的伦理。这是一种误解，因为太阳伦理学是非实在论的，因而能够避免唯我论，事实上，太阳伦理学教导的恰恰是个人的自我参与总体的生活之流的方式，更直接地说，太阳伦理学倡导的不是竞争，而是委身和奉献，不是唯我论，而是无我论。然而，库比特的确需要明确地提出另外一种观点来使得他的伦理学更加完整，顺便消除人们的误解，于是，人道主义伦理学填补了这个空缺。太阳伦理学更多地是从个人层面谈论宗教，而人道主义伦理学则是从社会或者公共的层面谈论宗教，尽管

---

① 唐·库比特：《西方的意义》，王志成、灵海译，四川人民出版社 2012 年版，第 49 页。

两者实质上具有相同的含义。

三 有关人道主义伦理学的四个问题

在这里，我们同样需要澄清关于人道主义伦理学的几个问题。

（一）传统中的人道主义与反人道主义

不可否认，西方的传统基本上是反人道主义的。库比特指出，传统有这样一种强烈的信念：灵魂是一个单独的实体，是独立自治的。陪伴使它分心，孤独使它繁荣，在孤独中，自我重新整合自身，并向内转向自身。随着自我意识变得强大和清晰，它与上帝的关联走到了前沿，并开始意识到自己在上帝面前的罪恶。只有转向上帝，灵魂才能迅速获得具有治疗功效的宽恕。在基督教中，有不同种类和不同程度的独居形式。人们有一种想法，如果想要追求完美，就要逃到荒漠，远离人烟，在那里过一种独居的禁欲生活。库比特说，直到19世纪，西方对独立的个体自我和独居的治疗与宗教功效的信念还一直相当强烈，比如监狱实施强制性独居，以便救赎囚犯，虽然也不排除其他的原因。独居的传统受到两个因素的影响：一是形而上学层面上的极端灵性个人主义，二是把他人的陪伴看作是对自我的削弱与消解的道德观。① 在今天，太阳伦理学和人道主义伦理学告诉我们，人是完全嵌入历史、嵌入社会关系、嵌入语言的，没有作为实体的独立的自我。

然而，即便西方传统的主流是反人道主义的，它仍然以遮掩的形式保持了一个人道主义的耶稣传统，我们在前面谈到过人道主义在基督教传统中的起源和前史。这个非主流的传统在今天终于扭转了它的不利位置，成了人道主义伦理学。从这个意义上说，在传统基督教中，反人道主义与人道主义是并存的，只是它们的地位不同。

（二）关于身份的问题

库比特的伦理学很容易对他者产生一种认同与大爱，认同的基础是：他认为个体的人是整个存—在之流的一部分，是存—在之流的一个偶然的结点，这能够带来个体与其他生命的一种连接感；我们都是公共语言塑造的，公共性先于私人性；个人在通过符号表达自身，将自身投入生活之

---

① 唐·库比特：《太阳伦理学》，王志成译，浙江大学出版社2009年版，第81页。

流、变得客观化的过程中才能成为自身，就是说，我们只有在流逝中、在将自身编织进世界之网中才能获得自身，这带来委身和奉献意识。库比特的观念使他获得了一个超越各种具体限制的、普遍的、自然主义的角度来看待人类同伴。虽然事实上，人们在权力方面是极其不平等的，宗教、传统和各种各样的政治和经济压力让许多人陷入困境，但每个人在生活上是大致平等的，每个人都为实现生活的价值作出了贡献。在此基础上，我们得以在没有任何超自然实体的背景中开创道德责任、价值需求和共同的人性，而无需考虑性别、种族、信经或道德等。由此，关于人的"身份"的现代概念应该被视为与道德无关的东西。人道主义伦理学是匿名并否认身份的，库比特以维和士兵的蓝色贝雷帽为例，提醒我们太阳式的人应该取消任何民族的、宗教的或其他群体意义上的自我身份。甚至在他看来，所有那些躲进身份之中的人"已经放弃了宇宙性的道德，他们被某种基要主义的形式包围着，这意味着人性的偏执和仇恨"①。

尼采想必不会同意这种人道主义的伦理学，库比特说他太过英雄主义、男权主义，过于关注自我锻造和掌控世界。在今天，已经没有人愿意用19世纪晚期的这些术语来理解掌控的意义。尼采提倡的是贵族式的生活伦理学。虽然库比特欣赏他的阳刚之美，并认为他成就了一种受人尊敬的、希腊化的人道主义，但库比特本人所倡导的人道主义是一种基于语言的，在基督教和民主主义背景之下的人道主义。

印度哲学对于身份提供了很好的解释，它认为人有许多自我，在这些自我中，有的是真我，有的是假我，真我是与永恒的梵连接的那个生命，假我是比如教授、司机、父亲等身份。如果我们把梵换成存—在之流，那么就可以理解库比特反对的身份就是印度哲学说的"假我"。

（三）关于对传统的继承问题

人道主义伦理学对应的是天国阶段的基督教。在中世纪后期的欧洲达到鼎盛的教会基督教的目的在于，为整个文化提供一个高度分化的、现成的秩序。在这个秩序中，事事都是由上帝提供并受宗教许诺和牵制的，一个人要做的只是适应并扮演好自己被指定的角色。天国神学代表着对教会神学的彻底解构。库比特是这样理解天国神学的，"天国神学寻求的是全

---

① 唐·库比特：《太阳伦理学》，王志成译，浙江大学出版社2009年版，第87页。

球化的、和谐的、属人的世界,人们能在其中自由地沟通,完全透明。人人宣称为了自己的精神自由而将这种自由授予他人"[1]。显而易见,这是一个虚无主义的世界,因为在这个世界里,没有什么是预设好的。

这里可能会引起一个问题:在现实中,我们有许多东西是从历史中继承的,那么要如何对待继承传统的问题呢?这里的回答是,一方面,继承传统不等于盲从传统。我们要坚持,继承的一切都应该是可修正、可协商或者可革除的,在非实在论或者虚无主义的世界里,一切都被视为人的建构,因而一切都是可以重新创造的。可见,库比特根本没有排除对传统的继承,他反对的是盲从传统。另一方面,库比特在反对萨特的绝对自由概念时谈到自我都是"有处境的"。我们生来就面对一套已有的语言和价值、一个现实的世界。在任何阶段,人的自我都被编织进世界之网中,自我总是关联之中的自我,是继承某种处境并编织进某种处境之中的自我。库比特还谈到,往往那些最坚定的反传统者也是对传统沉浸最深的人。所以,即使是反对传统和重新创造价值的活动也是在继承已有传统的基础上发生的。在这个意义上,不难明白为什么库比特说《创世记》中关于上帝创造了没有历史的成年人亚当的观点从字面上看是荒谬的。

(四)关于多元论的问题

人道主义伦理学崇尚多元论,然而库比特说的多元论不同于希克的多元论,后者的多元论仍然是一种本质主义的多元论,因为希克承认有一个绝对的实在者,我们对它的不同回应构成不同的宗教与文化,就像阳光照在水滴上形成七色的彩虹。这种多元论有许多问题,比如,既然实在者是绝对的和不可知的,我们如何对它产生回应?有什么证据表明不同的宗教与文化是对同一实在者的回应?既然实在者是不可知的,它的存在与不存在对我们而言有什么差别?

库比特的多元论是非本质主义或者非实在论的多元论。他提出了一个不同的神话,认为不存在希克所说的实在者,存在的只是生成的来临和在语言之中的照亮,从而形成世界和我们。多元的文化与宗教只是不同的语言游戏,说到底是暂时的符号建构。他提出:"为什么我们不能把整个人类宗教遗产视为人类私有的、可以随时借用的呢?……在没有本质的前提

---

[1] 唐·库比特:《太阳伦理学》,王志成译,浙江大学出版社2009年版,第89页。

下，任何东西都不可能是绝对神圣的。一切都是人的，并可以为任何人所用"①。所以，库比特说人道主义伦理学是一种精神解放的学说。

四 来自关启文的商榷

总的来说，库比特对伦理学和道德持自然主义的立场。许多人反对道德自然主义，香港学者关启文在他的论文《现代道德的巴别塔——世俗主义能为道德提供基础吗?》中对世俗主义和自然主义的道德提出了质疑。虽然他没有直接针对库比特，但我们在这里尝试让他和库比特作一讨论。

关启文引用普利（Ross Poole）的观点说明现代世界的道德基础问题关键在于现代世界观所蕴含的科学主义和工具理性。现代科学的机械论世界图像把价值从自然驱逐出去，把宗教和道德从真理的领域驱逐出去，于是，道德需要寻找新的身份。这引发了道德的客观性和权威性问题。道德非实在论认为价值和道德标准是我们创造出来的，而道德实在论认为价值和道德标准是独立于我们并为我们所发现的。通过分析艾耶尔（A. J. Ayer）的非认知主义情绪论和麦基（John Mackie）的自然主义错误论，并指出这两种理论的问题，关启文表明了他支持道德客观性和权威性的态度。他说，"我们也可用'道德律'和'道德秩序'的概念来表达道德的客观与内在的指令。道德标准好像法律，虽然我们有时会违反它们，但它们始终是我们承认的法律……我们所活在的世界里，好像不单存在自然秩序，也存在一种道德秩序"。② 他将道德客观性的含义总结为：深刻性；普遍性；道德判断有描述性成分，是有真假的；道德特性存在于事物本身，而不是在我们的心灵内；道德责任的绝对性；以及道德责任的凌驾性。他指出，大多数世俗主义者不采纳道德反实在论的进路，而是尝试调和自然主义与道德实在论。

从上面的陈述中，我们可以看到关启文的论述与库比特的理论的不恰或不同之处。第一，库比特不同意现代科学的机械论世界图像。我们在前

---

① 唐·库比特：《太阳伦理学》，王志成译，浙江大学出版社2009年版，第90页。
② 关启文：《现代道德的巴别塔——世俗主义能为道德提供基础吗?》，罗秉祥、万俊人编：《宗教与道德之关系》，清华大学出版社2003年版，第5页。

面提到过,他认为不能简单地将价值与道德从物理世界中驱逐出去,事实是,价值和物理世界始终是通过人这个场所结合在一起的。当然,在物理学中,我们把世界作为单纯的物理对象来研究,但这样的世界只是我们在理论上的一个工作模型,它并不能否认价值与道德的普遍存在。就像关启文说的那样,我们所生活的世界不单存在自然秩序,也存在一种道德秩序,在这一点上,两者有共同认识。然而,关于道德秩序是如何嵌入世界之中的,两者出现了分歧。库比特认为人在将自身投射到世界中或者将自身客观化的过程中已经把道德判断编织进了世界之中,我们是道德的动物,就像我们是自然的动物一样,这类似亚里士多德说的"人天生是政治动物"。概括地说,库比特改变了现代科学的机械论世界图像。第二,关于道德的客观性,库比特没有否认,但他坚持,道德的客观性并不排斥道德是人的创造。就像法律具有客观性,法律是人创造的。第三,库比特基本上会同意关启文对客观性之含义的解释,但他并不认为客观性表明道德是绝对的律法,是一种自上而下的命令或指令。他始终认为道德不是神赋予的,而是人创造的。在此意义上,他是一名道德非实在论者。

接着,关启文分析了罗素(Bertrand Russell)的情绪论、哈曼(Gilbert Harman)的相对主义、麦基的古怪论证,并指出了他们各自的困境。他的目的是表明自然主义道德观是有问题的,会导致怀疑论。那么,自然界是道德的基础吗?为了回答这个问题,关启文引用了社会生物学的理论,它的基本原理是用适者生存的进化机制去解释人类的行为模式,进而,他通过指出这种理论站不住脚来表明单单自然界不能成为道德的基础。那么,道德的基础是人性吗?关启文从多个方面阐明这一话题,比如人的感性与社会感,人的良心或道德感,社会、历史、理性、社会契约是否道德的基础,以及一些难以解决的问题等等。在这里,他的方法是条分缕析,试图各个击破,从而表明人性也不是道德的基础。最后,他很自然地转向有神论伦理是否道德的基础这个问题,虽然他没有明确下结论,只是勾画了基督教一神论伦理的轮廓,但我们可以推出他的结论是肯定的。由于其他的道德基础均不能令人满意,所以有神论伦理才有可能是道德的基础。

关于关启文的论证,我们首先需要提出的问题是,证明其他的道德基础均不能令人满意,是否就能推论出有神论伦理才是道德的基础?一个进

第五章 生活宗教的内容：表现主义的宗教

一步的问题是，一来归纳可能有遗漏，二来通常整体并不等于组成它的单个之和，甚至整体并不能拆分成单个加以看待。所以，关启文的方法未必能确切地证明自然界和人性不是道德的基础。当然，关启文在论文中并没有明确表明他认为道德的基础是有神论的伦理学，也没有明确地说他的论证能够完全证明把自然界和人性作为道德的基础是完全错误的，他只是表达了他的疑问和倾向。

库比特的伦理学与关启文所质疑的伯尼（Peter Byrne）的自然主义立场看上去十分相似，"人生下来就进入了一些不同形式、有道德结构的人际关系，他也在这些关系中成长，这些都是基本的人类经验。人的世界本身就是由规范构成的。很多人的利益/兴趣是不可理解的，除非我们注意到它们是在与他人有关系的生命中发展出来的，这些发展导致他接纳各种形式的信任和责任。再者，把别人看作有价值和值得尊重，是正常经验的一部分"①。至于关启文对伯尼的分析是否正确，我们单从论文来看就不得而知了。然而，库比特的自然主义立场并不代表他认为道德与宗教无关，相反，我们在前面看到，他认为人道主义伦理学有其基督教来源，是基督教留给现代世界的不可取消者之一，而且是基督教新的表现形式。为什么库比特能够既对道德持自然主义立场，又坚持人道主义伦理学与基督教的直接关联呢？原因在于，他对基督教作了重新解释，把它解释为一种乌托邦的文化运动，把看似自然主义和世俗化的现代世界视为天国阶段的基督教。简单地说，自然主义与基督教是可以并存的。如果把世俗主义者解释为反宗教者，那么库比特不能称为一名世俗主义者。另外需要指出的一点是，在库比特那里，神圣与世俗的区分让位于公共与私人的区分，这在伦理学领域也是成立的。

库比特似乎并不担心道德的客观性和权威性问题，他认为在很大程度上，道德秩序是模仿经济秩序确立的。他说："一般而言，可以留下道德，让它自己'照看'自己。在生活的任何领域，哪里需要实践规则，那里就会有人来发展它们。只要运作良好，就可以依赖人们维系这些规

---

① 关启文：《现代道德的巴别塔——世俗主义能为道德提供基础吗？》，罗秉祥、万俊人编：《宗教与道德之关系》，清华大学出版社2003年版，第25页。

则。当规则变得多余或陈旧,而且没有复兴的必要时,人们就会将它遗弃"。① 可见,虽然库比特认为道德具有客观性,但他并不持客观主义的立场。他的话在关启文听来可能轻飘飘的,可能使人误解为他随心所欲地对待道德问题,但他想要表达的意思是,道德是人创造的,不需要外在的立法者。

我们是否可以说,库比特在关启文所关注的争论双方之间开辟了第三条道路,就像他在基础主义解读与世俗主义解读之间开辟了对现代西方世界的第三种解读方式?虽然关启文的论文不是直接针对库比特的,甚至不能说库比特满足关启文的论题对象——世俗主义者,但我相信这里的论证能够帮助我们更清楚地理解库比特的伦理观。

第三节 人生大问题

在上一章的两个日常语言三部曲中,我们谈到了人生大问题。库比特认为我们今天所处的位置与早期希腊人,也就是荷马与前苏格拉底哲学家之间的希腊人所处的位置大致相同,直接面对人生大问题和哲学的根本问题。库比特也把我们的处境称为"第二轴心时代的黎明"。我在上一章提出了人生大问题的背景,在本节中,我将接着讲述库比特列出的人生大问题及其回答。

一 什么是人生大问题?

什么是人生大问题?或者有没有一个关于它们的清晰列表?库比特的观点是:没有任何关于人生大问题的一致同意的标准列表,关于大问题的特定表述是按照提出它的思想家的一般方法和风格形成的。下面,我们跟随库比特,看看以下六个重要思想家或群体目前看待人生大问题的不同方式。②

有一种倾向鼓励将中年科学家名流确立为圣人,并由他们来宣称终极

---

① 唐·库比特:《太阳伦理学》,王志成译,浙江大学出版社2009年版,第10页。
② 六种方式见唐·库比特:《人生大问题》,王志成、王蓉译,四川人民出版社2008年版,第53—60页。

问题。不足为奇，他们提出的终极问题是"宇宙最初是怎样形成的"、"生命是怎样开始的"、"人类最初是怎样出现在地球上的"等等。因此，大问题被视为关于各种起源的不同叙述，并且通过引述当前科学对每一个主题的描述给予回答。库比特猜测，这暗示科学已经开始形成一种庞大的宇宙论叙事，它有一天会完全取代传统的宗教叙事，或许甚至也会取代哲学的叙事。

作为牛顿主义者和新教徒的康德把自然视为一个价值自由的区域，并认为我们必须采取一种决定论的观点。他把终极问题视为这样几个问题，"我能够知道什么"、"我应该做什么"、"我可以希望什么"。在康德那里，个体寻找的不是对各种起源问题的科学叙述，而是伦理和哲学对个人的支持和保障。

佛教的伟大思想论述了人类苦难的普遍性，并找到了离苦的道路。它不是为了对苦作某种理论解释，而只是要求追随佛陀所提供的生活道路。所以，在佛教中，传统的哲学大问题都被悬搁起来，以便我们能够仅仅处理一个大问题并对它作出严格的实践性回答，这个大问题就是四圣谛（苦集灭道），答案是毫不拖延地实践八正道。

叔本华认为，最后驱动人们进行哲学思考和宗教思考的，是对宇宙的惊奇感，是想起我们自己必死的恐惧，以及面对折磨着我们的不幸时寻求某种安慰和救援的迫切需要。他提出"世界作为意志"的本体实在性与它自身在某种程度上永远也不会一致，且不可补救，以致我们需要痛苦地反思自己的深层心理。除了慢慢地放弃我们对生命的渴望，并在艺术和哲学中找到一些安慰之外，叔本华没有为生命的悲哀留下可靠的良药。

尼采认识到，当启蒙运动完成之时，它就将摧毁自身，并把我们抛入虚无主义的危机中。结果，尼采的哲学从根本上改变了大问题，他为我们提出的一个问题是，"我们的真理观和价值观将发生什么？对于经过批判性检验的经验知识和科学理论在现代的巨大发展及其影响，我们自己如何与之相处？"他的回答是，我们25个多世纪以来赖以生活的框架已经被批判思想方式侵蚀并散架了，我们必须学会创造性地生活：创造新的真理、新的神灵、新的价值。

海德格尔接受了自黑格尔时代起就流行的下述观点：西方思想正在走向它自身的"终结"甚或已经"终结"。因而我们需要转向生活并为人类境况建构一种新的解释。他把自己对大问题的解释归结为一个问题，即他所称的"存在的问题"。他给出的回答是，我们必须重新思考有限的存在，并且必须找到适当的方式按其本身去爱它、信任它、肯定它并对它说是。

库比特没有简单地跟随上述任何一者的看法，而是用日常语言调查方法对人生大问题进行研究，他所获得的结果表明我们可以把大问题分成三组[①]：第一，关于一切（it all）的意义、要点和价值的问题；第二，形而上学和宇宙论中的思辨问题；第三，关于存—在或者有限存在的问题，即关于生成和流逝的问题，关于短暂性、偶然性和有限性的问题。

二 探讨人生大问题是否有意义？

探讨人生大问题有可能会引起许多哲学家，包括维特根斯坦的愤怒。维特根斯坦可能会指责道，由语言形成的人的生活世界就是存在的全部，在它之外没有任何东西能够被认识甚至思考，所以，我们必须放弃这样的观念：我们能够以某种方式暂时离开或者"超越"人的处境，从外面来看它，并辨认出它的一般特征。这样说来，哲学不是主要在浪费时间吗，如果我们直接关注生活，会不会更好一些？对人生大问题的探讨不是在浪费时间吗？

对于这种指责，库比特试图从三个方面作出回应。[②] 首先，他肯定我们的生活当然是无外在性的，不能站在生活之外的某个点上将生活总体化，并描述它最一般的特征和法则。然而，我们能够像黑格尔和克尔凯郭尔那样，从内部探讨意识的不同形式和各种生活方式。根据内在于生活的某种观点，我们可以内在地描述生活，能够把生活中的某物感受为关于整个生活的艺术形象，就如电影导演所做的那样。电影是个很好的例子，能使我们有勇气指出，我不必完全超越生活，也能够看清它并说出生活中的一切有趣的事情。第二，日常语言调查方法能够为我们确立一种相当松散和文学化的生活哲学，我们在上一章中已经论证过这一点。第三，我们如

[①] 三组大问题见唐·库比特：《人生大问题》，王志成、王蓉译，四川人民出版社2008年版，第61—62页。

[②] 以下三个方面见唐·库比特：《人生大问题》，王志成、王蓉译，四川人民出版社2008年版，第68—70页。

今我们面临一个全新的起点,面临形而上学的恶带来的恐怖,探讨人生大问题如今是宗教的主要工作。我们可以尝试着评价人生大问题,在这方面,海德格尔已经成为我们最好的向导之一,他把大问题解释为一些围绕着我们的生活的令人畏惧的、可怕的奥秘,它们与一切的产生和流逝的方式有关。

除此之外,库比特还有另一种回应方式,也分为三个方面。① 首先,无论大问题以及对它们的回答是什么,这就是普通人用以努力地挑选他们的基本生活哲学的语言。其次,我们应该仔细地倾听他们所说的东西,如果这样做了,我们就会发现,其中有许多东西将被证明比我们对它们的预想更加有趣。事实是,在我们时代的宗教和哲学危机中,人们不断地深思人生大问题,并且意识到要成为进行伟大的理智旅行的朝觐者。我们应该倾听他们的声音,加入他们的队伍,并做一些我们力所能及的事情。再次,我们生活在剧烈的宗教危机和过渡的时期,所以每个人都有一部可以讲述的个人宗教变化史和成长史,而且每个人都会对自己被给予了讲述的机会表示感谢。

上述回应向我们证明,探讨人生大问题是有意义的,也是有可能的。

三 十六个人生大问题

库比特制作了一张人生大问题列表,这张列表包括大多数迄今他已经提到的问题,以及他所能想到的其他一切问题。当然,他的方法是归纳法这一照例经验主义的方法。他强调,由于对人生大问题没有任何标准的表述和一致的看法,所以他的考察不能自称是全面的。我们可以在《人生大问题》一书的附录中找到他的列表,并在该书的后半部分找到他对这些大问题的简短回答。我在这里只需简单地归纳书中的内容。②

问题一:我们为什么在这里?
为什么我们被置于这个世界上?
我们在这里是为了什么?

---

① 以下三个方面见唐·库比特:《人生大问题》,王志成、王蓉译,四川人民出版社2008年版,第120页。
② 关于大问题及其回答见唐·库比特:《人生大问题》,王志成、王蓉译,四川人民出版社2008年版,第79—150页。

库比特说，这完全是一组误导人的和令人恼怒的问题。"我们为什么在这里"假设了我们在这里必须有某种理由，即假设了我们有正当理由希望得到一个答案，这个答案将会把人类各种形式的生存之整体与实现一个单一的、伟大的、宇宙的道德目的联系起来，并且为了这个目的，我们被特别地创造出来，然后被置于这个世上。就是说，这个问题是为目的论服务的。

问题二：生活的意义是什么？

一切的要点是什么？

这究竟是怎么回事？

这组问题把整个世界作为某种谜向我们提出。库比特承认，这个世界确实充满了语言和象征，其中有不少反映或影响事物与我们关联的方式。但是，我们需要记住，是我们并且只有我们创造了语言；是我们将所有观念、秩序和情感投射到自然之中。除了我们投射到世界中的所有模式和意义之外，没有也不可能有任何理由认为，这个世界具有属于它自身的先于人的、固有的和现成的意义。

问题三：这重要吗？

要点是什么？

有什么东西重要吗？

所有一切重要吗？

从长远来看我们都要死去。

如果达尔文是对的，那么我们就都只是无意义的宇宙的偶然的副产品，并且我们所做的任何事情都不会产生任何真实的效果。

科学已经引入一个新的价值中立的宇宙观，在现代宇宙中，我们似乎是无关紧要的。在某种意义上，这组问题是在问，面对自然的巨大规模、价值中立和全然冷漠，我们能否确信我们的价值是否重要，我们的宗教是否重要，甚至我们的生命是否重要？这些问题包含的共同情感表明，我们仍然怀念旧的宗教宇宙观，它为我们提供了许多现成的意义、价值和命运。然而，乡愁归乡愁，我们必须习惯于新的处境，并认识到，是我们创造了一切事物。我们创造了所有的意义，确立了所有的价值，创造了宗教，一切都取决于我们。库比特试图让我们相信，假如我们真诚地面对宗教组织所拒绝面对的这一真相，我们会发现宗教和价值之意义根本不会减少。

问题四：有上帝吗？

上帝存在吗？

库比特说，这是唯一一组不能给予简短而直接的回答的大问题，因为它们具有太多复杂的含义，其中部分涉及"上帝"的意义，部分涉及"实在"的观念。我们至少可以找到三种上帝概念。第一，旧的柏拉图主义的形而上学的上帝是无限的和不变的最真实的存在，他现在已经失灵。第二，日常语言调查方法表明，普通信徒不能认同旧的正统有神论的那个无限的、永恒的和冷漠的上帝，他们需要神人同形同性论，并总是渴望与他们的神互动。就是说，普通信徒只需要一个有限的上帝，并且希望他们的上帝是实在的。第三，非实在论的上帝是一个指导性的灵性理想，是宗教价值的体现，他可以继续在宗教生活中扮演角色。但是，普通人不愿意接受这样一个上帝，因为他们坚持对他们谈论的上帝作实在论的解释，即使他们不能清楚地阐明之。

所以，情况已经变得如此混乱，以致库比特现在认为，最好的办法或许是追随佛教徒并努力表明，只有不提及上帝才有可能过上一种圆满丰富的宗教生活。因而，他对这个问题的回答是，目前我们最好放弃使用上帝这个词，它牵涉太多的混乱和不诚实，并且它的用法目前弊大于利。

问题五：死亡就是终结吗？

我们始终处在生活中。虽然生活受到死亡的限制，但事实上我们绝对跨不过那条界限，并知道自己已经跨越了它。我们并没有体验过死亡，也不会经历死亡。我们体验并哀悼他人的死亡，但我们自己根本不需要"为死亡做准备"。这就是卢克莱修（Lucretius）说"死亡对我们不算什么"的原因，也是斯宾诺莎说"自由的人的智慧不是对死亡而是对生命的冥想"的原因。库比特提出，对死亡最合理的态度，就是完全委身于生命，热爱生命，直到最后一息。

但是，令人困惑的是，人们长期以来一直坚持死后生命。库比特猜测，或许支持着它的相关因素是我们关于文化连续性的思想，关于我们在后代那里继续活着的思想，以及关于后代子孙将会铭记我们的思想。

问题六：万物是如何开始的？

生命是如何开始的？

我们是什么？谁创造了我们？

意识是如何开始的？

自 18 世纪以来，这些问题逐渐为科学所接管，而不再是创世神话处理的问题。然而，实质上，我们并不允许新建立起来的科学理论完全取代旧的宗教叙事，相反，新的科学叙事只做我们愿意让它做的事。但库比特相信，阐明各种起源理论是很有可能完成的事，并在合适的时候将得以完成。

另外，应该注意的是，当一个大问题被科学接管时，它就被去神秘化了，因为科学讲述的故事拒绝给予我们旧式的绝对保证。但今天我们中有许多人仍然在心中渴望这种绝对保证，对于这些人，库比特的建议是，要学会放弃对绝对、对终极解释以及对宗教确定性的旧的渴望。

问题七：为什么是有东西存在？

为什么不是完全无物存在？

这个问题的背景是莱布尼茨关于充足理由律的论述，该定律的含义是，对于任何现存的事实或者事态来说，总有一个充足理由表明它为什么是这样而不是那样。这个充足理由可以采取原因的形式或选择的形式，但是，这两种形式的理由都不是一个终极的充足理由，因为它们会展开为一系列原因的倒退。为了终止这一倒退，对终极解释的探索总是必须终止于一个伟大的创建型的选择，而唯一终极的和令人满意的选择就是拥有完美的力量、智慧和善的上帝。莱布尼茨由此证明上帝是存在的。

库比特说，莱布尼茨的想法是一种相当令人讨厌的决定论观点。每一件事物本身都是偶然的，只是碰巧发生的。事实上，"为什么是有东西存在？为什么不是完全无物存在"这样的问题当然只能在某物已经存在的处境中提出。对于它们，最好的回答是，"为什么不呢？"

问题八：过去是真实的吗？

去年的雪在哪里？

我们的语言对过去、现在和将来通常采取的时态划分有时敦促我们去思考：或许只有现在是真实的。然而，在每一秒的每一微秒内，我们的感觉和思想就已经淡出并进入记忆之中，过去、现在和将来在时间序列上是动态的划分，不是静态的划分。既然是动态的，那么这个世界怎么会看起来不是闪烁不定的，而是相反，显得相当稳定呢？库比特告诉我们，这是因为尽管我们的眼睛始终在急速地移动，但我们的大脑在忙碌地填充背景，并使这个世界稳定化。

关于过去、现在和将来，历史上有过许多著名的思考，比如古代文明的时间循环论、芝诺悖论、康德对时间的解释等。最有趣的可能是加西亚·马尔克斯在他著名的《百年孤独》中阐明的那种观点：一切都是在同一时刻发生的，没有过去、现在和将来之分。库比特的建议是，我们不要陷入过去、现在和将来的时间分类中，而应该采用传统的希伯来人所使用的简明的划分方法，即在已经完成的（完成时态）与准备就绪的、很快将要到来的（未完成时态）之间作出区分。依据这种基本且美妙的观点，简单地说，只存在两种时态：在稳定过程中已经完成的和还在处置中的事态。如果把这一观点翻译成现代术语，我们得到的是：由人类谈话积累至今的一切东西，即那些可称为现代世界或现代知识的东西之整体；那些仍然需要我们通过进一步修饰或阐述我们的世界和我们自己去完成的东西。基于这种新观点，库比特把整个世界划分为两个区域：一是完成时态，包括过去和现在的左侧之整体；二是未完成时态，包括现在的右侧和将来。于是，过去是已经成为真实的部分，是整个世界到现在为止的积累物，是迄今为止我们共同建构的，相对而言，过去是封闭的和固定的，至于将来，它是开放的，是仍然有待决定的和尚未来临的。

库比特的新时间观使得整个世界与历史显得相对更加简单和稳定。关于我们的第八个人生大问题，根据他的时间观能够作出的回答是，过去是真实的，它是在我之前的整个世界。死者依然与我同在，我通过他们的眼睛在看，并且看见了作为我的世界的一个组成部分的他们的世界。

问题九：一切意指什么？

它并不指任何特殊之物，它只是碰巧发生。

我生来应该做什么？我天生能做什么？

如果这是你的定数，你就认命吧。

就是这样。

关于这组问题的调查结果让库比特有点吃惊：他没有找到任何将偶然性之奥秘成形化并清楚阐明的大问题；相反，他发现了贯穿于我们整个传统之中的两种思想之间悬而未决的争论。

争论的一方认为，我们应该把一切事物视为预定的来接受。持这一观点的是相信天意和预定的人，以及像莱布尼茨一样的理性主义者。另一方则认为，一切事物都是偶然的，是向外流出和降临的东西。然而，情况比这更加复杂一些。我们的语言提供了"你的定数"的观念，它介于神的预定与纯粹的机会之间。日常语言关于这组问题的情感是如此地不确定。语言中有一种传统把纯粹的偶然性描述为是令人害怕的，但另一种同样强大的传统更喜欢把机运视为吉利。

库比特的结论是，这是我们语言中的另一个领域，在那里，我们选择的是，保持这两条冲突的思想路线并使之继续下去，因为我们并不在意一定要继承哪条思想路线。

问题十：终极实在是什么？

终极实在的性质是什么？

这组问题不容易回答。首先，我们将说明终极实在在哲学中和在日常语言中的不同含义。其次，我们试图说明日常语言关于现象与实在的区分，这种区分有可能引起的一个疑问，以及库比特对这个疑问的澄清。最后，我们将表明当前终极实在这个词在普通人那里的含义，以及库比特对这组问题的回答。

在哲学中，实在者通常指客观地存在于外面的、独立于我们的心灵和语言的东西。实在者的标志在哲学中是它不需要我，在宗教中是我对它有极度的需要。日常语言关于实在者的词汇截然不同，实在者是某种人们在它里面或者依附于它就能够找到个人安全的东西，比如"磐石"、"强大的堡垒"等。对实在者的追求使得哲学走向教条实在论的形而上学所说的冷漠无情的上帝，却使得普通人走向了个人信仰的上帝。

在日常语言中，关于现象与实在的区分存在着许多变化。库比特对日常语言中的这个方面的研究发现，日常语言非常熟悉现象与实在之间经典的哲学对比，并基于这一对比产生了大量令人惊奇的变化形式，比如表面与深处、显明与潜在、外部与内部、基础与上层结构、第一印象与第二思想等。在有些情况下，我们会嘲笑现象与实在的区分，比如一个姑娘可能会说一位年轻男子"表面深刻、实质浅薄"。日常语言中关于现象与实在的区分在生活的许多领域敦促我们不要满足于相信第一印象，而是要寻求纯粹现象背后的真实。这里产生了一个疑问：这是否在鼓励我们发展一种关于实在的程度或等级的理论，寻求所有生活现象背后及超越其上的所谓的"终极实在"？日常语言的这个领域是否要与基督教—柏拉图主义形而上学最重要的残余碎片合为一体？

关于这个疑问，库比特评论道，它本身是有问题的，它背后的思维方式是，一个人可以爬上一个从表面到深处、从外部现象到内部实在的等级之梯，在梯子的顶端可以到达上帝，因为依据定义，上帝是终极实在。然而，上帝只是最高的实在，即实在之梯的顶端吗？如果回答"是"，那么上帝就是有限的，并且只是在程度上而不是在类型上不同于实在之梯的所有较低横档。这不可能是正确的，所以或许我们最好纠正说，实在之梯指向上帝，但仍然远离无限的上帝，就像指向远海的造船台。在这种情况下，甚至实在之梯的顶端与上帝之间也有一道无限的鸿沟，以至于严格地说，这实在之梯根本就没有让我们更接近上帝，因为它们之间存在"本体论上的鸿沟"。顺便提一下，库比特的分析似乎反驳了托马斯·阿奎那的五路证明。

也许我们应该提到，康德之后，终极实在在哲学史上发生了一系列复杂的变化。当前，普通人对终极实在的谈论绝不像它初看起来的那样含混和乏味，终极实在如今被用来以中性的方式指称整个事物图式中传统上由上帝所占据的位置。当我们问"终极实在是什么"时，我们是以一种公开的方式在问，什么东西被放在了那个位置上。当我们问"终极实在的性质是什么"时，我们是在问，占据那个位置的东西对我们人类是仁爱、亲切，还是全然冷漠、盲目、残忍等。

库比特对这组问题的回答是，我们应该拒绝整个始于现象与实在之区分的论证系列。对于达尔文之后的我们来说，只有一个世界，即人的生活世界。把我们的世界降级到"纯粹现象"的地位并敦促我们在别处寻求更加实在的世界，这样的行动不是迈向拯救的第一步，而是一种堕落，因为它让我们疏远唯一的世界以及我们拥有的生活。所以，这组问题是伪问题。

问题十一：我是谁？

库比特认为，回答这个问题的最好方式是提出另一个问题：你在人生大问题上独特的"收获"是什么？或者说你着魔似地专注的东西是什么，即你的生活围绕着什么哲学问题和焦虑而展开？你对此的回答就是你是谁。库比特的意思是，你个人接受人生大问题的独特方式，就是你究竟是谁的最好指示器。在这种情况下，我们被引导不仅把人生大问题看作是问题，而且看作是对性格的考验，或许还是个人发展的关键点。

在这里，或许我们需要补充一点。库比特的回答表明了他对"我"的非实在论理解，在他那里，自我不是一个本质，而是存—在之流上的一个结点，是马克思所说的各种社会关系的总和。在"生活宗教的背景"中，我们已经具体地讨论过库比特关于"我"的观点。支持他的观点的一个证据是，在许多方面，一个人的心灵传记依然是他如何挪用大问题的故事，以及他对大问题的终生反省是如何改变他并向他表明"他究竟是谁"的故事。

问题十二：我们是独一无二的吗？

外面有人吗？

"真理是在外面的。"

人类有一种非常强烈的倾向：想象有一些平行的世界，并假定未知者将被证明多少是已知者的重复。然而，20世纪技术的进步使得我们能够对宇宙进行一些考察，结果证明宇宙的大部分看起来像一片寒冷的沙漠，拥有行星系统的各个恒星之间的距离看起来是如此遥远，以至于人终其一生也不能跨越。正是在这种失望的背景下，"我们是独一无二的吗"作为大问题被提了出来，它是现代的产物，是在我们对上帝的信仰已经逐渐消失，宇宙看起来几乎是难以想象地巨大和陌生，而人类感到比以往任何时候都更需要确证的情况下提出来的。这个问题本事是一个事实问题，有一天可能由意外的重大科学发现所解决，但是，它的动机确实是并且仍然是准宗教的。

对于这组问题，库比特的回答是，我们的语言就是我们的世界。世界是一个连续统一体，并且是我们创造了它的一切。认为它需要——或者可以被给予——出自外部的确证，这是完全错误的。实际上，确证的观念是非常可疑的。库比特提出，通过无外在性和激进的人文主义学说，我们应该放弃一切关于外在确认或保证的观念，我们不需要也永远得不到它们。

问题十三：是这样的吗？

一切都是这样的吗？

曾经是这样的吗？

我们用这组问题表达了一种可疑的、若隐若现的普遍失望感。这种失望感产生于我们开始去期待某个场合或时刻将要发生大事,这一大事将是真正重要的,将改变我们的生活。库比特猜测,这种失望感或许产生于一种不对称:我们的渴望的无限性与实际上我们可以获得的事物的严重有限性之间的不对称。

由此产生的错误是,有人已经将这种不对称性制作成用来证明不朽的论据:如果尘世不能令人满意,那么天堂可以令人满意。库比特指出,那显然是个错误,而且是前达尔文主义思想的遗留物。根据生命永不知足并且总是渴望更多这一明显的生物学事实,丝毫也推导不出我们受造出来必定会长生不死。

为什么实际的情况几乎总是达不到理想的状态,而生活所诉说的东西从不像教义的应许那样美好呢?为什么人类渴望永恒快乐,却只拥有时间、不安和有限性呢?答案是,生活就是时间,我们就是时间。如果这听上去仍然让人失望,那么库比特的进一步解释可能会带来安慰,他说,如其所是的事物、我们人类能够知道的最好事物,就是一场旷日持久、艰苦卓绝的斗争,它不时会通过某些不可预期的启示性欢乐的时刻而得到缓解。在这些时刻,我们将瞥见顶点,理解它究竟是怎么回事以及它创造的所有意义。所以,尽管人们仍然生活在时间中,但他们在那一刻享受到了永恒的快乐,那就是顶点,生活的顶端。这样的时刻使得生活完全值得。简而言之,库比特试图表达的意思是,我们应该期待的是苦中之乐,而不应该期待想象中的理想天堂,理想天堂是不存在的,而且苦中之乐证明比我们认为的要深刻得多。

问题十四:……直到天国来临。

一切将终结于何处?

我们将去到哪里?

我们将成为什么?

世界将成为什么?

这组问题暗示出人们对遥远的未来的一种日益增长的焦虑和怀疑,以致针对讲述未来救赎的传统宏大叙事的怀疑逐渐得到增强。库比特注意到,20世纪70年代中期,关于人的进步和人的完满性的信念死亡了。在今天,一方面,整个世界史进程未来的辉煌结局已经最终从人们的心中消失,人类命运的问题已经不再是人生大问题之一,它已经被科学接管;另一方面，我们关于长远未来的思想现在已经完全被对于现行趋势的推断、对于未来技术发展的猜测等所主宰。

结果是，尽管"问题六"作为人生大问题之一幸存下来，但"问题十四"已经从人生大问题的列表中被排除了。

然而，还有更多要说的。如今，我们面对的是一个相当灰暗的前景：在几个世纪内，我们将很有可能使得这个地球不适合居住，并且我们将逐渐消失。我们该怎么办呢？库比特说，如果我们能够发现并培养某种足够强大的动机或者价值，它足以超越竞争性的民族主义以及目前支配着我们的对经济增长的关切，我们就有可能防止这一命运。但是，这样的可能性似乎很小。作为一个宗教思想的严肃题目，未来是死的。因此，十几年前，库比特就已经把宗教思想和对拯救的关切转向了当下，他要求我们只推断当前的趋势，并基于当前的理论作出预测，再用预测结果引导我们的行为，走向合意的结局。在这组问题上，库比特显示了他的悲观主义，目的是敦促我们严肃地思考我们的命运。

问题十五：恶从何而来？

我们为何受苦？

库比特对于这组问题的回答是，随着现代自然史学的兴起以及随之而来的转向更加以生活为中心的世界观，恶、苦难、冲突和死亡全部被自然化了：它们都是生活的一部分，生存斗争的一部分，整个一揽子事项的一部分。所以，这组问题也被排除出去了。

然而，库比特强调，这并不是在以自欺欺人的方式消除恶和苦难的问题。相反，恶和苦难正如它们始终所是的那样巨大。我们谈论的仅仅是一种态度的转变，尝试把它们视为生活的一揽子交易的一部分，而不是视为深刻的理智问题。

问题十六：我如何可能确知我是醒着的还是在做梦？

我们都在做梦吗？

另外有人——或许是上帝——在梦见我们吗？

这组问题很好地揭示了中国古代庄周梦蝶的典故，它们是在问，"我们有一个关于客观实在的独立的和可靠的标准吗？"库比特的回答是，当我们决定把真理和实在仅仅建立在人类的一致意见上时，我们就有效地放弃了试图寻找思想和知识的绝对基础的所有观念。另外，当普通人用日常语言问，"我是醒着的还是在做梦"时，我们应该理解为他们在说下面这样的话，"我不能相信我的眼睛，这究竟是怎么回事"。

在上述十六个人生大问题中，最大的一组包括问题一至问题五，它们证明是在表达对安慰和安全的一种异常强烈的渴望和怀旧心理，即归属感。库比特的调查证明，普通人在情感上不喜欢"空的激进的人文主义"，虽然他们实际上是持有这种观点的。第二组大问题是一组关于万物最初是如何开始的问题，今天，这些问题已经被科学所接管，所以不再是真正的大问题。问题六可以概括它们。第三组大问题包括问题七至问题九，是关于存—在或有限存在的问题。库比特怀疑，我们还没有办法清楚地建构它们，因为我们仍然处于吸收新的世界观的过程中。然而，他猜测，核心的奥秘将与理解无外在性和接受无外在性的内涵有关。剩下的问题十至问题十六是补充的问题，其中问题十四和问题十五是已经排除的问题，问题十六不算大问题。库比特的概括当然有可能并不全面，读者可以自己试着进行补充。

第四节 信仰之海网络

信仰之海网络（the Sea of Faith Networks）是库比特的生活宗教理论与现实之间的桥梁，也是他的思想在实践领域内的扩展与延伸，因此，我把它归入这一章。关于信仰之海网络（以下简称网络），我所掌握的信息是：库比特的"信仰之海"系列演讲的 DVD 及出版讲稿（中文译本：《信仰之海》朱彩红译，宗教文化出版社 2015 年版）；2007 年 5 月跟随库比特分别在剑桥和威尔士参加的两次信仰之海会议；网络杂志《苏菲》（*Sofia*）中的一期；奈杰·利维在他的著作中对网络的详细介绍，他的介绍截至 2005 年；1988 年第一次信仰之海英国会议举行之后的次年出版的论文集《激进分子与教会的未来》，网络成员参加耶稣研究会 2001 年会议之后的论文集《过去与未来的信仰》，以及网络 2001 年的出版著作《时间与潮流》。

到目前为止，信仰之海网络有三个：英国网、新西兰网和澳大利亚网。由于它们之间有着很大差别，所以在具体论述的时候我们需要把它们分开来。我将试图从网络的起源、库比特与网络的关系、网络的发展及特点、网络遇到的挑战、网络与耶稣研究会的友谊和《苏菲》杂志6个方面呈现网络的总体面貌。奈杰·利维的工作对我起到了非常大的帮助。

一 网络的起源

人们对信仰之海网络有着许多误解，比如说信仰之海是"圣公会的一次内部运动"、"绝大多数成员都是神职人员"、"寄生虫们对教会的扭曲，就其本身而论应该被视为教会内部的一种异端运动"，被控制在"不信神的圣公会牧师"、"完全茫然之人"或"信仰迷失之人"的手里。人们还误认为库比特是英国信仰之海网络的创始人，英国网要么是唯一的网络，要么是最重要的网络，其余都是它的分支等等。事实上，套用利维的说法，网络是"一个跨国群体，一种后教会组织，也是一群想要探索宗教正经历着什么转变的人之团契"；在后现代社会，人们日益远离教会，而具有"威吓性"（库比特的措辞）的"空"又使人陷入了虚无主义，"网络正是对人们的这种内心呼唤的回应：对信仰进行全新的宗教表达"①。

网络的起源与库比特1984年在BBC所作的"信仰之海"系列节目有直接关系。这是一档分为6个"一小时"的电视节目，由库比特讲述对基督教信仰的一种非实在论理解。电视节目获得了巨大的反响，以致库比特每天大约收到60封来信。这些来信表明，公众的反馈大致是赞同的，但许多教会领导反对库比特的非实在论立场。

来信者包括莱斯特郡的某个地方圣公会教区长罗纳尔德·皮尔斯（Ronald Pearse），因为他发现不是他一个人在质疑圣公会传统。库比特让他与该郡的另一位正在探索类似问题的圣公会牧师取得联系。随着"信仰之海"电视节目的播出，又有一位牧师加入了他们。这三位牧师最初设想举办一个同道者的研讨会，但这一设想花了4年时间才得到实现，一个重要的原因是库比特由于不愿应邀担当领导者的角色而拖延时间。在此期间，聚在一起讨论激进神学的人越来越多，最后，他们决定撇开库比特自己采取行动。但当他们告知库比特将要组织一个会议时，库比特同意去发言，并为会议提供了一份名单，上面列举了143位已对信仰之海节目做

---

① Nigel Leaves, *Surfing on the Sea of Faith*. Santa Rosa: Polebridge Press, 2005, pp. 118–119.

出积极回应的人的姓名和地址,以便会议方能邀请对他们共同关心的问题有明确兴趣的人参加会议。

1988年,第一次信仰之海会议在英国召开。这次会议证明是一群受到库比特思想巨大影响的基督徒聚集在一起针对教会改革进行讨论。这导致了一些与会者的失望,使他们没有兴趣参加第二次会议。会议传单上的内容表明了会议的关注点,"对唐·库比特和其他激进神学家的著作的公众回应表明,教会中有许多人(包括一些牧师和神职人员)对如下方案感兴趣:对基督教进行彻底非超自然主义的解释,将它解释为一种群体信仰、一种生活方式和一条灵性道路"①。第二次会议之后不久,皮尔斯等人组建的团体就将自身定义为一个"网络",为的是使信仰之海杜绝成为一个宗派。

利维评论道:虽然网络的最初目的是重新展望教会,尤其是圣公会,但随着网络的发展,它关注的问题和目标得到扩展,并呈现多样化趋势;这归功于英国网的奠基者们,"他们并不把自己的角色局限为在英国教会内部推行非实在论的一个施压组织"②。

1993年8月,第二个信仰之海网络在新西兰正式成立。这个网络与新西兰著名神学家劳埃德·格尔林(Lloyd Geering)的名字连在一起,就像英国网与库比特的名字连在一起那样。早在1980年代初库比特出版第一本激进神学著作《远离上帝》时,格尔林就认识到了他们的思想的相似性。1981年,他去剑桥拜访库比特,两人开始了经常交换想法的同道友谊。1991年,库比特应格尔林之邀造访新西兰,去作一系列演讲。1992年,格尔林应邀成为英国信仰之海会议的演说者,这次经历对他产生了重大影响,回到新西兰之后,格尔林产生了建立一个与英国的信仰之海网络类似的网络的兴趣。他的兴趣得到了足够多的支持,1993年,在新西兰的汉密尔顿举行了一次会议,宣布信仰之海新西兰网成立。与库比特所做的一样,格尔林也提供了一份人数超过150位的名单,名单上的人都出席过他的演讲,用来邀请人们参加新西兰的第一次信仰之海会议。

最新的澳大利亚网是在1998年复活节提出构想的,推动性事件则是

---

① 转引自 Nigel Leaves, *Surfing on the Sea of Faith*. Santa Rosa: Polebridge Press, 2005, p. 121.
② Nigel Leaves, *Surfing on the Sea of Faith*. Santa Rosa: Polebridge Press, 2005, p. 121.

2003 年 ABC 电台的"指南针"节目，这档节目关注的是新西兰的信仰之海网络。2004 年，澳大利亚召开了第一次全国信仰之海会议，主要发言人包括库比特。这次会议极其成功，与会者从澳大利亚的四面八方齐聚一堂。与英国网和新西兰网不同的是，澳大利亚网与会者要年轻得多，与会者中只有少数是神职人员。

需要再次强调，三个信仰之海网络都是自发成立的。我们在接下来的内容中将会表明，虽然它们各有特点，但它们有个共同之处：没有统一的教义教条、组织机构（英国网有主管委员会，但这不是一个领导机构，而是一个服务机构）、目标等，这使他们杜绝成为宗派。确切地说，它们是具有共同兴趣的人们组成的松散论坛，并且论坛的成员始终处于自由流动状态。

二 库比特与网络的关系

库比特常常被说成是英国网的创建人。利维指出："这要么将库比特的激进工作等同于网络的工作，要么将网络及其成员发起的所有事情都归于库比特的名下。"[1] 当然，这两种说法都是错误的，事实上，库比特没有创建信仰之海网络。从我们前面描述的英国网的起源可以看到，它是由一群受到库比特的"信仰之海"电视节目启发的人自发创建的，真正的奠基者是三位圣公会牧师。库比特从来没有加入过英国网的主管委员会，也从来没有在英国网中担任过任何正式职位，他甚至"拖延"了网络的成立。

他不愿意卷入英国网的创建与运行可能是出于三个方面的考虑。[2] 第一，创建网络不是他的主意，而是信仰之海电视节目及出版著作的一个（意外的）结果。第二，库比特极不愿意卷入创立某种形式的宗派的活动，所以他最初对网络的意图表示谨慎，谨防全面牵涉进去。第三，他的写作要求他的思想保持独立，他不愿意被任何一个计划或学派的思想束缚，更不愿意成为某种运动的发言人。

---

[1] Nigel Leaves, *Surfing on the Sea of Faith*. Santa Rosa: Polebridge Press, 2005, p. 119.

[2] 以下三个方面见 Nigel Leaves, *Surfing on the Sea of Faith*. Santa Rosa: Polebridge Press, 2005, p. 119. 库比特在他的不同著作中已经提到过这三个原因。

然而，他对英国网的贡献是巨大的。我们前面提到，他为英国网第一次信仰之海会议的召开提供了一份名单，便于邀请对激进神学具有共同兴趣的人参加会议。1990年代早期，英国网内部出现了很强的张力。在这样的形势下，一方面，库比特能够对那些激进的哲学和神学观点作出必要说明，这对网络的稳定起到了作用，而且他在英国出版的大量文章为网络提供了有价值的帮助，在学术界和非专业人士之间搭起了一座桥梁；另一方面，他没有给出一个指导性立场，而是允许30个左右的地方团体、年会以及主管委员会创造自己的未来。他坚持网络是独立的、非教派的、无教条的团体。

利维认为，库比特不插手信仰之海运作决定是"一件非常幸运的事"，因为如果不是这样，"他可能已经陷入内部的争吵不能自拔，而这可能会削弱网络的力量"①。库比特鼓励英国网以自己的方式发展，不受制于他，这使英国网具有很强的可塑性，但同时，这也使得英国网具有很强的不确定性，不能为成员提供强烈的方向感和归宿感。在最近一些年，库比特的态度发生了微妙的变化，从最初的分离到现在让位于一种"更加亲切和前摄的促进"（利维的话）。他决定，他只在信仰之海会议上讲话，免得"引起怀抱敌意之人群的注意，影响健康"。据此不难推测，网络真正提供了一个轻松友好的环境，可以开放地探讨宗教问题。

新西兰网和澳大利亚网与库比特的关系没有英国网那样密切。库比特跟它们的主要关联是参加它们举办的信仰之海会议，并在会议上发言。通过这种方式，他为新西兰网和澳大利亚网的成员提供了了解激进神学的重要机会。

三 网络的发展及特点

虽然英国第一次信仰之海会议的目的是改革教会，但网络的奠基者们并不把网络的角色局限于此，这为出现下述张力提供了空间：一方将网络视为提倡教会改革的组织，另一方认为它的主要工作是帮助人们创造一种新的宗教信仰形式。1989年，第二次信仰之海会议在将信仰之海团体定义为一个网络时，作出了一个"意图声明"：探索和促进作为一种人类创

---

① Nigel Leaves, *Surfing on the Sea of Faith*. Santa Rosa: Polebridge Press, 2005, p. 128.

造的宗教信仰。据皮尔斯的记录，张力的双方就这个声明的措辞进行了冗长的争论，有些人满足于停留在"探索"这一用词上，有些人想要更进一步，希望找到某种说法表明我们不满足于仅仅成为一个学术会议或者某种清谈俱乐部；争论到最后，双方达成妥协，决定用"促进"这个词。①但是，双方的张力仍然没有得到解决：一方主要是将信仰之海视为一个用来讨论各种最新的激进神学的环境，另一方则认为信仰之海是促进作为一种人类创造的整个宗教。这种张力不断浮现出来，导致了许多辩论，到后来甚至演变成了紧张的内部矛盾。

转机的出现归功于下面三个因素②。第一，艾丽·拉杜丽（Aileen La Tourette）当选英国网主管委员会主席，她是一名罗马天主教平信徒，曾经受聘去监狱帮助囚犯通过写作来表达自己。她的当选意味着没有一种哲学或神学观点能够登上领奖台。拉杜丽也证明了自己的能力，她带领英国网回避了"不服气的神职人员的关切"，朝着一种平衡的讨论转变，这种讨论既包括对宗教的智性理解，又包括对宗教的美学理解。第二，1992年，BBC在复活节播出了一档电视节目（Heart of the Matter）。虽然节目只是针对那些对各种教义有疑问的神职人员，但巧的是，三个被节目访问的神职人员都是信仰之海网络的成员。于是，媒体和公众纷纷将注意力转向了信仰之海网络，结果，在半年时间里，网络的成员增加了一倍。第三，网络出版了两本论文集，讨论的主题得到了扩展，分散了原先的内部张力。第一本是《冲浪：信仰之海的女性》，它是信仰之海的14名女性成员合写的作品集。这一构想是在1994年英国信仰之海会议上产生的，目的是挑战人们的普遍误解：信仰之海是由一群与教会持不同政见的牧师组成的。这本文集的作者来自不同的宗教和文化背景，她们讨论的问题比神职人员广泛得多。第二本是《这是我的故事：航行在信仰之海》，它是由14名网络成员写的作品集，目的是展示信仰之海成员的多元性。这些作者以前或现在所属的教派有圣公会、公谊会、天主教、苏格兰教会、救世军（Salvation Army）等。目前，英国网平稳地发展着，它已经走过了28个年头。

---

① 转引自 Nigel Leaves, *Surfing on the Sea of Faith*. Santa Rosa: Polebridge Press, 2005, p. 122.
② 参见 Nigel Leaves, *Surfing on the Sea of Faith*. Santa Rosa: Polebridge Press, 2005, pp. 123 – 128.

新西兰网最初是在格尔林的鼓动下创建起来的。根据利维的报告，新西兰长老派教会内部的两股力量对网络的产生起到了至关重要的作用，第一股力量是一个名为"以弗所"的组织（Ephesus），它的前身是长老派教会的研究团体，目的在于"查明新西兰长老派教会与新西兰社会中的灵性、信念和立场的现实"。它创立后没多久，教会就撤销了对它的支持，于是，它的负责人于1990年成立了一个用于公开讨论原先议题的论坛，称为以弗所团体。它试图仿效以弗所的早期教会根据希腊文化重新表达以犹太教为基础的信仰这一行动，致力于寻找用新西兰的当代文化表达基督教信仰的方式。利维说，在目的上它与即将出现的信仰之海网络非常相似，它现在仍然是与网络平行的一种运动，实际上两者经常重叠，当时以弗所团体的负责人也是新西兰网的第一任主席。第二股力量是在惠灵顿市中心的圣安德鲁长老派教会创立的"圣安德鲁宗教与社会研究联合会"，目的在于"将新的宗教思想告知公众并激励公众"。雨果·维塔利（Hugo Vitalis）对新西兰网做过一次调查，证据显示"新西兰的信仰之海网络至少最初是一项长老派教会的行动"。我认为，这部分是因为上述两股创建网络的关键力量都与长老派教会有着很深的关系，部分是因为格尔林的激进长老派教会背景，而且他一直没有脱离与长老派教会的关系。雨果的调查支持了这一点，他说"网络中长老派教徒占据很大比例，部分是因为他们高频率出席格尔林的演讲和研讨会，由此了解到信仰之海的存在"[1]。除了长老派教徒之外，与新西兰网关系密切的另一群人是与1940年代和1950年代提倡自由神学的学生基督教运动一起成长起来的。

新西兰网的发展十分迅速，并且它的影响很快就被感受到了。在1994年，它被描述为"（新西兰某地）成长最快的团体"。参照利维的描述，我把它快速发展的原因归结为两个方面。[2] 第一，在新西兰，教会的衰落为信仰之海网络和其他各种信仰共同体打开了空间。普通新西兰人对官方教会的教导不满，又不想放弃对生活的宗教态度，网络为他们提供了一个可行的替代性方案，他们认为网络反映了他们的关切。第二，新西兰

---

[1] 转引自 Nigel Leaves, *Surfing on the Sea of Faith*. Santa Rosa: Polebridge Press, 2005, p. 131.

[2] 以下两个方面参见 Nigel Leaves, *Surfing on the Sea of Faith*. Santa Rosa: Polebridge Press, 2005, pp. 132–134.

网尤其关注生态问题和"人类的未来与地球的未来不可分"的灵性。它回应了新西兰政治家和公民的关切,他们走在生态抗战的最前线,最突出的事件是积极反对法国在太平洋的核试验。这使得新西兰网比较得民心,成为比英国网更活跃、更统一的网络。它与英国网的差别是,英国网专注于为非实在论作辩护,新西兰网没有这个问题,因为雨果的研究表明它的成员中有 2/3 已经放弃了对一个客观的上帝的信仰。比起英国网,新西兰网更关注现实的问题,比如生态问题。前些年,新西兰网已经削弱了它的基督教基础,并提高了在其他信仰和新的灵性表达方面的兴趣。

比起前两个网络,澳大利亚网在定位上更加开放,这表现在三个方面。第一,它的意图表述是"公开探讨宗教信仰和意义问题",这使它能够在原则上避免唯独以基督教为基础,并能兼容所有宗教观,包括基督教的和其他宗教的、实在论的和非实在论的。第二,它在世界宗教的信念和各种治疗灵性的信念问题上更加开放。第三,它基本上由平信徒和教外人士组成,脱离教会神职人员的领导。由于它的第一次全国会议极其成功,人们对它抱有很大兴趣。它为人们提供了一个开放和宽容的平台,使得人们能够讨论他们的灵性探索。

四 网络面临的挑战

库比特在 1997 年英国信仰之海会议上宣读的一篇文章里概括了英国网的问题,"信仰之海不幸仍然未被视为以自身的名义为宗教的未来提供一个建设性的选择和希望。相反,我们以否定的词汇被看作麻烦的少数派,与本身处在消亡边缘的正统派意见不一。我们也被视为一个预备站或过渡营,来自教会的逃难者在切断他们与任何种类的宗教最后的关联之前,可以在此作短暂的停留,得到恢复"[①]。英国网出版的两本论文集(《冲浪》和《这是我的故事》)集中体现了它遇到的四个挑战。[②] 第一,有人质疑网络是否有存在的必要,并怀疑它的典型成员是否"某种无法抛弃宗教习惯的宗教狂热者"。网络被形容为"逃生通道",并被预料存

[①] 转引自 Nigel Leaves, *Surfing on the Sea of Faith*. Santa Rosa: Polebridge Press, 2005, p. 128.

[②] 以下四个挑战参见 Nigel Leaves, *Surfing on the Sea of Faith*. Santa Rosa: Polebridge Press, 2005, pp. 125–128.

在时间不会超过一代人,因为网络成员都是一些年纪比较大的人,他们长期与正统神学作斗争,最后发现正统神学不适合他们的灵性旅程。但年轻的一代没有经历这种艰难的挣扎,他们未必会对信仰之海网络感兴趣。网络的确面临老龄化的问题,2005年,网络在全世界拥有大约2500名成员,尽管受到网络影响的人远远不止这个数目,而这些成员中老人占很大比例。它将存在多久是个问题,但它并不以自身的存在为目的,所以这个问题的答案应该是"顺其自然"。第二,库比特鼓励他的读者忘记和离开他的著作,创造性地生产自己的新形式的宗教。另外,网络本身不关心自己的权力和持久性问题,只是鼓励人们持续地重新创造自己的生活,即使这意味着离开信仰之海。这使得网络成为一个可以自由出入的驿站,而不是一个归宿或终点,它的未来没有办法把握和预料。第三,利维打了个很形象的比方:英国网就好比一艘没有船长的船,它的成员试图划向不同方向,甚至有人想跳下去!我们在前面提到过的网络的内部张力就是明显的证据。第四个挑战与第三个挑战有关:英国网要"促进"的究竟是什么,既然它没有明确的目标。

这些问题都与网络对自己的定位有关。也许任何想要成为信仰之海网络类型的彻底"无政府"的组织都有可能遇到这些挑战。然而,英国网不会因为这些挑战而改变自身。

澳大利亚网遇到的三个挑战是利弊两面的。[①] 第一,除了少数几个一位论派和普救说者,它没有现成的教会来提供养料,比起英国网和新西兰网,澳大利亚的信仰之海缺乏历史的教会作为根基。第二,它没有地方重量级神学人物来衡量其大众名望和学术可信度,澳大利亚没有库比特和格尔林。利维说,这产生的问题是,如何或者是否澳大利亚网将对澳大利亚社会产生影响。虽然库比特和格尔林的作品使得争论能够超越国家和文化的界限,但缺少权威"声音"的澳大利亚网仍然会面临许多困难。第三,由于它的意图表述之开放性,它不得不应付成员这个关键问题。它关于意图的非限制性陈述是否表明它缺乏统一性?非实在论与实在论能够在网络中共存吗?可以吸收来自教会、其他宗教、人文主义和一般公共领域的人

[①] 以下三个挑战参见 Nigel Leaves, *Surfing on the Sea of Faith*. Santa Rosa: Polebridge Press, 2005, pp. 35–136.

作为成员吗？遗憾的是，我们需要进一步的资料来看这些问题如何得到解答。

五 网络与耶稣研究会的友谊

耶稣研究会（Jesus Seminar/Westar Institute，以下简称研究会）是罗伯特·方科（Robert Funk）于1985年在加利福尼亚的圣罗莎（Santa Rosa）创立的，目的是填补学术批判神学与大众基督教之间的鸿沟。研究会从事的第一项工程是对历史的耶稣进行重新探索，旨在从第一批基督徒的神学虚构中还原历史的耶稣。这项工程一直持续到1999年，它的调查结果已经产生了广泛的影响。

研究会与信仰之海网络的关系可以追溯到1999年，当时格尔林为研究会作了演讲。次年，英国网的成员为方科组织了一次英国之旅，库比特参与了这次活动。随后，库比特也在研究会的若干次半年度会议中作了演讲。渐渐地，网络与研究会的关系变得越来越密切。2001年，信仰之海的一些成员参加了研究会召开的"过去与未来的信仰"会议，会议的文字记录以同名著作出版。库比特与格尔林对这次会议影响很大，因为非实在论变成了议程的一部分，在会上讨论。2005年，信仰之海网络与耶稣研究会及其在加拿大的姊妹组织（Snow Star）结成联盟。

网络与研究会之间存在很多相似性，这促成了它们的友谊。但它们也有明显的区别：首先，它们是不同的组织，信仰之海是一个相对无政府的、个体化的网络，其成员拥有各种各样的神学背景和兴趣，而研究会是一群学者领导的一项教育工程，其中许多成员在历史研究方面有着特殊兴趣和造诣；其次，两者的服务范围不同，信仰之海避开任何共同信条或信仰体系，它虽然起源于基督教，但超越了基督教的限制，而研究会是一个基督教内部的组织，以基督教的问题为研究目标。

除了耶稣研究会及其姊妹组织，信仰之海还有许多"同行者和有共鸣的外人"，包括著名的宗教作家凯伦·阿姆斯特朗、物理学家保罗·戴维斯（Paul Davis）、英国人道主义协会主席罗伯特·阿什比（Robert Ashby）等，这些名字都可以在网络2001年的出版著作《时间与潮流》中找到。值得提及的是，从网络中涌现出了一批新的宗教作家，我们将在下一章中简单介绍他们的主要观点以及与库比特的异同。

六 《苏菲》杂志

《苏菲》杂志是信仰之海英国网的杂志，创立于1993年，双月刊，面向几个英语国家发行。它的宗旨有三条：第一，《苏菲》认为智慧不是超自然地从天上分发到地上，而是只能由人类在地球家园寻见；第二，《苏菲》拒绝超自然主义，面向以想象力探索和以梦想实现可能的人性；第三，《苏菲》面向英国及任何地方的激进传统中的探索者与寻求者。[①]

我手中的版本是2007年5月版，它在总体上为五部分：社论、文章与专栏、诗歌、评论、成员专栏。从具体内容上看，它有几个比较明显的特征。首先，它将宗教学术与艺术审美结合在一起，自拉杜丽以来，这可能已经成为英国网的一个传统。本期《苏菲》的封面是一幅名为《五月花树》的印象派油画，出自一名画家（Anne Mieke Lumsden）之手，封底是透纳（Turner）的《海难》。杂志内页上有许多插画，选的都是著名画家或插画家的作品。"文章与专栏"与"评论"两个部分收录的则全部是学术性很强的文章。第二，诗歌所占的比重相对较大，本期《苏菲》有一个诗歌专栏，里面刊登了三首诗。库比特说这是因为杂志的现任主编是个诗人，以前的杂志上很少出现诗歌。这反映出《苏菲》是本比较自由的杂志，对话题与内容并不进行固定的要求。另一个表明杂志自由度的证据是《苏菲》封页上的声明，"稿件表达的是作者个人的观点，它们并不必然代表编辑、管理人和信仰之海网络所有成员的观点"。第三，正如它的宗旨表明的那样，它是一本持有激进神学观的杂志，这可以从文章中看出：《一个人文主义议程》、《共同的斗争：与无神论者友人的对话》，以及针对非实在论者格尔林与库比特新书的书评。第四，它的话题并不局限于宗教，还涉及道德等其他问题，比如《资本主义能否带来社会正义？》和《一种新的道德特性》。

在这里，还有一个可能的误解需要消除。杂志的存在并不代表英国网开始采取一致的观点，或者说获得了一致的声音。《苏菲》是个展现网络成员的所思所想以及自由讨论的载体，它没有任何固定的议程，不为任何人争取某种话语权，也不偏袒争论的任何一方。总的来说，作为信仰之海

[①] *Sofia*, No. 83, May 2007, p. 2.

英国网的杂志,《苏菲》明显带有英国网的特征。

总　结

  本章讨论生活宗教的具体内容。你可能已经发现,生活宗教不再是传统意义上的"宗教",它没有超越者,没有教义体系,也没有类似于教会的机构,更没有严格意义上的教徒。它是伦理学,即生活方式,生活是"宗教对象"。具体而言,它教导的是一种在世俗的后现代处境中既拥抱现实又保持笃信宗教的方式。这是如何做到的?结合"生活宗教的背景"中关于基督教天国阶段的论述就很容易明白。

  库比特在他的不同著作中明确谈到过,生活宗教包括太阳伦理学和人道主义伦理学。本章内容分为四节,除了太阳伦理学和人道主义伦理学,我在讨论中还增加了人生大问题和信仰之海网络,原因是,对人生大问题的思考与解答是生活中必不可少的部分,而信仰之海网络使得库比特的生活宗教不再仅仅是"象牙塔内"的理论建构。我认为这两个部分都是生活宗教的重要延伸,所以把它们放在这章讨论,以使内容更加完整。

  第一节交代了太阳伦理学的背景、含义、意义和需要澄清的诸多问题。"太阳伦理学"是库比特创造的新词,以"太阳"为隐喻是为了表明这种伦理学的表现主义特征和不二论理解:像太阳一样燃烧,无需证明自己。值得注意的是,虽然太阳伦理学是个新词,但这种伦理学本身却不是库比特的发明,他只是明确提出它并把它理论化,从这个意义上我们说它是一种"新的伦理学"。太阳伦理学的理论本身很简单,在理智上明白它也不是一件难事,但在实际生活中实践起来却不容易,以致库比特说,真正过着太阳式生活的人就已经获得了"拯救"。库比特把太阳伦理学定位为一种生活灵性,而不是一种理论,这向我们表明太阳伦理学的目的是为生活服务,而不是为学术争论服务。这体现了库比特思想的一个很重要的特征——亲证意识,这种意识在逻辑上必然包含库比特本人是太阳伦理学的实践者。事实上的确如此,他对太阳伦理学的实践证明它能够带来持久而稳定的喜乐,并且能够帮助我们克服对自身死亡的恐惧,使我们热爱和拥抱生活。

  太阳伦理学极容易让人产生的一个误解是:它是个人主义的和唯我论

的。事实上，太阳式灵性已经取消了自私的"我"，达到了自我与生存之流的合一状态，因此与唯我论没有关系。然而，为了进一步澄清这种误解，并且明确生活宗教的公共维度，库比特增加了人道主义伦理学，作为生活宗教的另一部分内容。需要注意的是，实际上人道主义伦理学和太阳伦理学表达的都是太阳式灵性，只是侧重点不同而已，前者侧重于公共维度，后者侧重于个人维度。本章第二节说明了人道主义伦理学的含义和兴起，为了更好地阐明本节内容，我尝试解释有关人道主义伦理学的四个问题，并以关启文的相关文章为依托，让他与库比特进行对话。我们还需要注意的一点是，许多研究人道主义的学者把人道主义分为宗教人道主义与世俗人道主义，但这种区分在库比特的思想中是没有必要的。

第三节的话题是人生大问题，主要参考库比特的同名著作《人生大问题》。关于人生大问题，没有统一的说法，也没有统一的列表，不同的个人或群体在谈论人生大问题时带着各自的兴趣和倾向。本节考察了什么是人生大问题，探讨人生大问题是否有意义，以及库比特列出的人生大问题和他的回答。他为我们提供了一张人生大问题的列表，这是我们拥有的第一张列表，由于我认为这是一件有意义的事，所以我在本节中列出了十六个人生大问题的具体内容，并在每一个问题下面概括了库比特的回答。

第四节尝试展现信仰之海网络的面貌。由于掌握的资料有一定的局限性，所以我们只能以库比特研究者奈杰·利维的研究为蓝本，交代目前三个信仰之海网络，即英国网、新西兰网和澳大利亚网的起源，库比特与网络的关系，网络的发展及特点，网络面临的挑战，网络与耶稣研究会的关系，以及英国网的杂志《苏菲》。通过我的介绍，读者能够对信仰之海网络有一个基本的了解。需要再次强调的是，"信仰之海"网络是在库比特1984年的同名电视节目的启发下自发组建起来的，他始终没有参与它们的创建与运作，只是在它们举办的信仰之海会议上讲话；再者，网络不是一个宗派，甚至不能在严格意义上算是一种"新宗教运动"，它是对如何在后上帝的时代里坚持宗教信仰的价值这个话题有兴趣的人共同组成的一个松散的论坛，没有固定的教义、严密的组织和严格的成员制度。这使得网络成为一个包容各种不同观点和争议的驿站，这一点最明显地体现在英国网之中。三个网络都有各自的鲜明特点，目前都处在稳定的发展之中。它们为行进在灵性探索途中的人们提供了一个轻松、友好和开放的交流平台。信仰之海网络秉承了库比特的精神,一方面使得库比特的理论走出象牙塔,另一方面向我们证明库比特不是一个孤独者,而至少是有着相同关切的一个世界范围内的群体的代表,这个群体的人数远远超过信仰之海的成员人数,而且很可能将会上升。那么,"信仰之海"会成为未来的"教会"形式吗?到目前为止,似乎很难否定这种可能性,让我们留给时间来显明。

概括地说,生活宗教教导的是一种太阳式灵性和太阳式生活。保罗·尼特(Paul Knitter)说:"如果我们想建设和平的上帝之国,我们必须首先'成为基督'。"[1] 他的意思是,人心是一切的根本。如果是这样,那么库比特的太阳式灵性的贡献就不仅仅为伦理或宗教领域所限了。

---

[1] 转引自王蓉:《苦难与拯救:保罗·尼特的宗教多元论与宗教对话思想研究》,宗教文化出版社2011年版,第251页。

第六章 问题与挑战

在本章中，我尝试将库比特与当代其他几位宗教作家进行比较，从而为理解库比特宗教哲学思想的独特性和局限性提供更广阔的视角。这里选取的宗教作家包括三类：库比特的反对者，库比特的同道者，以及与库比特无关但思想具有可比性者。此外，我试图尽可能提出并解答关于生活宗教的一些遗留问题。在此过程中，我们将看到库比特思想的若干局限性，以及面临的一些问题与挑战。

第一节 库比特与其他宗教作家

这里涉及的当代宗教作家有英国神学家布莱恩·赫伯斯韦特、英国宗教哲学家约翰·希克、印度思想家雷蒙·潘尼卡和美国基督教神学家保罗·尼特。

一 赫伯斯韦特：一名实在论者对非实在论的全面批判

牛津大学神学家赫伯斯韦特和库比特是朋友。两人的交情要追溯到赫伯斯韦特仍然在威斯克府就读的时候，当时身为副院长的库比特是他"基督教教义"课程的老师。很长时间以来，赫伯斯韦特一直关注库比特的思想，是库比特的铁杆反对者。他写了《真理之洋》一书，目的是回敬库比特在 BBC 电台的"信仰之海"节目中传达的宗教非实在论思想。他的著作《多元时代的伦理与宗教》中有一章的标题是"关于库比特基督教化的佛教的一个批判"。[①]他还写过若干直接或间接反对库比特的文

[①] Brian Hebblethwaite, "A Critique of Don Cupitt's Christian Buddhism", Brian Hebblethwaite and Stewart Sutherland ed., *Ethics and Religions in a Pluralistic Age*, Edinburgh: T&T Clark Ltd., 1997, pp. 117–136.

章，包括我们将会提到的《反对库比特》和《神学家与哲学》①。

如果按照素朴实在论、批判实在论与非实在论的方法将宗教作家分类的话，赫伯斯韦特属于素朴实在论者，当然这种分类只是方便讨论的一种权宜之计。赫伯斯韦特说过："库比特和我几乎在每一个方面都有分歧。"我将从三个方面来表明赫伯斯韦特对库比特的全面批判和库比特可能作出的辩护，在此需要说明，这些辩护不是库比特本人亲自作出的，而是我根据他的思想推论出来的。

（一）教义神学与哲学的关系

这部分内容反映在赫伯斯韦特的文章《神学家与哲学》中。虽然这篇文章没有直接指向库比特，但它构成对库比特的批判，因为库比特犯了文章中提到的"错误"。事实上，从文章的出版时间1988年不难推测出赫伯斯韦特的潜在批判对象正是库比特，因为当时库比特的"信仰之海"节目反响热烈，而库比特在节目中正是采用了赫伯斯韦特在文章中反对的论证方法。

我们可以把他的文章分为两个部分，第一部分说明教会人士与神学家在对待哲学的态度上的误区，第二部分阐明哲学对教会神学的积极价值。这篇文章的目的是厘清哲学与神学的关系。赫伯斯韦特在开篇引用教父德尔图良（Tertullian）的话"雅典与耶路撒冷有何关系"来提出这一问题：为什么哲学一直是许多教会人士，包括许多神学家的怀疑对象？赫伯斯韦特总结了四个原因。第一，对哲学的反对是针对这种宣称：哲学对基督教是什么和应该做什么持某种享有特权的洞见。他说，荒谬的不是宣称哲学能够帮助基督徒和神学家，而是宣称哲学是真理的唯一通道，甚至是享有特权的通道。第二，神学家允许自己忠于职业哲学家的学术群体胜过忠于教会。赫伯斯韦特谈道，哲学神学家可能发现自己的论证和写作以参与哲学群体为首要基础，然而基督教神学的理解与委身之适切基础必须是参与教会的崇拜群体。第三，赫伯斯韦特表达了一种担忧：应用哲学的神学家将不可避免地倾向于被引诱认可基督教之外的信仰解释模式。他认为，哲学有可能歪曲而不是阐明基督教图像。第四，主要是出于历史原因，大学

---

① "The Theologian and Philosophy", Peter Eaton ed., *The Trial of Faith*, Churchman Publishers Limited, 1988, pp. 195–207.

教育用哲学神学来替代教义神学，这导致了脱离基督教教义背景来对基督教神学主题进行哲学教化。哲学神学或宗教哲学不能替代严肃的教义神学，而应该成为它的伙伴。

我认为，库比特会对赫伯斯韦特的观点表示赞同，他甚至赞同克尔凯郭尔的观点，认为对《圣经》和基督教的批判研究削弱了信仰本身。从这一方面来看，关于包括哲学在内的批判研究对信仰本身的负面影响，库比特比赫伯斯韦特持更加激进的观点。他们的不同之处在于，库比特承认这一影响已经导致不可挽回的局面，赫伯斯韦特则仍然在要求回到过去的好时光。

关于哲学对教会神学的积极价值，赫伯斯韦特概括了五点。第一，哲学训练能够并且应该使得基督教神学家或平信徒更加清楚和灵活地思考教义与道德问题。第二，对哲学史和主要哲学流派的通晓应该能够使得神学家更好地认识历史与文化的发展对教会之教导的积极影响和消极影响。他说，基督教在任何时代都必须找到与文化的正确关系，它是建立在文化之中的。文化的改变要求重新解释基督教的信仰与态度。第三，哲学有助于反思神学的方法论。第四，哲学有助于神学的护教论任务，即保卫信仰、回击批判，以及诉诸关于善和真理的共同标准传福音的双重任务。第五，哲学不仅能够帮助神学家使基督教信仰与其他学科和世界观相关联，而且能够帮助神学家探索和阐明教义本身。换言之，哲学有助于神学对自身的理解与发展。

赫伯斯韦特将"哲学神学"或宗教哲学定义为"使用哲学知识与哲学技巧详细说明基督教信仰的真理内容和实践内涵"，这就是库比特在《后现代宗教哲学》中所讨论的"基督教护教学"。在这一问题上，我们可以说库比特既赞同又反对赫伯斯韦特。反对的方面是，在库比特那里，哲学的服务对象不是教会神学，相反，他认为教会神学已经完成其任务，现在应该让位于天国神学。赞同的方面是，库比特的宗教哲学终究是一种"世俗基督教护教学"，他仍然维持基督教信仰，只是在他那里，基督教的定义已经改变，存在形态也已经改变，因而信仰的含义也已经改变。另外值得指出的是，库比特并不像赫伯斯韦特那样注重区分哲学与神学或宗教，他认为我们应该把重点放在日常生活的福祉之上。实际上，在库比特的思想中，赫伯斯韦特所说的哲学与神学的学科区分已经被消解，甚至传统意义上的"神学"与"哲学"在后现代语境中也已经成为遗物。

我们的分析表明,赫伯斯韦特与库比特的关系可能没有前者认为的那么简单,只是单纯的反对者与被反对者的关系。他们最大的共同之处是,都委身于养育他们的基督教信仰和文化;他们的差异在于双方"在任何事情上"的具体看法,这一差异使得他们分道扬镳。

(二)赫伯斯韦特的纵向批判

这一部分内容反映在《反对库比特》一文中。在剑桥大学期间,我曾对赫伯斯韦特本人做了一个小小的访问,这个和善而严肃的人特意赠送了他写的这篇文章,是对库比特的一个纵向批判,以库比特的著作为依托,介绍了从1980年以前到1990年代中期的20年间库比特的"疯狂"旅程,以及他对库比特的批判。

在文章的开头,赫伯斯韦特就指出库比特的道路是"误导人的",库比特的陈述与假设是"错误的或疯狂的,或者两者皆是"。接着,文章开始展示库比特在20年间的转变过程,分阶段加以批判。起初,在威斯克府任教期间,库比特是一位严格的正统教徒,非常清楚人的局限性和关于上帝的谈论,在他的早期作品中可以看到他对否定法的偏好。两人的第一次交锋是在1977年,当时库比特对道成肉身的教义表示怀疑,而赫伯斯韦特要捍卫这个教义。

第二阶段,在1980年,库比特出版了《远离上帝》。赫伯斯韦特说,这是个开端,从此以后库比特撰写了一系列作品,对基督教信仰,包括所有的上帝谈论进行一种"非实在论的、表现主义的或构成主义的理解"。赫伯斯韦特分析道,起先,库比特就走这一步给出的理由与一系列无神论哲学家的理由差不多,唯一的奇怪之处是,库比特不是在此基础上放弃基督教信仰,而是表达了对基督教的一种积极而热忱的肯定,把它视为仅仅是一种人类建构。赫伯斯韦特说,在这一阶段,库比特乐意去教会,"当他唱赞美诗和祷告之时,他在内心重新翻译所有的语言"。

第三阶段,在接下来的一些年里,库比特出版了好几本著作,以不同的词汇阐明非实在论的、表现主义的宗教信仰观,并为之辩护。赫伯斯韦特谈到了后维特根斯坦一词,他认为,维特根斯坦仅仅容许不同解释的存在,而库比特将维特根斯坦的意思理解为生活形式和语言游戏纯粹是人的创造。不过在这里,赫伯斯韦特也提到了他同意库比特的一个地方:承认宗教信仰是一种社会的、公共的现象，而不是某个个体思想的投射。除了维特根斯坦，库比特在《信仰之海》中还谈论了克尔凯郭尔和尼采等思想家，对此，赫伯斯韦特写了《真理之洋》一书批判库比特对这些思想家的误用。在这里，或许我们应该补充库比特对《真理之洋》的回应：任何文本都可以进行不同的解读，没有唯一正确的解读这回事。

沿着赫伯斯韦特的分析，在第四阶段，库比特发现了更"古怪"的后现代哲学，主要是法国哲学，这为库比特对形而上学的解构提供了更多"军火"。在库比特那里，我们的日常"世界"和科学的"世界"成了人的公共创造，而不是对外在于我们的思想和语言的事物的反映。针对库比特的这一观点，赫伯斯韦特争论道，诚然，我们的世界中有很大一部分并不脱离我们的思想和语言而存在，比如黑格尔的哲学或银行汇率。在某种程度上，城市、教堂、书籍和绘画等人工文化制品也一样，尽管作为物理客体，即使人类灭绝了它们也将照样存在。他接着说，然而世界本身（星系、太阳系、地球，基本的物质材料和生命形式）当然独立于我们的思想和语言而存在。赫伯斯韦特的语言观是，我们通过文献惯例和宣称形成一个给定的世界，并表达我们的意识；但我们的基本概念并不创造世界，它们是在我们与重复出现的、可识别的、与我们互动的客体的不断相遇中产生的，并使得我们能够在既定事物中生存和应付自如。只有当世界已经在那里了，我们才能了解它、改变它和在某种程度上发明新的生活与文化形式。

赫伯斯韦特的批评给我们造成这样的印象：库比特在说语言凭空创造了世界。事实上并非如此，库比特的"创造"不是从虚空中创造，正如西方传统思想认为"无中不能生有"一样。赫伯斯韦特当然看到了这一点，他说：库比特发现自己不得不承认语言不是故事的全部，一定要有某种给定的东西，语言使这种东西形成人类世界。关于这种"东西"，库比特受到海德格尔的启发，称之为"存—在"，我们在前面详细地讨论过这一点。赫伯斯韦特对库比特的"存—在"概念提出了批评，他认为库比特先前认同后现代主义对任何种类的形而上学实在论的解构，现在却又发现自己被迫假设某种类似于前苏格拉底哲学家阿那克西曼德（Anaximander）的"无定形"的东西，不同之处在于，在阿那克西曼德那里，没有形式的世界是通过一些对立面区分和形成的，而在库比特那里是通过语言形成的。赫伯斯韦特认为这是库比特对形而上学的一种并不高明的回归。我们必须承认，赫伯斯韦特的批判有一定的道理。首先，库比特自己也提到过他的生活哲学是一种回归或起点，与阿那克西曼德等哲学家站在同样的位置上，面临大问题。然而，库比特认为这种回归不是他一个人的回归，而是整个文化完成了一个循环，回到了起点。其次，在库比特的非实在论思想中，"存—在"是不是形而上学实在论的一个尾巴呢？这个问题不容易回答，表面上看来似乎的确如此，但值得注意的是，在他那里，"存—在"的位置已经发生了改变。他认为"存—在"的涌现和语言对它的照亮是一种"生活事实"，他并没有从形而上学的角度去论证"存—在"，毋宁说，他把"存—在"视为一个奥秘和神话。按照库比特的思想，我们仅仅拥有一个唯一的世界，即人类生活世界。所以，赫伯斯韦特对库比特的这一批评实际上是不成立的。

第五阶段，关于库比特的日常语言三部曲，赫伯斯韦特认为它们获得的结论是形而上学实在论和道德客观主义。鉴于他没有阅读那三本小册子，我们也无须认真对待他的批评。关于《太阳伦理学》，赫伯斯韦特认为它是一种肆意妄为。他指责库比特误用了柏拉图的太阳隐喻，柏拉图的兴趣在于客观的、超验的善，它是人类生活之价值的基础和证明，然而，库比特的太阳是武断的和毫无责任感的，是黑洞而不是太阳。除了太阳式生活，让赫伯斯韦特备感震惊的还有库比特在《改革基督教》中所称的"天国宗教"。他认为库比特关于天国宗教的人文主义观念与宗教或耶稣都没有关系，耶稣宣扬的上帝的国必定是以上帝为中心的。此处涉及对基督教和耶稣完全不同的解读，到这里，我们可以看到，赫伯斯韦特与库比特的区别已经从学术争论的领域走向了政治忠诚的领域。

赫伯斯韦特将库比特的工作解读为一种新型的基要主义，因为"它的基本前提——反实在论、对语言的普遍创造性的确信、尼采式的普罗米修斯主义——是如同任何旧式的基要主义一般武断地、不加批判地提出的"。在此，我认为他的批判并不公允。库比特就像维特根斯坦一样，是将批判思想方式奉行到底的作家。另外，库比特的思想具有很强的实践维度，事实上，他多年来一直在用自己的生活实践检验自己的理论。每一个人都持有基本的信念，比如相信自己每天都能安全地穿过马路，因为没有起码的信念是无法生活的，如果硬是要把持有自己信念的人称为基要主义的话，那么每个人都是基要主义者。我们有理由认为，赫伯斯韦特并非如此苛刻的人。

《反对库比特》写于2007年，文章表明赫伯斯韦特对库比特的关注在2000年以前相对比较密切，进入21世纪则越来越淡。他大概是觉得库比特已经在"错误的道路上"走得太远了，以致他逐渐淡化了对库比特的兴趣。2007年之后，库比特出版了几本新的作品，包括《西方的意义》，这些作品总体上明显地呈现出"世俗基督教护教论"的面貌，这一面貌在赫伯斯韦特写这篇文章之时还没有那么清晰。

（三）赫伯斯韦特的横向批判

《关于库比特基督教化的佛教的一个批判》从横向的角度分三个方面批判库比特的非实在论思想：宗教上的不充分性、理智上的不充分性和伦理上的不充分性。

赫伯斯韦特指出，虽然库比特看似比其批评者更宗教化，然而，在以非实在论方式重新解释教会语言和仪式之后，基督教灵性在宗教上的可信性和力量无法保持原样，因为犹太—基督教传统的核心一直是对信徒与超越一切的人格的、灵性的源头（上帝）之关系的发现与体验。在这一点上，赫伯斯韦特是对的，在库比特那里，灵性的确发生了一定的改变。库比特认为他的工作是去掉基督教灵性中压制和奴役人的一面，发扬解放人的一面，赫伯斯韦特认为灵性是不能零敲碎打地修正和更改的。我认为事实上这里争论的焦点是，宗教是否纯粹属人的创造。

关于库比特的非实在论在宗教上的不充分性，赫伯斯韦特从三个方面加以论证。第一，是否库比特的非实在论能够维护教会和作为一个世界宗教的基督教。对此，赫伯斯韦特的回答是：(1) 非实在论只能鼓舞少数几个英雄式的个体，不能维护整个基督教、促进大众的单纯信仰和鼓励人的圣化；(2) 正是对上帝的信仰创造了基督教运动，并维持着基督教运动；(3) 非实在论无法将我们从罪里拯救出来，只有上帝能够使人的生活发生必要的转变。所以，基督教的宗教力量来自对给予我们恩典的实在者的信仰。第二个方面与崇拜的迫切需要有关。赫伯斯韦特指责库比特强行征募崇拜的语言来满足纯粹的表达目的，使崇拜失去了意图。另外，库比特宣称依赖超验力量的宗教注定是不成熟的东西，赫伯斯韦特认为这种反对在宗教生活事实面前是不成立的。第三，非实在论观点对宗教经验有欠公正。赫伯斯韦特认为宗教经验证明了神学实在论，非实在论无法解释宗教经验问题。

我们根据库比特的理论，简单地逐条回应赫伯斯韦特的批判。第一，关于非实在论能否维持教会和作为一个世界宗教的基督教，库比特认为教会应该退出历史舞台了；基督教如今完成了教会阶段，脱胎成了整个现代西方文化，不再能够简单地称之为"世界宗教"。事实上，库比特反对"世界宗教"的说法，认为传统宗教难以脱离其地方性起源，仅仅在传教范围上来说是"世界的"。那么，有没有真正意义上的世界宗教呢？库比特的回答是，世界宗教正是他的生活宗教，因为在现代世界，日常生活是真正世界性的。(1)关于非实在论只能鼓舞少数几个英雄式的人物，库比特认为恰恰相反，当前普通人的信仰是非实在论的，日常语言调查方法已经证明了这一点。然而，实际情况比较复杂：普通人显示出矛盾的一面，他们持有非实在论的信念，却坚持实在论的倾向。我们对这一点尝试做过解释。(2)库比特不完全同意对上帝的信仰创造和维持基督教运动，只能说，在某个阶段的确如此。如今，基督教留下了一系列不可取消者，它们是文化中的酵母，支持着整个现代西方文化。另外，库比特的日常语言调查方法发现，对上帝的谈论已经很大程度上转变成了对生活的谈论。(3)库比特不再使用"罪"这个词。关于拯救，他认为实践太阳式生活的人就已经获得了拯救。第二，关于崇拜问题，库比特在《快乐之路》中做出了回应，他把崇拜解释为"由一系列不同的仪式活动构成的一出复杂的情感戏剧"①，目的是整合与消费我们的情感，获得快乐。第三，关于宗教经验问题，库比特在《空与光明》中用非实在论的方式把宗教经验视为人的一种投射，我们在前面讨论过他对这种投射如何发生的详细解释。

关于库比特的非实在论在理智上的不充分性，赫伯斯韦特同样分析了三个方面。第一，非实在论无法包含用来建构生活世界、文化、理想和宗教的根据，最彻底的非形而上学必须回到一个形而上学的终极原则。第二，按照尼采的论证，上帝死后，所有真理都是虚构，赫伯斯韦特认为这将导致混乱，唯一的解决方式是诉诸实在论的上帝来维持事物的存在、稳

---

① 唐·库比特：《快乐之路》，王志成、朱彩红译，浙江大学出版社2006年版，第17页。

定和理性。第三，从常识和自然科学的角度，不难为实在论作出辩护。这里说的"常识"与赫伯斯韦特的语言观有关，我们可以参照上一部分的论证；从自然科学的角度，库比特无法回答为什么宇宙是这样的，为什么存在我们这样符合宇宙规律的人，只有作为超越者的存在才能解释这个问题。

我们仍然对赫伯斯韦特进行逐条回应。第一，关于建构生活世界、文化、理想与宗教之根据的问题，库比特提出了一个神话：存—在喷涌而出，语言把它照亮，形成我们的世界。一切都是短暂的、偶然的、有限的，温和地来临。与赫伯斯韦特不同的是，库比特认为存—在之流的这种来临不需要诉诸一个超越者。第二，赫伯斯韦特认为缺乏上帝的世界将是一片混乱，最终走向毁灭，库比特恰恰认为上帝之死标志着人心的诞生和灵性解放，我们可以在关于人道主义的论述和对西方现代处境的三条解读路线中找到库比特对这一点的回应。第三，"为什么宇宙是这样的，为什么存在我们这样符合宇宙规律的人"可以在库比特的人生大问题中找到，他认为这个问题的提出不是用来回答的，而是用来证明上帝的存在的。在逻辑上，这是一个错误的问题，因为我们不能身在这样的宇宙中假设宇宙其他的样子。

最后，关于库比特的非实在论在伦理上的不充分性，赫伯斯韦特给出了两个原因。第一个原因是价值问题。赫伯斯韦特认为价值是上帝给予的，库比特认为人自身能够创造或发明价值。赫伯斯韦特认为神学实在论的伦理学价值在于虚己，库比特说实在论总是带着自我中心主义。第二个原因是非实在论无法解释共同的善和利他主义。赫伯斯韦特认为库比特的"肯定一切"也打破和消除了善恶之间的区分，只剩下经验之流。库比特强调无区分的大爱，赫伯斯韦特认为这缺乏形而上学的深度。

我们在上一章第二节"人道主义伦理学"中"来自关启文的商榷"部分已经对这里的争论有所涉及。在这里，我不进行逐条回应，而是从三个方面说明库比特在伦理问题上的看法。第一，如果说连上帝都是人创造的，那么何况价值呢？所以，这里的问题实质上仍然是针对伦理或道德的客观性和权威性提出的。库比特的观点是，伦理是人创造的并不排除它的客观性，当然库比特的客观性指的是公共性而不是实在性，因为他用公共与私人的区分取代了神圣与世俗的区分。为什么伦理和价值是公共的？库比特修改了机械论的世界图像，认为语言在形成世界的时候已经把伦理和价值投射到了世界之中。因而，对个人而言，人的世界是具有"先验"道德秩序的世界。库比特的自我观念认为，"我们"先于"我"，个体是各种社会关联的总和，从群体和历史中获得自我，获得价值和道德。由于个体的存在无法脱离群体，所以公共的价值和道德会对个体产生持续的作用。再者，价值与伦理的公共性或客观性也在于它们是各个传统中的历史、文化和心理沉淀，沉淀的过程很复杂，牵涉到各个方面，包括自然的原因、人性的原因、宗教的原因等等。不同的传统可能有不同的价值观与道德观，但由于各个传统在人的日常生活问题等"世俗"方面的相似性，它们的伦理与价值呈现出相似的一面。当然，我的概括很可能并不全面，只是尝试按照库比特的思路来回应这个问题。总的来说，关于道德的问题，库比特没有关启文和赫伯斯韦特那样紧张，他认为道德是自律的，无需操心，当下的道德是人们通过合意形成的公共原则。

第二，基督教中的确不乏能够真正做到虚己之人，但一个悖论是，往往虚己之人发现自己在正统眼里变得有点"异端"。虚己意味着倒空自己，与神合一，事实上这暗示了非实在论，因为合一消除了上帝与"我"的二元区分。我们谈到过伟大的神秘主义者认为进入上帝的旅程也是进入黑暗的无的旅程，这说明基督徒很久以前就明白非实在论的含义。

第三，库比特的"肯定一切"说的是对一切的拥抱态度，而不是在现实生活中绝对地抹煞所有的区分。然而，从灵性上而言，赫伯斯韦特是对的，库比特的确倡导一种无分别的大爱。实际上，赫伯斯韦特对此应该很熟悉，因为《圣经》谈到太阳照好人也照歹人，降雨给义人也给不义的人。赫伯斯韦特没有明白的是佛教的"空"的含义，在某个层面上，区分善恶是没有意义的，而且善恶的区分也不是绝对的。至于无区分的大爱是否缺乏形而上学的深度，我认为拥有体验的人才能回答这个问题。爱的问题表明仅仅理性是无法认识所有事物的，正是出于这个原因，库比特才如此强调宗教的亲证维度。

从上面的论述过程中，我们可以看到，赫伯斯韦特对库比特的批判大部分是值得商榷的。

二 希克：关于"终极实在"的批判实在论与非实在论之争

约翰·希克是当代著名的英国宗教哲学家，宗教对话理论的代表人物，他也是库比特的朋友。国内关于他和库比特的比较研究并不少见。王志成的文章《宗教批判实在论与宗教非实在论之争》[①] 就是关于希克与库比特就终极实在问题之争论的考察。台湾学者欧力仁发表了《希克与库比特之宗教哲学的批判性比较》[②] 一文，较全面地比较了两者的宗教哲学思想。按照王志成的观点，段德智的文章《"全球宗教哲学的本体论之争"及其学术意义》[③] 虽然讨论的是何光沪与王志成之间的争论，但实际上也是批判实在论与非实在论之争。这部分内容以这三篇论文为对象，尝试展现希克与库比特在"终极实在"问题上的异同。

（一）关于"终极实在"的看法

根据欧力仁的概括，希克的"终极实在"有两个思想来源：康德的批判哲学和维特根斯坦的语言哲学，王志成在《和平的渴望》一书中也提到过这两个来源。康德认为在认知的过程中，人的心灵不是直接记录或把握认知对象，而总是通过先验的概念与范畴在时空形式中展开认知活动的。换言之，如同希克所说，心灵的内在结构决定意识的内容。由此，康德区分了"物自体"和"现象"，"本质世界"和"现象世界"。物自体是不可知的，因为我们没有直接把握它的能力，我们建构的是现象世界。后期维特根斯坦提出了"视为"的概念，他以心理学家贾斯特罗（Jastrow）著名的《鸭兔图》为例，反对语言的拷贝说，说明认识的模棱两可特征和主体的建构性。

希克将康德的认识论应用到了宗教领域，虽然康德本人没有这样做。基于此，他提出了"实在者"的概念，它是各大宗教共同指向的终极实在，相当于康德的物自体。另外，希克将维特根斯坦的"视为"扩展为"经验为"，强调一切人类经验都包含经验主体的建构。在与终极实在相

[①] 王志成：《宗教批判实在论与宗教非实在论之争》，王志成：《第二轴心时代》，宗教文化出版社2005年版。

[②] 欧力仁：《希克与库比特之宗教哲学的批判性比较》，《汉语基督教学术评论》2006年第2期。

[③] 段德智：《"全球宗教哲学的本体论之争"及其学术意义》，《浙江学刊》2008年第5期。

遇的过程中，不同的人类群体由于文化、历史、环境等方面的差异，把它经验为耶和华、真主安拉、道、梵、法身、空等，由此形成了不同的宗教传统。希克相信，不论这些传统所揭示的是位格的神还是非位格的绝对者，它们都是对同一终极实在同等有效的回应。《梨俱吠陀》有言，"实在唯一，圣人异名"，从字面上看概括了希克的观点。为了能够更好地表达各个宗教指向同一终极实在，希克提出了"实在者"这个总括性的词。

按照我们在第一章中的描述，库比特追随尼采，认为"上帝死了"，即终极实在在后现代语境中已经不再是一个有效概念。与希克一样，库比特也从维特根斯坦那里吸收了思想资源，但库比特吸收的是语言游戏理论。受到这个理论的启发，库比特认为不同的宗教传统只是不同的语言游戏，不存在诸宗教共同指向的"存在者"。在这里，或许我们还应该提到费尔巴哈的名字，他认为基督教的上帝是人的观念之投射，库比特继承了这个观点。

希克与库比特的相同之处是，都肯定意识不是语言对对象的直接拷贝，而是包含着认识主体和语言的建构。王志成将他们的这一共同点概括为，"双方都认为宗教信念、经验和实践的形成都是受文化限制的"。欧力仁则说，"希克与库比特不约而同地指出，每一个人的思想都是社会文化的产物，是深受教育、政治气氛和社会情境影响下的产物"。双方分歧的焦点是，实在者是否存在。库比特反对希克的实在者，他认为不存在这样一个超验的终极实在。与此相关的另一个分歧是语言的他者问题。虽然希克也谈建构，但前提是必须要有一个对象，这个对象就是实在者。欧力仁同意希克的观点，他质疑道："库比特似乎忽略了一个关键性的问题：倘若库比特自己所用的语言/文字不以它所要客观地指涉的对象的意义和实在为基础的话，那么，非实在论存在的基础何在呢？"通过分析库比特的语言观，我们认为欧力仁对库比特存在一定的误解。库比特承认语言的确有一个他者，这个他者就是存—在。语言将存—在照亮，形成我们的世界。然而，库比特所说的存—在不同于希克的"实在者"，因为存—在不是一个形而上学的实体，而是能量之流的涌出或偶然性的来临，库比特将它称为"母性化的空"、子宫或 M/Other，它只是泡沫般的、挤挤挨挨的、无定形的可能性之流或白噪音。对于它，库比特还有一个比喻——泉眼。它是黑暗的，超出语言的，因此库比特也把它写成存在。它应该被视为一个生活事实，而不是形而上学的对象。

（二）双方面对的批判和双方的相互批判

希克的实在者受到了激烈的批评，我将在这里描述库比特、王志成、欧力仁和段德智的文章中牵涉到的对希克的反击，然后表明我自己对希克及其受到的批评的看法。王志成在他的论文中引用了库比特在《后现代神秘主义》中对希克的指责，即希克的批判实在论有两个难题不能解决。第一是哲学上的难题，上帝本身和为人所理解的或向人显现的上帝之间的区别在中世纪的哲学和神学思想世界是可以成立的，但在现代批判哲学中是不可能的。我们总是处于我们自己的头脑中，只能从我们人的角度看万物，不能站在人的局限性之外称可以默观上帝。第二，退一步讲，即使有某种我们可以承认的、通过默观和祷告能够触及的东西，这个东西也会把我们引入一种非二元论的、无分别的统一性经验中，这经验要么是一元论的，要么是虚无主义的。所以，神秘祷告和实践其实是对实在论的一种治疗，而不是一种肯定。

王志成自己对希克的实在者有两个批评。第一个批评与希克支持实在者的两个理由相关，这两个理由是：第一，各大世界宗教具有一个共同的救赎论结构，即人类的生存从自我中心向实在中心的转变；第二，它们在伦理上都促进人的健康发展。王志成的疑问是，希克凭什么可以说不同的宗教都是对同一终极实在的有效回应？希克自己的理由是实用主义的，即它们在社会生活中的道德状况。但王志成指出，这是把认识问题转换成了道德问题，是有问题的。王志成退一步说，尽管正确的认识可以和正确的行为相结合，但在许多情况下，不存在所谓正确的认识这个问题，人们只是生活在被规定的生活世界里，也许一生不涉及认识论问题。就是说，我们的生活可以和我们的认识没有直接的联系。王志成的第二个批评指向希克的批判实在论与多元论假设之间的张力。他分析道，批判实在论需要排除人为的、文化的和历史的要素，而多元论假设则明确肯定除了宗教对象本身之外，文化、历史和个体具有重要性。他说，这种张力的存在表明，希克后来对宗教的认识已经从纯粹的认识论的角度转向文学化的方向，多元论假设是一个文学上的假设。

欧力仁指出了希克面临的两个难题。第一，希克似乎忽略了一个事实：否定"任何一个人或单一的理论可以完全地掌握终极实在"是一回事，但主张"必须将所有的观点结合起来才是正确的"是另一回事，两者之间不但没有必然的关系，而且有"组合的谬误"之嫌。欧力仁分析道，与这一被忽略的事实相关的是希克的思想内部的一个两难的局面：要么接受宗教对于史实的认识和那些形而上学概念的确定性，要么承认库比特的指控——终极实在只是一个虚幻或多余的假设。

段德智的文章围绕的角色是何光沪和王志成，但何光沪的观点类似于希克的观点，而王志成可以替换成库比特。与希克相比，何光沪对自己提出的"存在"范畴的界定更加清楚：使在（使世界存在）、内在（内在于世界）和超在（超越于世界）的真正的神秘，既无形无相又难以描述、看似"空、无、非"却"实、有、是"的世界本源。可以看出，何光沪描述的存在与希克提出的实在者十分接近，从这个意义上说，何光沪也是一名批判实在论者。段德智描述了思竹和王志成代表非实在论者针对何光沪的"存在"提出的批判，我在这里只引用他的文章中与我们当前的论证相关的部分。思竹认为存在这一范畴本身值得反思：它所指称的东西存在吗，或者问，在什么意义上存在？根据段德智的概括，围绕着这一根本的怀疑，思竹着重讨论了三个问题。第一，所谓本体究竟是存在还是非存在？第二，存在或上帝是实体还是象征？第三，如何面对无神论的挑战和诸宗教本身的突变？思竹认为，何光沪的"存在论"的根本弊端在于它实质上持守的原则是一种过了时的本质主义，既然在今天的哲学中，本质主义的思想不再像从前那样占据主导地位，本质失去了它特殊的本体论地位，我们也就无须拘泥于本质主义。在这里，思竹很自然地引出了她所研究的潘尼卡的基本思想：从非同一性原则出发，建议用非存在而不是存在作为存在物之源。段德智交代了思竹的结论：存在的不是作为本体的存在，而是作为象征的存在；对于所谓本体，我们毋宁把它说成是非存在，或者毋宁像佛陀那样沉默；对于作为象征的存在，如道、法、天、耶和华、上帝、安拉等，我们则尊重诸宗教传统关于它们的言说，但这些象征同时应该是活的，将随着生活在它们之中的人的改变而发生变形、扩展或突变等等。在这里，我们可以明显地看到潘尼卡与库比特的相似之处。按照段德智的描述，王志成对何光沪的"存在"的回应与思竹有相似之处。他也追问是否真的如何光沪所说的存在着"存在"——在存在物之外、之中、之上是否存在着客观的"存在"。他将这里的问题概括为：是否存在现象背后的本质？与思竹不同的是，王志成从宗教语言学分析的角度反驳"存在"一说，他强调语言先于经验而不是经验先于语言，所谓信仰无非是委身于由一套信仰语言提供的生活图景。针对超越语言的宗教的神秘一说，王志成强调，那神秘不是超越语言的，说神秘那也正是语言本身的神秘。

我认为希克的"实在者"是一种理论假说，目的并不在于从理智上为世界诸宗教寻找一个共同的源头，而是在实践上为不同宗教的合法性和同一宗教传统中若干不同教派的合法性辩护，进而为他的宗教对话服务，因为对话需要一个共同的平台。我的理由有三个。首先，正如欧力仁在他的文章的前言中说明的，希克早期的宗教信仰立场倾向于基督教加尔文神学的正统派，直到1967年转任伯明翰大学的神学与哲学教授时，他的宗教立场才有了明显的转变。转变的原因是，伯明翰是一个种族、宗教和文化极为多元的大城市，也是种族歧视最严重的地方之一，生活在伯明翰的希克接触和了解到不同的种族、文化、宗教和生活方式，进而积极参与当地促进种族平等的运动，由此成为宗教多元主义的先锋以及该理论的建构者。可见，希克的理论是由现实问题引发的，其落脚点也在于解决现实问题。其次，虽然希克的理论有许多漏洞，似乎不难反驳，但在当今宗教对话的实际操作中以及对于普通信徒而言，希克比库比特容易接受得多，他的影响力也远远超过后者。这提醒我们反思一个问题：或许评价某种理论除了看它的理智水平之外，更重要的是看它在多大程度上能为世界和人服务。希克的理论无疑对促进世界和平与宗教和谐起到了巨大的作用，即使它也引发了许多问题。最后，我能够找到王志成对我的这一看法的支持，他在他的文章的结尾处说，人不只是具有理智的维度，也有存在、意志、情感、爱的维度。段德智在文章中提到了王志成的这样一段话：根据后现代宗教哲学，所有的形而上学都是哲学的想象和创造，并不反映任何客观真理，事实上也没有任何客观的、外在的真理可以反映……我们就像画家，在画一幅画。所以，如果希克的画是好的，何不去欣赏和接受它好的地方呢？只是悖论的是，对希克的这种支持恰恰来自他所反对的库比特式的非实在论立场。

库比特受到的批判比起希克的要猛烈得多，但在批判者中，更多的人是出于一种"政治忠诚"的原因，或者归结到信仰方面的差异，而不单单是理智上的批判。从理智上，或许可以说库比特比希克难驳倒，因而我讨论的这三篇文章中对库比特的批判相对少一些。在这里，我将描述希克对库比特的批判，段德智文章中何光沪的反批判，欧力仁对库比特的批判和可能的误解，并插入库比特可能作出的回应。

王志成在他的论文中同样引用了希克就终极问题对库比特的非实在论立场的质疑。希克认为非实在论立场有一个基本的反常现象：以实在论方式解释的宗教的核心话语——如果是真的——对全人类构成了佳音，以非实在论方式解释的核心话语除了对一小部分人是佳音，对所有其他人都构成了坏消息。希克在别处也批判过库比特的理论是精英主义的，因为只有一小部分人能够承受彻底解构的非实在论。然而，王志成指出，希克并不能就此驳倒非实在论，因为他的批评是基于人的心理感觉。希克自己也明白他的批评不是一种有力的反驳，他说：不用说，一个宗教教导对普通人是糟糕的消息这一事实并不表明它是错误的。希克还进一步承认：我认为我们基于目前有限的经验，既不能证明也不能证伪由批判实在论解释的宗教景象的真实性，甚至我们也不能强烈地表明它是可能的还是不可能的。在希克看来，这个世界既可以用宗教的方式也可以用自然主义的方式解释，后者是一种选择。他的意思是，世界在人对它的理解上具有含混性。他试图凭借这一点为自己的批判实在论保留一席之地。库比特不承认希克关于世界含混性的理论，他坚持终极实在不是独立于人的存在的客观对象，而是人的观念的投射。关于希克的精英主义指责，库比特会说他的非实在论是全人类的佳音，是人的灵性解放，是民主的日常语言的宗教和哲学，他甚至通过日常语言调查方法证明了非实在论才是普通人目前实质上持有的宗教立场，相反，希克的理论恰恰是少数知识分子的假设。但情况没有那么简单，这里又一次回到了库比特面对的这个难题：为什么普通人使用非实在论的语言，拥有非实在论的信念，却坚持实在论的倾向？是否真如希克所说，非实在论对大部分人是坏消息，无法承受？

段德智在他的文章中描述的何光沪的反批判也可以用作对库比特的批评。首先，何光沪在后来的论文中虽然也比较充分地肯定了宗教的象征性质，断言任何宗教都是带有人的种种局限性的象征体系，但他的这样一种肯定是以作为"象征体系"的宗教与"它所象征的对象或其信仰对象"之间的张力关系为预设或前提的。其次，关于本质主义的批判，何光沪回敬道,"在后现代所谓非本质主义、反本质主义的影响下,有人认为不应该谈本质。也许有些人把本质看得太神秘,所以干脆不要讲本质了。但我认为,本质无所不在,是生活中离不开的东西,离开它我们就没法说话无法生活"。他还说本质"不过是事物必须具有的区别,是说话时语词必须具有的区别。这样看来,所谓宗教的本质同任何别的事物一样,是能够找到的"。关于何光沪的反批判之中的第一点,我已经在前面谈到过希克与库比特就语言的他者问题上的分歧,这里就不重复了。关于何光沪对本质主义的说明,我们可能会注意到,他对本质的解释是"事物必须具有的区别,语词必须具有的区别"。他在这里说的"本质"一词与本质主义中的"本质"一词似乎不太一致,与王志成和思竹的批判中说的"本质"似乎也不太一致。事物必须具有的区别是事物的独特属性还是本质?何光沪的本质是从形而上学的意义上说的还是日常语言的意义上说的?如果本质只是"区别",那么想必没有人会为这样的"本质"争论,因为"区别"不在实在论和非实在论之间作出选择。我认为或许争论的双方应该先澄清一下"本质"的含义。如果本质只是区别,那么如何从作为区别的本质跨越到作为"真正的神秘"的本体论的"存在"呢?难道日常生活中事物之间的区别真的如此神秘吗?如果单从段德智的文章来看,何光沪的论点似乎存在前后不一致之处。

欧力仁对库比特的质疑有两个:一是非实在论存在的基础,我们已经在前面讨论过;另一是如果真像库比特所言,一切都是短暂的、无基础的、相对的,那他又何须不断地针对实在论口诛笔伐。在这里,我们需要先澄清,当库比特说一切都是短暂的、无基础的、相对的时候,他并没有如欧力仁认为的那样陷入一种相对主义。虽然一切都是相对的,"人不能两次踏进同一条河流",但相对并不排除一定程度上的稳定性,这种稳定性在库比特那里是由公共先于私人、弱的真理等观点保证的。退一步讲,即使欧力仁没有认为库比特陷入相对主义,"口诛笔伐"仍然可以找到理由:库比特反对宗教实在论的根本原因不是因为它的对错,而是因为它如今弊大于利;换言之,库比特试图改变我们的话语,以适应他所判定的当今时代的思想形势。此外,我尝试指出欧力仁在文中对库比特的两个可能的误解。第一,欧力仁说"库比特相信,人们接受了虚无主义之后,自然会认为生活是毫无意义的重复,如梦一般,上帝也会因为受到怀疑而变为虚无",这句话透露出一种消极情绪,这不是库比特的情绪,而是欧力仁自己的情绪。库比特是太阳式的、乐观的人,不会宣扬"生活是毫无意义的重复,如梦一般"之类的观点,恰恰相反,他认为虚无主义使得我们能够像太阳一样发光,拥抱生活,乐于将意义和价值投射到虚无的生活之中,将自身完全倒入生活之中,从而达到"永恒快乐"。库比特对虚无主义的态度是相当积极的,其积极程度并不逊色于萨特。另外,欧力仁说"上帝也会因为受到怀疑而变为虚无","上帝"在库比特那里继续以非实在论的形式作为一个象征而存在,继续对人们起到作用。第二,欧力仁似乎是这样解释"辟支佛"的:"面对空、接受空、与空为友","虚无主义或无教条信仰的典范",诚然他是对的,但他或许可以再精确一点,因为"辟支佛"的要点在于通过洞悉普遍的空而"独自觉悟",如果离开独自觉悟,就称不上辟支佛。

希克与库比特在其他许多方面也存在重大分歧,比如伦理学问题、对待其他信仰的态度、对待教会和基督教本身的态度等,但分歧的核心是对终极实在的看法。那么,希克与库比特孰是孰非呢?王志成对这个问题做了巧妙的回答,他在他的文章的最后一段中说,"我们从自己的理论出发也不能完全确定孰是孰非。也许都是对的……我们如果从整体主义的立场出发,把人视为同时具有存在、智慧和喜乐三个维度,那么我们几乎可以把实在论和非实在论这两种对立的理论结合起来。也许在它们彼此的互动中我们可以对自我、世界和我们的观念世界明白、了解得更多"。或许我们可以说,希克与库比特的根本区别在于一个是现代主义者,一个是后现代主义者,他们之间的争论是现代主义与后现代主义之争在宗教上的体现。

三 潘尼卡:库比特缺乏问题意识

印度思想家雷蒙·潘尼卡是"当今世界公认的神秘主义者,是公认的'宗教对话之父'或者'宗教对话的使徒',在佛教、基督教、印度教和世俗主义诸研究领域都有杰出的理论贡献"[①]。潘尼卡研究者思竹在她的著作《巴别塔之后:雷蒙·潘尼卡回应时代挑战》中说道:"在潘尼卡

---

① 王志成:《和平的渴望》,宗教文化出版社2003年版,第89页。

遇到的和可能遇到的挑战者当中,也许没有比库比特更具有挑战性的了。"① 我认为这句话对库比特同样适用。赫伯斯韦特与希克是不同形式的实在论者,潘尼卡不是实在论者,库比特是非实在论者,为什么最大的挑战来自潘尼卡,而不是赫伯斯韦特与希克呢?原因可能包括:潘尼卡与库比特一样,都实现了对传统的转化,而不像赫伯斯韦特和希克那样,继续以某种方式停留在传统之中;他们是站在同一前沿上的思想家,看到相同的问题,致力于相同的事业,这使得他们构成最好的对手与盟友。思竹在她的著作中专门讨论了两者在对待传统和西方当前的技术文明这两个问题上的异同。我以她的研究成果为参照对象,尝试结合库比特思想的新发展进一步探讨这两个问题,指出潘尼卡对库比特的五个具体挑战,同时表明思竹关于库比特的讨论中的可商榷之处。

(一)如何对待西方当前的技术文明?

如同思竹指出的,潘尼卡与库比特一样,相信我们这个时代是一个全新的时代,可与公元前800—公元前200年的轴心时代相提并论,称为"第二轴心时代"。目前,现代西方文化在世界上占据主导地位,并正在全球化。库比特将现代西方文化解读为基督教的天国阶段,潘尼卡说现代西方文化的实质被视为是"技术统治的文明"。虽然两者的看法侧重点不同,但库比特没有否认技术文明的一面,潘尼卡也没有抹煞现代西方文化对基督教的继承。

潘尼卡对"技术统治的文明"连同进化论的宇宙观、历史的神话等的批判是猛烈的。根据思竹的概括,潘尼卡认为现代技术和原初意义上的"技艺"有质的不同:它要求并且强加一种思维方式、一种生活方式。潘尼卡把这种技术称为"统治技术",它创造了自己的世界,即人工世界,拥有自己的时间,即技术编年。潘尼卡批判技术编年打破了实在的节律,造成了人类和大地的苦难;技术统治的尺度摧毁了属人的尺度,代之以机器的尺度,个体被还原成相互可以替换的机器零件。在技术统治造就的人工世界里,"神圣者已被排除在大地之外,人已被驯服,物质也被征服……若有上帝,那他必定服从热力学第二定律。人类若要生存下去,就

---

① 思竹:《巴别塔之后:雷蒙·潘尼卡回应时代挑战》,宗教文化出版社2004年版,第249页。

必须屈从技术要求"①。对于现代科学，潘尼卡强烈批判它已不是古典的、传统意义上的知识，对于人的生活不是必需的，更糟糕的是，它是暴力性的，是征服人的武器。思竹得出结论："潘尼卡对现代西方的技术统治的文明结构是强烈否定的，对人在其中的命运是非常悲观的，他相信这种文明结构是毁灭性的、自杀性的，只有打破它并努力重建一种新的东西，人类才有可能获得和平，存有希望。"②

在思竹看来，库比特的态度要"轻松、乐观得多"。她认为库比特并不承认"新的全球技术文化"会妨碍人之完满的实现，相反，他认为它带来了一种非常自然主义的、有益人之精神健康的解放的气质。她说："库比特认为不接受这种陌生的新条件而试图逆潮流而动，实质上是一种反文化的态度，最终是徒劳的、注定要失败的……（因为库比特说）你不能真正退出。没有地方可退。你对这文化系统的抗议仍然是这系统的一部分"。③

我认为她对库比特在这一问题上的评价并不全面，很容易引起读者对库比特的误解。与沉重的潘尼卡相比，或许库比特的态度的确是要轻松乐观一些，但我们应该补充两点。第一，库比特的轻松乐观之中其实带着无奈。他是一个现实主义者，当他认为技术统治的现状已成无法挽回的既定事实时，他宁愿首先面对和接受它，再从中寻找哪怕是细小的问题和细小的优点，以务实的方式解决问题和发扬优点，从而改变状况。结果是，与潘尼卡相比，库比特更加容易看到现代西方文化给予人希望的一面，却相对不够重视黑暗的一面。在这里，潘尼卡提醒我们库比特可能犯的一个重大错误，也构成他对库比特的第一个挑战：发扬现代西方文化的光明面并不等于解决其黑暗面，这是屈服现状、掩盖问题而不是解决问题；而且，一旦问题过于重大，关系到人类命运之时，就不是"半杯满和半杯空"的态度差异了。

第二，库比特本人显然已经在某种程度上意识到了问题的严重性，以致关于我们的未来，他并不是像思竹说的那样是轻松乐观的，毋宁说，他

---

① 转引自思竹：《巴别塔之后：雷蒙·潘尼卡回应时代挑战》，宗教文化出版社 2004 年版，第 239 页。
② 同上。
③ 同上，第 240 页。

在这一问题上的态度似乎是矛盾的：一方面他认为生活宗教是一幅关于人类未来的光明图景，另一方面他承认我们的未来有可能是灰暗的甚至毁灭性的；有时候他觉得如果人们听从他的建议，接受生活宗教，那么我们的未来是乐观的，有时候他又觉得无论人们怎样对待他的生活宗教，黑暗的命运都无法避免。但值得注意的是，他的作品反映出起先他关于未来的态度是乐观的，后来变得悲观。思竹的著作出版于2004年，当时关于库比特的可得资源相对有限，因此不能苛责她在一定程度上的误解。但我们至少可以找到两个证据证明库比特并不是完全轻松乐观的：首先，他承认生活宗教仅仅是他所能想到的关于未来的一幅最为光明和美好的图景，我们的未来也有可能发展成仅仅是技术和娱乐；其次，他说过："我们面对的是一个非常灰暗的前景：在几个世纪内我们将很有可能使得地球不适合居住，并且我们将逐渐消失。如果我们能够发现并培养某种足够强大的动机或者价值，它们足以超越竞争性的民族主义以及目前支配着我们的对经济增长的关切，我们就有可能防止这一命运，但是，这样的可能性似乎很小……可以预言，未来是死的"①。这个时候的库比特甚至比潘尼卡更加阴郁和沉重。如果说潘尼卡还怀抱一线希望在尽力而为的话，库比特似乎是绝望的。在这里，第二个挑战产生了：我们的前景如此灰暗，库比特为什么不把努力放在比如"说服人们承受大量的麻烦并支付最基本的津贴以挽救和维护部分自然环境以及某些动物……付出代价高昂的巨大努力去保护整个环境和人类"②，而是致力于发扬他的生活宗教呢？他认为生活宗教对改变人类的灰暗前景有用吗？如果有用的话，作用有多大呢？

（二）如何对待传统？

思竹借用了尼采在《查拉图斯特拉如是说》中的意象来解释潘尼卡和库比特面对传统的不同方式。潘尼卡就像骆驼，强调的是继承、传递、承负、兼具创造性和连续性的成长、转变；库比特就像狮子，强调最大程度的解放、自由、创造，以生活为唯一的顺应对象。

具体而言，按照思竹的概括，潘尼卡将现代西方文化的全球化和泛经济化视为破坏传统的罪魁祸首。他认为泛经济化造成了人类生活的肤浅和

---

① 唐·库比特：《人生大问题》，王志成、王蓉译，四川人民出版社2008年版，第144页。
② 同上。

贫乏，传统也被抛荒，无人继承和传递，对此，基要主义的复兴和拯救运动也无济于事；而现代西方文化的全球扩张则造成了对人类其他传统的压抑和摧毁，最终破坏了人性之丰富性的保存和实现。思竹总结道，"潘尼卡不希望看到人类再次试图竖起统一的巴别塔，企图说一种单一的世界语。他认为那最终是不可能的，也是无益的，而那样做带来的后果却是十分危险的"①。

关于库比特对待传统的态度，思竹的评论是，"出于对传统的实在论方式的否定，库比特并不想像潘尼卡那样担负已被他视为累赘的传统，他觉得传统被抛弃不足为惜，何况它们的衰落和终结已不可逆转……使这一切发生的是当前经济和文化生活的全球化"②，因为全球化在哪里都使人世俗化和去传统化。她引用了库比特的话，"我们对我们新的全球化的和以科学为导向的工业文化不应持悲观主义的态度。我们不应该把它视为必然是毁灭性的。相反，它具有它自身的宗教意义。它可以和新的宗教人文主义联系在一起，也可以和对世界与生活新的和快乐的肯定联系在一起"③。

思竹的结论是，"潘尼卡希望联合诸传统，使它们彼此汲取丰富的资源，以转变当前占主导的政治—经济—文化的邪恶结构，库比特则乐意抛弃在他看来陈旧、过时而错误的传统，接受这个使一切旧界标消失、使世界的偶然性和暂存性面目毕现无疑的新时代，重新开始一切，开启一个全新的第二轴心时代。库比特不为传统的崩溃及其可能的宝贵资源的流逝发愁，他相信人类无须依赖传统，甚至可以有一个更好的开始"④。她给我们的信息似乎是，潘尼卡对传统的崩溃感到担忧，并试图对传统进行某种保存和转化，让它们以某种方式延续下去，而库比特对传统的崩溃感到高兴，更倾向于抛弃传统。然而，思竹也指出库比特并不是一味地与传统决裂，而是提出要继承旧宗教中的两大要素，一是某些宗教生存的形式，包括"上帝的目光"、"极乐的空"和"太阳式的生活"，二是某些词汇、仪式和象征，即"诗性神学"的方式。

---

① 思竹：《巴别塔之后：雷蒙·潘尼卡回应时代挑战》，宗教文化出版社2004年版，第239页。
② 同上，第242页。
③ 同上，第243页。
④ 同上。

第六章 问题与挑战

对于思竹的评价，我们仍然有必要进行补充，以免产生误解。首先，有必要弄清楚潘尼卡所说的传统和库比特所说的传统的区别。在潘尼卡那里，"传统"是广义上的人类诸传统，主要包括他所熟悉的天主教、印度教、佛教、世俗主义传统，可能也涉及其他传统，而库比特说的传统是狭义上的某个传统，指的是基督教传统，有时候略微涉及佛教传统中的某些部分。潘尼卡是跨文化的思想大师，库比特是基督教的孩子。其次，库比特乐意抛弃的是基督教中体制化的一面，而不是整个基督教传统的所有内容。再次，库比特保留的是基督教中伦理的、灵性的一面，我们在前面谈到过六个不可取消者，而不仅仅是思竹说的两大要素。当然，这里也不能苛责思竹，因为库比特对"天国阶段"的具体阐发是在思竹的论文出版之后进行的，之前他的确只提到对这两大要素的继承。从目前的情况来看，库比特致力的工作与潘尼卡一样，也是对传统的转化，而不是抛弃。

我接下来指出潘尼卡对库比特的三个挑战，加上前面的两个挑战，总共是五个。第一，转化传统的方式是对话还是利弊取舍？潘尼卡认为是前者。他比库比特更看重传统的完整性，他要实现的是完整的传统的转化，包括其语言、仪式、独特的观念和思想方式等，他认为这关系到"人性的丰富性"。在全球化的时代，同一传统和不同的传统之间如何进行沟通与转化呢？潘尼卡发明了一些新词，比如"宇宙—神—人共融的意识"、"形式相似的等价词"、"对话的对话"等，他尝试创造一种非本质主义的方法论，在保留并且不歪曲各个传统的基础上搭建一个共同的对话平台，实现宗教内和宗教外对话。库比特采取一种非实在论的态度对待各个传统。他认为不同的宗教传统是不同的艺术品，提供不同的生活图像和生活方式，他鼓励一种"零敲碎打"的继承方式，认为可以用批判思想方式对传统进行逐条检验，实现一种扬弃。那么，扬弃的依据是什么呢？事实上，库比特并不反对如其所是地继承宗教传统，只要被继承的东西证明不是弊大于利。他对基督教体制化的一面的反对不是因为他认为那是错的，而是因为他认为那是逆流而行，弊远远大于利。因此，库比特没有像潘尼卡那样花费如此之多的心力致力于对话问题，因为对话在他那里不再是一个关键问题。然而我们需要指出的是，首先，现实的问题并未因为库比特的非实在论思想而消失，毕竟持彻底非实在论者是人群中的少数，对话是当今最迫切的任务和需要之一；其次，退一步讲，非实在论仅仅是一种立场，并不取消现实中差异的存在，非实在论者之间也需要对话，那么像潘尼卡一样搭建一个平台恐怕是必须的工作；再次，即使关于利与弊的公共合意恐怕也不能作为对待传统的唯一标准。这里反映出来的问题是，与潘尼卡相比，库比特对现实的危机没有那么关注。

第二，天国阶段的基督教是成全传统还是抹煞传统？首先需要明确一个问题，提倡继承传统的潘尼卡是一位实在论者吗？当然不是，他也把宗教传统视为一套象征的语言，与库比特把它们视为艺术品没有实质区别。他对待传统的不同态度对库比特提出的挑战是：既然传统是非实在论意义上的人类艺术创造，是否能以非实在论的方式完整地转化它们，没有必要用零敲碎打的方式将传统弄得七零八落、面目全非。事实上，潘尼卡会认为库比特的方式是危险的，全球化已经导致传统及其宝贵资源的流失，如果再加上库比特的生活宗教理论，传统似乎难以避免消失的命运。再者，潘尼卡可能会追问，被敲打得七零八落、体无完肤的传统还是传统吗，库比特描述的天国阶段的基督教还是基督教吗，他是在成全基督教还是抹煞基督教？造成两人的差异的原因或许正如思竹概括的，库比特以生活为唯一的顺应者，而潘尼卡背负着沉重的传统。

第三，生活宗教是一个新的巴别塔吗？首先需要指出，不能判断库比特认为抛弃传统"不足为惜"，他对传统的流失"不发愁"。可能他给人这样的印象，但我们只能判定他持有"面对现实"的务实态度，正如他说的："如果我们不能击败后现代性，那么我们就应该接受它"①。虽然库比特认为没有所谓的世界宗教，但他肯定正在浮现出来的生活宗教是真正"全球化"的，因为各个传统在生活方面没有如此大的差异，而且全球化造成了一种人类会谈。那么，库比特是在竖立潘尼卡反对的巴别塔吗？可能是，因为库比特的生活宗教有可能变成一种抹煞多样性和差异性的危害，而不是一种福音；也可能不是，因为库比特的生活宗教并不是传统意义上的"宗教"，而仅仅是一种热爱生活的灵性。

潘尼卡与库比特一样，都致力于在第二轴心时代的背景下完成传统的转化，关于如何转化的问题，两者采取了不同的方式。潘尼卡对现实问题

---

① 转引自思竹：《巴别塔之后：雷蒙·潘尼卡回应时代挑战》，宗教文化出版社2004年版，第242页。

的强烈关注、对传统之内和传统之间对话的深入探讨以及对转化之路的不同看法一方面显示了库比特在某些领域的局限性，另一方面对库比特构成巨大挑战。然而，在思考潘尼卡的挑战的时候，我们不应该忘记库比特是基督教传统内部的思想家，他的探讨领域是宗教哲学。总体而言，潘尼卡暗示库比特缺乏问题意识。我认为这是一个公允的评判，毕竟个人拯救的实现要以现实世界这个大背景为依托和服务对象。

四 尼特：同道者？

保罗·尼特是当代美国最具影响力的基督教神学家之一。他与库比特的一个共同之处是，两者都将理论与实践密切结合在一起。王蓉在她的著作《苦难与拯救：保罗·尼特的宗教多元论与宗教对话思想研究》中将尼特的思想轨迹概括为四个阶段：从排他论到兼容论、走下拉纳之桥、走向诸宗教的解放神学和信仰的穿越。[①] 在此过程中，尼特不断转变他的立场，从排他论首先走向兼容论，然后倡导多元论，最后向非实在论靠拢。我在这里的讨论对象是尼特第四阶段的转变。

在《没有佛，我做不成基督徒》中，尼特总结了他的信仰穿越之路新近结出的果实，这条道路是："异常开放地、仔细而尽可能个人化地逾越到其他宗教传统去探险，然后返回到自己的基督教信仰看一看其他宗教在多大程度上能够帮助他理解基督教中这些正统的神学问题……他进入佛教寻找问题的答案。"[②] 从王蓉对他的穿越结果之总结来看，他对基督教中的正统问题的回答与库比特有着惊人的相似性。接下来，我从以下八个方面论证我的观察：二元论、上帝、宗教语言观、死后生活、耶稣、拯救、上帝国和身份问题。这八个方面涉及的都是基督教中的核心话题。

第一，关于二元论的看法。根据王蓉的解释，尼特认为，基督教的大部分历史问题都被二元论的问题所困扰。王蓉引用了尼特举出的两个例子[③]：首先，基督教教义中关于上帝的创造之爱与传统上理解的上帝超验

[①] 王蓉：《苦难与拯救：保罗·尼特的宗教多元论与宗教对话思想研究》，宗教文化出版社2011年版，第29—42页。

[②] 同上，第218页。

[③] 以下两个例子见王蓉：《苦难与拯救：保罗·尼特的宗教多元论与宗教对话思想研究》，宗教文化出版社2011年版，第219—220页。

的他在性如何调和；其次，上帝来到这个世界的目的是要成为这个世界的一部分，但为什么他只道成肉身一次。在这两个例子中，共同的问题是，正统基督教教义所教导的作为全然的他者的上帝与跟我们密切关联的上帝之间存在着严重的不对称性。因而，尼特的结论是，二元论是问题的根源所在。到这里，他与库比特是一致的。

然而，在对待二元论的态度上，两者之间存在分歧。尼特认为"基督徒把上帝和世界、无限和有限做了区分，这种区分事实上是正确的、适当的，也是必要的。但是，我们把它们区分得过于清楚了，我们过于强调它们之间的差异了"。① 可见，在尼特看来，问题不在二元论本身，而在于我们处理二元论时的技术问题——过于强调差异。在这里，尼特的态度给我们一种印象：他仍然停留在实在论的框架之内，与彻底反对二元论本身的库比特截然不同。然而，我们在后面的分析会表明，要么尼特没有完全意识到自己潜在的非实在论立场，要么尼特已经修改了"二元论"的本质主义内涵。

另外值得指出的一点是，尼特对佛教的认识印证了库比特与佛教在本质上的相似之处。比如，对佛教徒而言，这个世界最基本的现实不是存在，而是生成，即库比特所说的存—在；缘起表明每一事物都是相互关联的，根本没有本质意义上的"自我"的存在，我们是生成，这与库比特对自我的解释是一致的；佛教的空的意思是"无常性"，这是一种非实在论。值得重视的是，尼特谈到"空也是一个能量场。在这个能量场中，并通过这个能量场，每一事物的能量都相互作用，互即互入"，库比特也谈能量之流形成和维系事物，生命是能量之流的短暂结点。

第二，关于上帝的看法。尼特受到佛教互即互入概念的启发，把他对上帝的重新理解归纳为四个方面②。首先，我们第一次可以让上帝再度成为神秘者。上帝必须成为上帝之前的一种经验，否则不论用什么词来意指上帝都是言之无物。其次，尼特承认他每个星期天都崇拜的上帝、他力图在他的祷告和冥想中认识到的上帝、使他的头脑和心灵联结在一起的上帝

---

① 以下两个例子见王蓉：《苦难与拯救：保罗·尼特的宗教多元论与宗教对话思想研究》，宗教文化出版社2011年版，第220页。

② 同上，第223—225页。

与佛教的空和互即互入更相似性，而不是与作为超验者的上帝更相似。再次，上帝不是一个名词，也不是一个形容词，而是一个动词，是互即互入的上帝。最后，如果把上帝感受并想象为互即互入，如果世界是通过互即互入而工作和运转的，那么创造者的创造就不能被理解为是创造者的产物，上帝成了关联的灵。在这里，我们禁不住要问，用佛教的互即互入概念重新解释的上帝还是基督教的上帝吗？尼特保留基督教的上帝是出于理智上的原因还是情感上的原因？

库比特在他创造的新神话中谈到语言的他者，即存—在之流喷涌而出，语言将它照亮，形成我们可理解的世界。存—在之流的来临和语言的照亮不受我们的时空观念的管辖，它们如何运行是一个奥秘。尼特所说的上帝是"上帝之前的一种经验"、"一个动词"、"与空和互即互入更相似"，是不是跟库比特所说的存—在之来临与运行的奥秘很相似呢？我们也许可以把尼特的上帝理解为库比特的存—在之流，因为存—在之流的特点和尼特的上帝的特点非常相似。有趣的是，库比特也谈到过神秘主义传统的宝贵价值，并认为他的生活哲学在某种程度上是对古代的神秘主义传统的一种回归。另外，赫伯斯韦特曾嘲笑库比特在教会主持崇拜时"内心对所有的语言进行一种怪诞的重新解释"[①]，就跟尼特在每个星期天参加崇拜时的内心活动一样。

在《非实在论的上帝观》一文中，库比特谈到了关于上帝的几个现代问题[②]：用来说上帝是什么的旧词汇的丧失；关于上帝存在的传统证明的失败；在一个就事物的起源与成长持强大的"自然主义"或"内在化"解释的时代，我们关于上帝之解释的虚弱；恶的问题；非一神论的宗教和神秘主义的存在。他的论证是，神秘主义者对上帝的靠近和哲学家对绝对者的靠近导向某种单一的、简单的东西，它超越所有的语言和区分……直到他们意识到最后我们无法分辨上帝与空的差别。对照尼特关于上帝的观点，我们发现，尼特似乎印证了库比特的观点。

第三，关于基督教语言的看法。按照王蓉的解释，尼特从佛教"手指月亮"的典故受到启发，认为"一切基督教的语言，包括神学家的言

---

① Brian Hebblethwaite, *On Disagreeing with Don Cupitt*. Manuscript, 2007.
② 以下相关内容参照库比特的手稿 *The Non-Realist View of God*。

论、《圣经》里的故事和教导以及教义和教条的措辞都是指向月亮的手指。基督教的语言构成了指向上帝这个月亮的众多手指……我们所有关于上帝的语言就只是一个象征而已……象征意味着我们去行动和改变自己的生活"①。

在库比特看来，宗教是某种语言游戏，"特殊的宗教词汇被用来激起、集中、聚焦、传送和释放宇宙情感"②，"基督教观念至多可以被视为这样一种符号：被发现能够有效地把受生物性制约的情感变成宇宙性的宗教情感"③。库比特赞同维特根斯坦的观点，认为宗教语言的真实性就像尼特说的那样"意味着我们去行动和改变自己的生活"。虽然尼特仍然不抛弃、不放弃地谈到存在上帝这个"月亮"，使我们想到约翰·希克的"实在者"，然而按照他对上帝的解释，"月亮"似乎并不是实在论的月亮。所以在此处，仍然可以认为尼特更接近库比特，而不是希克。

第四，关于死后生活的理解。同样受到"手指月亮"典故的启发，尼特指出"基督教里所谈的天堂、地狱、炼狱等等都是象征，它们是指向月亮的手指，而不是对月亮的确认……传统基督教关于天堂的教义是非常自私的或者说是自我中心主义的……佛教禅宗不关心死后生活，基督徒的问题在佛教禅宗里不是问题……他们（佛教徒）关注的是当下，此时此刻"④。王蓉将尼特对死后生活的新理解概括为两点。⑤ 首先，尼特指出，我们忠实于基督教关于死后生活之谈论的话语，并不是我们字面地忠实于这些话语本身，而是这些话语形成或者改造了我们的生活。其次，尼特不相信基督教关于地狱的教导，但认为业可以成为地狱，所以我们必须严肃认真地对待我们的自由意志，必须勇敢地为自己的所作所为承担后果。

在这里，尼特让我们想起库比特的太阳伦理学和人道主义伦理学，前者教导我们全心全意委身于此时此刻的生活，活在当下；后者教导我们无

---

① 王蓉：《苦难与拯救：保罗·尼特的宗教多元论与宗教对话思想研究》，宗教文化出版社2011年版，第230—231页。
② 唐·库比特：《快乐之路》，王志成、朱彩红译，浙江大学出版社2006年版，第13页。
③ 同上，"序言"。
④ 王蓉：《苦难与拯救：保罗·尼特的宗教多元论与宗教对话思想研究》，宗教文化出版社2011年版，第232—233页。
⑤ 同上，第233—234页。

条件地热爱人类同胞。关于库比特对死后生活的看法，我们以他的文章《最后的审判》为例。[1] 他在文章中将最后的审判解释为三个部分："法律、威胁与承诺"、"线性时间、历史与罪"和"对末了的拖延"。具体而言，他认为关于最后的审判的传统观念是一种偶像崇拜。事实上，最后的审判是一幅告诫世人的图像和一种引导世人的想象，虽然它纯属虚构，但它为按照它来生活的人带来巨大的不同。我们可以看到，在死后生活的问题上，尼特与库比特再次达成了一致。

第五，关于耶稣的解释。参照王蓉的描述，尼特从佛教对佛陀的个人传记的解释中得到启发，把耶稣理解为像佛陀一样从历史上的人变成了耶稣基督、弥赛亚。他认为我们可以把上帝之子理解为觉悟者，"耶稣成为神，他像乔达摩一样觉悟了……把耶稣的神性理解为他的觉悟对圣灵的展示和行动，这使耶稣成为一个非常特别的人，也是一个非常真实的人……称耶稣为救主，是因为我们把他经验为一个力量强大的老师"[2]。尼特的耶稣也是一位智慧导师，因为他启示了我们。

尼特对耶稣的解释与库比特惊人地相似。早在1988年11月1日发表在《星期日泰晤士杂志》（*The Sunday Times Magzine*）的文章《耶稣是谁或什么?》中，库比特就描述了耶稣被神化的整个过程。在《快乐之路》中同样可以找到库比特关于耶稣如何从人变成神的解释，我们在前面已经提到过。在《耶稣与哲学》中，库比特为耶稣重新树立了智慧导师的形象，这与耶稣研究会的工作是一致的。如今，这种新的"智慧导师"观点又多了尼特这个支持者。

第六，关于拯救的观点。我们继续跟随王蓉对尼特的描述，尼特受到佛教无我观念的启发，将拯救视为"不是指我们死后上天堂，而是指我们的生活被转化，得救就是意识到我们确实是上帝的子民；上帝的爱与怜悯能够进入我们的内心，丰富我们……拯救，这不是发生在我们之外的转化，而是对我们的存在的内在探索……称之为无我"[3]。

维特根斯坦曾说，永恒是此时此地的生命质量，同样，在库比特看

---

[1] 以下相关内容见 Leo Howe & Alan Wain ed., *Predicting the Future*. 1993, pp. 169–186.
[2] 王蓉：《苦难与拯救：保罗·尼特的宗教多元论与宗教对话思想研究》，宗教文化出版社2011年版，第240页。
[3] 同上。

来，不存在死后生活，所以拯救必定是在今生达到的，不存在实在论意义上的上帝，所以拯救必须靠自己获得。库比特很少使用"拯救"这个词，大概在他看来，拯救预设了形而上学的上帝与死后生活。取而代之，他谈论的是"永恒快乐"、"宇宙性的爱"、"太阳式生活克服恶的问题"、"苦中之乐"等。根据他的思想，当前的真宗教是生活宗教，它能够帮助我们过太阳式的生活，把自己倾空，与存在之流合一。库比特相信这会带来宇宙性的爱和永恒快乐，因为这消除了过分热切的自我关注，相当于佛教说的渴爱，从而也就克服了对自身死亡的恐惧，完成了生命的转化。虽然库比特是用太阳伦理学的语言来表达的，而尼特仍然用传统基督教的语言说话，但我们可以看到，尼特说的"无我"、"生活被转化"和"对我们的存在的内在探索"与库比特的太阳伦理学之精神是完全吻合的。再往前迈进半步，用日常生活的语言替换基督教的传统语言，尼特就能得出与库比特一样的结论。

第七，关于上帝国的问题的探索。我们可以把尼特多年来促进宗教间和平的努力视为实现上帝国的努力。王蓉提到，"尼特努力工作，希望与其他基督徒一起促进耶稣所指引的生活目标——《新约》里称为上帝国的目标"[①]。然而，在实践中，尼特遇到了很多难以解决的问题，他意识到需要补充和完善对上帝国的理解，而佛教又一次给了他很大帮助，我们把王蓉对此的解释概括为三个方面：首先，尼特认识到，佛教没有末世论，佛教徒不相信或者说没有必要相信人类历史会走到一个终点；其次，佛教和基督教都强调和平，后者将重心放到正义之上，而前者只谈到了智慧和慈悲，注重觉悟的优先性；再次，佛教强调首先接受，然后行动。尼特获得的启发是，"需要去除一个人促进和平的私欲，从而使他的行动不是以自我为中心，而是发自他真实的本性——智慧与慈悲，因为自我中心会妨碍我们去做一个促进和平的人"[②]，从而避免导致一个著名的悖论——反对者最后成了自己反对的对象。尼特在现实中目睹了为促进和平而努力的修女自己端起枪，成了暴力者。他意识到，一个人必须在自己的内

[①] 王蓉：《苦难与拯救：保罗·尼特的宗教多元论与宗教对话思想研究》，宗教文化出版社2011年版，第243页。

[②] 同上，第249页。引文略有改动。

心建立上帝国，才能为实现上帝国而努力。这进一步使他得出以下四个结论。[①]首先，"上帝之国"就在你我中间。佛教徒提醒尼特不要到"外面"去寻找我们的未来，而是要委身于当下。其次，尼特相信世界的明天将比今天更好，因为有了佛教的智慧和慈悲，基督徒可以为这个世界带来真正的改变，变得更美好，尽管不存在最终的完美世界。再次，尼特意识到成为基督与建设上帝国密不可分，就是说，先要在灵性上有智慧和慈悲，然后才能付诸行动。尼特把这视为"成为基督"。最后，没有慈悲，就没有正义。

尼特的探讨从传统的对历史之末的上帝国的盼望转向上帝国在人的内心的建立，从而让世界变得更美好。在尼特那里，上帝国的来临不再是一个超自然事件，而是人的内心的一种灵性转变，"天国在你心中"。我们从尼特的实践中可以看到，他心中的上帝国是一个充满和平与爱的世界，他在用自己的行动加快这个世界的来临。虽然他仍然使用传统的语言说上帝国将即未即，但根据他的新观点"未来是由当下形成的"，我们可以明白他说的上帝国不是从外部被超自然地给予的世界，而是人们通过自己的努力实现的世界。

库比特明确地谈到现代西方文化是基督教的天国阶段。他论证说耶稣谈论的天国来临不是一个超自然事件，而是人的内心的一种状态。关于天国，他用的词语不是上帝国，而是"天国阶段"，指继教会阶段之后，基督教的又一个历史阶段或最后的历史形态，而天国阶段的伦理学是和平与爱的太阳伦理学与人道主义伦理学。虽然尼特与库比特对天国的看法有所不同，但两者都是在非实在论意义上谈论上帝国的。

第八，对待身份的态度。王蓉准确地指向了尼特的转变在内心带来的巨大张力——身份问题。实际上，在尼特的整个精神旅程中，由身份问题带来的张力一直存在，只是没有现在这么严重和痛苦而已。尼特的问题在于，他想找到一个两全的立场，既强调一种宗教上的混合，又不失去身份。许多批评者断言尼特难以继续坚持"基督徒"的身份。王蓉提出三个解决办法：一是平衡好委身与开放之间的张力，继续保持传统意义上的身份；二是像潘尼卡一样穿梭在不同的身份之间（但我们需要指出，潘尼卡的身

[①] 以下四个结论见王蓉：《苦难与拯救：保罗·尼特的宗教多元论与宗教对话思想研究》，宗教文化出版社2011年版，第250—251页。

份并不是实在论意义上的身份);三是像库比特一样过无身份的生活。①

　　对于身份的坚持可以视为尼特仍然处于实在论向非实在论转变途中的证据之一。从上述论证可以看出,关于传统基督教的几乎所有重要话题,尼特基本上持非实在论的解释,唯有在二元论和身份问题上仍然难以割舍实在论的尾巴。尼特的精神与实践之奥德赛可以视为一个案例,表明在当代处境下,真正面对现实世界的真诚的基督徒所面临的问题与困惑,以及一条可能的转变道路。这条道路尼特还没有走完,但就目前的情况判断,他有可能走向库比特,变成一名非实在论者。

　　我们讨论了库比特与四位当代著名的宗教作家的关系,他们代表了实在论者、批判实在论者、不二论者和从实在论向非实在论可能的转变者。我们可以看到库比特与他们在总体上或者在某些具体问题上的异同、他们与库比特之间的互相批判和他们对库比特的挑战。在这四位中,赫伯斯韦特和希克与库比特有直接交锋,潘尼卡和尼特与库比特虽没有直接往来,但存在巨大的共鸣,甚至对彼此的思想很敏感。库比特与他们的争论使我们得以窥见当代西方宗教哲学界实在论与非实在论之争的部分面貌。

第二节　信仰之海的作家对库比特的继承、超越与挑战

　　从信仰之海网络中已经浮现出了一批宗教作家,就目前为止他们产生的影响而言,其中最重要的是劳埃德·格尔林、大卫·哈特(David Hart)、斯蒂芬·米切尔(Stephen Mitchell)、格莱姆·肖(Graham Shaw)和安东尼·弗里曼(Anthony Freeman),其他还可以列出加文·海曼(Gavin Hyman)、休·雷蒙—皮卡德(Hugh Rayment-Pickard)、格莱姆·沃德(Graham Ward)等名字。关于这些作家有两个最常见的误解。第一个误解认为这些人是库比特的翻版,按照利维的说法,"正在向无知而又轻信的听众兜售他最新的成果"。第二个误解把非实在论看作将这些作家和库比特捆绑在一起的"教条"。我们的论述将会表明,这些误解要么简单地忽略了信仰之海网络的多样性和这些作家的创

---

① 王蓉:《苦难与拯救:保罗·尼特的宗教多元论与宗教对话思想研究》,宗教文化出版社2011年版,第257—258页。

造能力，要么对"非实在论"这一概念没有清楚的认识，因为非实在论既可以指哲学上的"广义"立场，也可以指神学上的"狭义"立场。概括地说，不同作家持有的非实在论至少有三种：第一，哲学上和神学上都是非实在论的；第二，哲学上是实在论的，而神学上是非实在论的；第三，从修辞学上来看是非实在论的，而神学上是实在论的。[①] 在上述宗教作家中，第一种包括格尔林、哈特、弗里曼和米切尔，肖属于第二种，我们另外加上不属于信仰之海网络的约翰·斯朋，他属于第三种类型的非实在论者。

为了方便讨论，按照他们的思想与库比特的关系，我把这些宗教作家简单化地归纳为库比特的继承者、超越者（局部的）和反对者。继承者是弗里曼和米切尔，超越者是哈特和格尔林，反对者是肖和斯朋。利维在他的著作中对这些作家已有论述，我在这里参考他的论述，并加以重新整理和补充。另外，1993 年，新西兰电台就"基督教会中异议的本质与角色"话题邀请库比特、斯朋和格尔林做了一次访谈，访谈内容与三位宗教作家之间的对话收录在新西兰圣安德鲁联合会出版的一本小册子里，名为《信仰的前沿》，我将在这里涉及。

一 继承者：以非实在论改革教会

（一）安东尼·弗里曼

由于库比特的思想旅程可以分为不同的阶段，所以需要说明的是，弗里曼与米切尔继承的是库比特在《远离上帝》和《信仰之海》等著作中的最初关切：以非实在论改革教会。

弗里曼认为，教会难以接受非实在论的"一个主要障碍"在于"上帝这个词本身。人们普遍假设这个词存在一个意见一致的含义，至少当它被大写，并在基督教语境中使用之时"[②]。他通过进一步分析"我相信上帝"这句话的含义揭示，然而情况并非如此：有些人说这句话时试图表明，存在一个照看着我们的人格；也有些人指的是，在所有事物之上存在着一个

[①] 转引自 Nigel Leaves, *Surfing on the Sea of Faith.* Santa Rosa: Polebridge Press, 2005, p. 142.

[②] Anthony Freeman, "Non-Realism and the Life of the Church", Colin Crowder ed., *God and Reality.* London: Mowbray, 1997, p. 30.

拥有至高价值的无限实体。因此，在教会内部已经存在着对"上帝"这个词的不同理解。弗里曼主张借鉴库比特对上帝的重新定义："上帝……是我们的价值的总和，代表的是这些价值的理想统一体，它们对我们的要求，以及它们的创造力。"① 他要求以非实在论重新定义的不止是上帝，还有祷告、圣餐、葬礼等整个教会大厦。最后，他将矛头指向教会本身，发出这样的质疑，"教会要成为一个封闭的精英团体、被拣选的少数派、天国的骑兵队，还是一个什锦包，或善或恶或漠不关心的混杂，试图以各自不同的方式在伽利略的阴影下谋生？"② 由此，他呼吁教会变得更加"开放"。他说："一个开放的而不是狭隘的教会需要这样的牧师：在其牧群对基督教教导之标准理解表示质疑的时候，能够站在他们身边。"③

弗里曼探讨的是对上帝的一种费尔巴哈式的转变，即把超自然的上帝替换为我们生活中的所有价值与理想之代表，以及对教会的一种非实在论的转变。他的这些观点集中在1993年出版的一本小册子《上帝在我们之中：基督教人文主义的一个案例》中。然而，不幸的是，英国国家媒体误解了他的观点，认为他在说上帝不存在，并且在攻击那些使用17世纪的语言谈论上帝的人。事实上，正如利维替他申辩的那样，"他根本不是放弃，而只不过是鉴于神学非实在论重新解释宗教仪式、伦理和教义……他不是呼吁放弃这样的语言，而是指向这种语言背后的对上帝实在论的、超自然的理解及其对后现代民众的不合适性"。④ 换言之，他试图颠覆的不是上帝、教会和基督教本身，而是用来理解上帝、教会和基督教的传统的实在论方式。

更大的不幸降临到了弗里曼身上。由于拒绝收回自己在《上帝在我们之中》的观点，他被圣公会革除神职。对此，他在《泰晤士报》上发文为自己抱不平：尽管自己努力保持着对教会的忠诚，并且认为教会在英

---

① 唐·库比特：《信仰之海》，朱彩红译，宗教文化出版社2015年版，第325—326页。
② Anthony Freeman, "Non-Realism and the Life of the Church", Colin Crowder ed., *God and Reality*. London: Mowbray, 1997, p. 38.
③ Ibid..
④ Nigel Leaves, *Surfing on the Sea of Faith*. Santa Rosa: Polebridge Press, 2005, p. 147.

格兰的民众信仰生活中扮演着重要的角色，但还是被解除职务。① 弗里曼获得了很多同情的关注。米切尔组织 70 多名神职人员联名写抗议信，要求允许弗里曼表达自己的观点和留任教区。库比特被教会当局对弗里曼的举措激怒，以致退还神职证书表示强烈抗议。然而，事情最终没有获得挽回。

具有讽刺意味的是，遭到革职以前，弗里曼在他的文章中还批评了一部分评论者的判断，他们认为对基督教的非实在论理解也许可以在大学神学系中被接受，但不能在教区被接受。弗里曼天真地认为"他们（评论者们）的观点是大错特错的。在灵性问题上……英格兰教会始终拒绝在职业神学家、教区神职人员和平信徒之间做出任何区分"。② 事实证明，评论者们的判断是正确的。利维一针见血地指出，"关键问题是，这种进路（非实在论的进路）在教区环境内部是否被允许。在主教坎普（Eric Kemp）看来，公众人物和私人角色之间是有分别的：神职人员可以有怀疑，但把疑惑在公众场合表达出来则是不允许的"。③

虽然针对弗里曼事件，库比特以激进的方式作出了抗议，但他对这种情况早已发出警告，"我自己曾经对学生们说过，除非你已经达到一个可持续发展的专业水平，否则不要出书，因为他们（教会）会用一种残酷无情的方式来对待你。"④ 虽然在 21 世纪，库比特自己已经对改革教会放弃希望，但弗里曼不幸成了信仰之海的第一个被迫结束神职生涯之人。

（二）斯蒂芬·米切尔

虽然对弗里曼表示同情，并组织了联名抗议活动，但米切尔并不同意弗里曼的观点。他指出，弗里曼的弱点的确给媒体可乘之机，让媒体成功抓住了把柄做文章，将弗里曼的立场描述为上帝仅仅存在于人的头脑之中。比如，《卫报》专栏评论道，"这次，基督徒——是牧师——说上帝

---

① 转引自 Nigel Leaves, *Surfing on the Sea of Faith*. Santa Rosa: Polebridge Press, 2005, p. 146.
② Colin Crowder ed., *God and Reality*. London: Mowbray, 1997, p. 26.
③ Nigel Leaves, *Surfing on the Sea of Faith*. Santa Rosa: Polebridge Press. 2005. p. 147.
④ Ibid., p. 141.

并不存在（因为没有什么东西存在），除了在人的头脑中"。① 牛津主教哈里斯（Richard Harries）借此发出了对弗里曼和信仰之海的攻击，"信仰之海基督徒团体争论说，上帝仅仅在他们的头脑中存在。他们的弱点之一是，他们不尊重无神论。"② 进一步的批评是，如果上帝仅仅在信徒的思想中存在，上帝就是纯粹主观的，对公众不起作用，那么，每一个人都被封闭在自己的想象之中，交流是不可能的。于是，个人主义被发扬到极致，信仰之海的成员都成了唯我论者。

关于这些批评，米切尔反驳道，这并不是包括弗里曼在内的激进神学家试图表达的。弗里曼的用意在于批判以实在论的方式理解上帝，而他的用意被误解为一种唯我论。根据米切尔的分析，误解之所以会出现的原因是，"在上帝和自我问题上没有摆脱二元论的思想方式……所以他（哈里斯）争论说，在我们不同的世界观之上，在我们改变着的理论与解释之上，存在着真实的世界本身。"③ 换言之，二元论使得他们无法理解弗里曼的观点，因为在他们看来，如果上帝不是超自然存在，那么剩下的唯一可能性是仅仅存在于人的头脑中。米切尔解释道："持（弗里曼的）这样一种观点并不是说就没有实体，而是说实体、经验和语言是不可分的。"④ 米切尔想要表达的是，在弗里曼那里，上帝是否存在的问题实际上被悬搁了。

为了纠正弗里曼的弱点，米切尔提出了两个建议。首先，不应该将重点放到自然与超自然的区分这一问题上，因为这给了哈里斯等人可乘之机；而是应该将重点转向公共与私人的区分之上。库比特在《后现代宗教哲学》中提出，如今神圣与世俗的区分已经让位于公共与私人的区分，在两者的关系中，公共先于私人。米切尔补充道，"对自我与上帝的寻求将不是一个离开身体、世界和时间的旅程，而是一个进入共同体的公共生活的旅程，我们是由共同体创造的"，"因此，非实在论者拒绝自我中心的灵性"，"把真理、意义、自我，甚至实体本身纳入人类共同体的语言

---

① Stephen Mitchell, "All in the Mind？", Colin Crowder ed., *God and Reality*. London: Mowbray, p. 50.
② Ibid.
③ Ibid., p. 52.
④ 转引自 Nigel Leaves, *Surfing on the Sea of Faith*. Santa Rosa: Polebridge Press, 2005, p. 148.

之中，并且把这些视为我们人类关系和行为的各个方面……真理和知识与共同体的目标以及共同体的内部关系是相关联的。"[①] 通过转移重点的策略，即不是像弗里曼那样强调上帝并非超自然存在，而是强调人类共同体只能以非实在论的方式谈论上帝，米切尔能够成功地驳回哈里斯等人的指责。

米切尔对弗里曼的第二个建议是，弗里曼应该更加重视宗教实践的层面。在米切尔看来，"信仰远远不止是用非实在论的理解代替对上帝的超自然理解，以及将教义去神化"，"宗教团体更多地关注如何生活（实践宗教），而不是更多地关注有关教义和信条之真实性的理智争论"[②]。秉承库比特的精神，米切尔将生活放在第一位。由此引出的一个观点是，"说上帝是实在的而不是非实在的与此无关：上帝这一实体如何影响我们的生活，上帝的故事如何开始被讲述，以及上帝的故事如何被理解。同样，说上帝是非实在的而不是实在的也与此无关：上帝的故事如何塑造各民族、共同体和人民。毋宁说，诸神——像我们所有人一样——将被视为更像艺术品，需要借助人类的想象，不断地诠释和再诠释，诸神的生命与价值都要在公共的生活之流中找到"[③]。在此，他将库比特的非实在论精神发扬到底，认为是人类共同体创造了上帝的故事，上帝的故事又反过来影响人类共同体，使之重新创造自身。

上述内容能够很好地解释为什么尽管在媒体上大力宣传信仰之海网络，而且做了多年英国网主管委员会的主席，米切尔还是能够避开类似于弗里曼遭受的制裁。利维评论道，在显示库比特的作品如何可能帮助人们在教区的背景中改革基督教这一点上，米切尔比弗里曼要远为成功。[④]

[①] Stephen Mitchell, "All in the Mind？", Colin Crowder ed., *God and Reality*. London: Mowbray, pp. 58-59.

[②] Nigel Leaves, *Surfing on the Sea of Faith*. Santa Rosa: Polebridge Press, 2005, p. 149.

[③] Stephen Mitchell, "All in the Mind？", Colin Crowder ed., *God and Reality*, London: Mowbray, pp. 59-60.

[④] Nigel Leaves, *Surfing on the Sea of Faith*. Santa Rosa: Polebridge Press, 2005. p. 149.

二 超越者：非实在论对话模式和宗教生态人文主义

（一）大卫·哈特

起初，哈特是库比特的忠实追随者，被评论者定型为"真正的库比特主义者"。然而，1990年代中期，库比特健康状况恶化，哈特发现自己成了信仰之海英国网的新船长，这促使他完成了一次转型，从继承者变成了超越者。

利维从哈特的一篇被忽视的文章（*On Not Quite Taking Leave of Don*）中总结出了哈特对库比特的宗教方案的"三点告诫"：第一，它"过于理智"，缺少现实的创造性；第二，它过多地建立在基督教基础之上，必须更多地结合其他几大世界宗教；第三，它需要共同体的表达。[1] 在这些告诫中，或许第二点是最重要的，一方面它凸显了一种对话意识，这是哈特对库比特理论的创新之处，另一方面它能够消除另外两点告诫。

库比特没有专门讨论宗教对话这一主题。虽然他宣称自己是"50%的基督徒，30%的佛教徒和20%的犹太教徒"，他的理论中也不乏对话因素，我们不时可以看到他与佛教、伊斯兰教甚至中国传统的对话，还可以看到作为宗教作家的他与艺术和文学的对话，但他没有将非实在论作为一种对话模式，应用于宗教内部、宗教之间或者学科之间的对话。将库比特的思想往前推进一步，明确提出非实在论对话理论的是大卫·哈特，在这里我们还可以加上王志成的名字。

我认为哈特的对话理论研究是全面的，他阐明了非实在论对话模式的可能性、理论基础、功能和对话主体，并将这种对话模式与其他人的对话模式做了比较。在他的著作《一种信仰？非实在论与世界诸信仰》中，他考察了现代西方思想、犹太教、基督教、伊斯兰教和一神论的印度教，在它们每一者之中都找到了非实在论的路线，这为非实在论对话模式的操作提供了可能性。在《怀疑中的信仰：非实在论与基督教信念》中，哈特表明了非实在论对话模式的理论基础："我们都是语言的创造物，虽然我们玩的是不同的语言游戏，但我们至少可以意识到，它们是游戏而不是实在。我们能够认识到，暂时的真理可以被接受和采

---

[1] Nigel Leaves, *Surfing on the Sea of Faith*. Santa Rosa: Polebridge Press, 2005, p. 143.

纳，尽管它们没有我们指派的意义之外的意义。在一生中，我们会跟许多意义体系打交道，执着于它们或者朝它们开放。然而，这是我们的灵性生活之真义。"① 哈特以语言游戏理论的精神为切入点谈对话，更重要的是，他将对话置于灵性生活的基础之上，试图避免像林贝克一样走向信仰主义，并为对话寻找地基。非实在论对话模式的功能是：首先，套用利维的说法，它的策略能"避免对自己的特定宗教信仰系统之唯一真理性做出实在论假设之人的敌意，因为它以哲学上的非实在论而非神学上的非实在论作为对话的起点"；其次，对世界诸宗教进行非实在论的理解"将逐步使得信仰者欣赏其他传统，花更多时间和心思跨越进入其他传统"②；最后，通过它有望在多信仰的国家里建立起更加和谐与包容的社会，并促进世界的和平。哈特强调，对话主体是普通人。与许多学者的观点不同，他认为"普通崇拜者通常最先认识到他们自己的信仰中的教条因素，并且寻找方法来解决与其他传统之间存在的潜在冲突"③。也许哈特是在库比特的日常语言调查方法中找到了灵感，这种新的宗教研究方法的前提是对普通人及其思想的重新认识。在《非实在论与诸信仰的世界》中，他指出了卡尔·拉纳、约翰·希克等人的对话理论存在的问题，并表明了非实在论对话模式的优点。套用他的话，"上帝不是一个外在于我们的生活的实体，而是为我们的子孙创造一个更加公正、更加和谐的世界的这种热烈的内在渴望……非实在论使我们不仅能够珍视志同道合者的目标，而且能够珍视我们的地球村的其他传统的目标"④。

比起库比特，哈特更加关心如何创造一个和平美好的世界，他对于非实在论对话模式的研究就是他在这方面的一项具体行动，也是他的独特贡献。

---

① David Hart, *Faith in Doubt: Non-Realism and Christian Belief.* London: Mowbray, 1993, p. 141.

② 转引自 Nigel Leaves, *Surfing on the Sea of Faith.* Santa Rosa: Polebridge Press, 2005, p. 143.

③ Ibid., p. 143.

④ David Hart, "Non-Realism and the Universe of Faiths", Colin Crowder ed., *God and Reality.* London: Mowbray, p. 49.

(二) 劳埃德·格尔林

劳埃德·格尔林是当代著名的新西兰神学家。在新西兰，关于他有段广为人知的故事。1967 年，担任诺克斯大学（Knox University）《旧约》课程教授和神学堂负责人的格尔林因发表了《耶稣的复活》和《灵魂的不朽》两篇文章，导致了公众为期两年的神学论战，最后以"学说上的错误和扰乱教会的和平与统一"的名义，被视为基督教长老派教会的异端而被起诉。经过为期两天由电视转播的富有戏剧性的审判，议会判定没有证据证明格尔林存在学说上的错误，撤销了这一起诉并宣布结案。但论战又持续了一些年。从此，有关格尔林的论战在教会中时有反复。这让我们想起前面谈到的弗里曼的经历，但格尔林比弗里曼幸运得多。

正如格尔林在 30 多年前发现的那样，他自己的思想与库比特的思想之间有着诸多惊人的相似性。他们都是哲学上和神学上的非实在论者，致力于探索基督教在这个时代的生存形式。最重要的相似之处也许是，格尔林也主张"天国神学"，认为一种没有上帝的基督教或者全球人类文化可以被视为耶稣所说的天国。无论是在学术上还是在信仰之海网络中，格尔林的影响可能并不逊色于库比特。难怪有人将他戏称为"新西兰的库比特"。

格尔林超越库比特的地方是，将非实在论与人们在一个全球化的世界里面临的种种现实问题，尤其是生态问题相结合。他向我们发出警告，"全球化是一个无法挽回的进程。然而，随之而来的是极端严重的威胁，既是对人类安康的威胁，也是对地球生物之未来的威胁。人类有可能因为自相残杀和与地球对抗而导致自身的灭亡。"[①] 为此，他提出了一种"朝向未来的信仰"，该信仰的要点是，"'一种朝向未来的信仰'必须考虑到可能降临到世界上的可怕的情景，从热核大屠杀到社会和经济混乱。朝向未来的信仰必须为了使这些威胁最小化而工作。"[②] 那么，这样一种信仰具体而言是什么样的呢？格尔林说，现在还无法判断，但可以看到一个粗略的轮廓。在他看来，全球化时代的笃信宗教之人将会是这样的人：

---

① Lloyd Geering, *The World to Come.* Santa Rosa: Polebridge Press, 1999, p. 151.
② 转引自 Colin Crowder ed., *God and Reality.* London: Mowbray, p. 144.

第六章　问题与挑战

第一，致力于使所有现存生物的未来最大化，这些生物的命运日益掌握在我们手里；

第二，将正在来临的全球社会的需要放在我们自己当前的家庭、群体和国家的需要之前；

第三，发展出一种与保持地球生态系统的平衡相一致的生活方式，既然所有现存生物都依赖于地球的生态平衡；

第四，抑制所有危害一切物种之未来的活动；

第五，高度重视我们从过去获得的整个文化遗产，它能够发展我们的潜能，使我们成其为人；

第六，珍视人与人之间关系的重要性，这些关系将我们结合在一起，形成社会群体，并使得我们成为完全的人；

第七，促进爱、友善与和平的美德。[1]

格尔林把这些总体原则视为一种全球化灵性的参数。"全球化"和"生态"是他的思想体系中的关键词。他认为在一个全球化的时代里，宗教的任务已经发生改变。他提出并努力促进的是一种全球化的宗教生态人文主义。信仰之海新西兰网对生态的关注与格尔林的努力是密不可分的，甚至库比特本人也是在格尔林的影响下开始在他的作品中加入"人类未来"等字眼。利维说，从《一切之后》，库比特在他的书中试图补救这种"大范围图景"的缺失，例如，在《上帝之后》中，他拒绝了认为他对全球问题缺少兴趣的批评，坚持"从长远来看，想让宗教成为一种统一的表达活动，通过它我们能够整合自身，并同时建设我们的共同世界"[2]。然而，我认为库比特向格尔林的靠拢只是一种"修辞学上的"靠拢，而没有发生实质性转变。正如库比特1994年承认的，他与格尔林的强调点不同，格尔林的基调是全球化的和历史性的，而库比特的基调是生存论的。事实上，我的看法也得到了利维的支持，他说，"公平地说，格尔林比库比特更加倾向于关注具体如何将非实在论与人们日益面对的问题相结合……尽管库比特最近更加关注人们如何创造一个更好的世界，但也许格尔林捷足先登，率先尝试探索一个可能的全球化的未来，在这个未来，我

---

[1] Lloyd Geering, *The World to Come*. Santa Rosa: Polebridge Press, 1999, p. 161.
[2] 转引自 Nigel Leaves, *Surfing on the Sea of Faith*. Santa Rosa: Polebridge Press, 2005, p. 145.

们承认我们的世界是我们自己创造的,我们必须为它提供意义"①。

"全球化的宗教生态人文主义"贯穿格尔林的整个思想体系,以致他将正在浮现出来的全球文化这一"天国"描述为,必须由我们自己来创造的一种全球化的和生态的新文化。这是对库比特的"天国神学"理论的一种扩展。

三 反对者:上帝和教会何处安放?

(一) 格莱姆·肖

格莱姆·肖是信仰之海英国网的成员。按照前面对非实在论的分类,他是神学上的非实在者,哲学上的实在论者。他与库比特在思想上的差异代表英国网中一直以来存在着的另一股思潮。

肖的关切与网络的其他成员一样,也是基督教与时代的和解问题,即改革基督教的问题。在他看来,改良主义神学家中最有力的代表是1960年代宣告"上帝死了"的一代神学家,"他们的作品激励我探索当代神学面临的问题,而他们的榜样作用提醒我,以一种不引起误解的方式研究这些问题是颇有难度的。"②肖指出,虽然库比特援引后现代哲学的资源提出了这些问题,但应该记住,问题中的许多在法国理论家的广泛影响来临之前就已经被提出了,所以,改革的议程并不是后现代主义的专利。肖说,在哲学上他赞同伊丽斯·默多克(Iris Murdoch)在《形而上学作为一种道德指南》中的进路,宁愿选择追随维特根斯坦而非德里达。跟库比特不同,他的改革神学"主要是从《圣经》注释,从理解与解释《圣经》和一些经典文本中浮现出来的"③。

肖和库比特都反对形而上学的宗教,但肖的反对集中在传统的上帝概念的超越性上。他认为"形而上学宗教的消极作用不是偶然的,而是必然的。虽然上帝的存在保证了超越的可能性,使我们可以敬拜、热爱和顺从上帝,但拯救成了被赠与之物。成就完全被归于上帝……按照传统的理解,上帝这个词代表一个超验的实体,他可以慰藉并拯救生命短暂的人

---

① 转引自 Nigel Leaves, *Surfing on the Sea of Faith*. Santa Rosa: Polebridge Press, 2005, p. 145.
② Graham Shaw, "The Vulnerability of Faith", Colin Crowder ed., *God and Reality*. London: Mowbray, p. 61.
③ Ibid., p. 62.

类,但他的存在是完美的,不被我们所做的任何事情影响和玷污"①。取而代之,肖提出了一种新的上帝观,"上帝这个词的重要性不是在于它指向某种不变的实体……超越者不应该被理解为要求我们参与的一个形而上学的实体,而应该被理解为一种人类成果,是通过神学语言的用法抵达的。"按照肖的理解,"上帝"仅仅是人类创造出的神学语言中的一个词语,不存在传统意义上的那个超越的实体作为这个词语的指称对象。从这个意义上来说,肖是一名神学上的非实在论者。

然而,在肖这里,"上帝"作为一个词汇并不取消我们对上帝的信念,原因是,肖认为存在永恒价值,超越人类当前创造的价值,而"上帝"是一个象征永恒价值的词汇。"上帝信念的决定性功能在于肯定这些价值,在一个经常威胁甚至破坏它们的处境中。"② 在肖看来,对上帝的信念是必要的,因为它帮助我们坚持并肯定永恒的价值,超越当下世界的价值。正是对永恒价值的肯定使得肖成为哲学上的实在论者。他对库比特构成的挑战是,是否存在永恒价值?如果不存在,那么如何保留和安放上帝和宗教在世俗世界与人类生活中的位置?

(二) 约翰·斯朋

美国纽瓦克圣公会辖区主教约翰·斯朋是一位对当今种种社会问题直言不讳的坦率人物。虽然他不是信仰之海的成员,但如果我们把重点放在信仰之海的意图声明"探索和促进作为一种人类创造的宗教信仰"上,那么把他放在这一节讨论就没有多少不妥了。另外,他也是为数很少的能够欣赏库比特,并认真倾听库比特的声音的教会内部重要人士。

斯朋代表教会中的一股要求改革的开放力量,他对宗教问题的思考是深刻的,不乏激进因素,这在他对新泽西某教会的一名平信徒的回应中可以窥见端倪,这位平信徒问"一个人是否可以成为一名非有神论的基督徒",斯朋的回答是:

> 如果对上帝的有神论理解穷尽了人类对上帝的经验,那么,这个

---

① Graham Shaw, "The Vulnerability of Faith", Colin Crowder ed., *God and Reality*. London: Mowbray, p. 63.

② Ibid., p. 69.

问题的答案是很清楚的：不，不可能成为非有神论的基督徒。但是反过来，如果一个人可以开始以一种不属于过去宗教传统中的各种有神论范畴的方式来展望上帝，那么便有可能创造一条通往宗教之未来的道路。①

我们以斯朋在新西兰电视节目"教会中异议的本质与角色"中的谈话作为窗口，了解他的总体思想特征，以及他与库比特的大致异同。我们信任该电视节目的主持人格拉斯戈（Neville Glasgow）的提问水平，以问答形式揭示斯朋的思想面貌。需要说明的是，这里的问题（Q）和回答（R）的表述方式是我根据《信仰的前沿》和我们当前的目的适当地总结和修订过的。另外，前七个问题（Q1—Q7）是来自电视节目的问题，第八个问题（Q8）是我根据斯朋的著作《为什么基督教要么必须改变要么消亡》加上去的。

Q1：为什么对教会持异议？

R：我这样做是因为我热烈地相信基督教的信仰。但我认为基督教信仰不能故步自封，一旦如此，便成为偶像崇拜，无法为我的生活提供意义。基督教生活是一场旅行，而不是在某个点上停步。

Q2：谈谈异议的本质。关于对信仰的传统解释，你批判的是什么？

R：我认为主教的首要工作是做福音的传播者。我喜欢"流放"（exile）这个意象，"如何在陌生的土地上唱主的歌"。许多世纪以来，改革者们，比如哥白尼、伽利略、牛顿、达尔文、弗洛伊德、爱因斯坦等，已经如此深刻地改变了对实在的感知，以致由（昔日）完全不同的世界观塑造和形成的基督教信仰在我们这个世界几乎完全丧失了，除了在那些对现实的变化不闻不问的人那里。我想要留在基督教信仰的现存传统里面，又想要成为20世纪的一部分，有时候我感到要被这两个要求撕裂了。像库比特这样远远走在我前面的人对我来说是英雄人物，因为他们使传统继续活着，并召唤我们进入对信仰全新的阐述之中。

Q3：你是非常富有争议的人物，发表了许多叛逆的言论。

R：我确实活在这样一种盼望中：当我说"上帝"这个词时，这个词

---

① 转引自 Nigel Leaves, *Surfing on the Sea of Faith*. Santa Rosa: Polebridge Press, 2005, p. 151.

参与了某种现实,该现实超越了我的定义能力,甚至经验能力。我常常在机构化的教会中发现的是,这样的教会阻止你思考,强迫你接受某种定义。我想要肯定的《圣经》真理是,生命反映了上帝的形象、生命是被热爱的,这是耶稣这个符号的力量。我确实认为此时此地的生命指向某种超越它自身的东西。我想,在这一点上我转向了保守主义。

Q:主教,你想说的是不是,当你想要谈论这些深刻的和终极的真理时,你发现自己回到了传统的词汇、语言和隐喻之中?

R:不知道,但是我不介意使用传统的语言和隐喻,只要我们明白它们都是符号。甚至上帝这个词也是一个符号。当上帝被非常具体地定义时,几乎不可避免地,你开始保卫你的真理,攻击那些背叛它的人。这时,就会发生宗教战争。在宗教中,有种固有的神经过敏的东西,我们必须面对。宗教的功能之一被认为是保护自我感觉极其不安全的人类,避免面对终极现实。但是,我对信仰的理解之一是,它召唤我接受不安全为生命的一部分,甚至不要试图摆脱不安全。

Q4:你如何回应这种批评:你们在夺走一位老人的慰藉和安全感,这位老人相信《圣经》上每一个字都是字面上正确的?如果他对自己的状况很满意,为什么不随他去呢?

R:我乐意人们保留他们的宗教符号,甚至是非常神经过敏的符号。我的反对是,他们把这些强加于教会,并说这是标准基督教。我的老师说过,任何能够被扼杀的上帝就应该被扼杀。在我看来,信仰的反面是执着于昨天,不愿进入"空"之中。我们的问题,也是我作为基督教机构的代表之一的问题是,不断地迫使《圣经》、信条和传统向真理开放,它们曾经指向这一真理,但如今已经对它关闭了。

Q:你的批评者会说你夺走了许多美丽的事物,比如圣诞节的故事。你怎么回答?

R:我每年都过圣诞节,我发现它比我在孩童时期所经历的要自由得多,那时我认为牧羊人、东方天空的星星都是字面上正确的。这是对隐喻的价值的一种认识。

Q5:一个困难之处是你走得有多远。如果说至少在传统意义上,上帝死了,那么问题是,我们剩下些什么?

R:我不知道自己是否完全同意库比特的说法,"宗教是创造性地重新想象我们实际上在过的生活,并在生活中、在此时此地做出自己的贡献"。但是我会说,基督教历史的大悲剧之一是,我们对死后生活的观念被用来剥夺现世生活的意义。我当然同意库比特的观点,活在当下。但我也相信,我在某种意义上正在进行穿越现世生活的旅程,与超越现世的某种东西会合。我想我的确信仰某种意义,它超越人类生活的限制,有时我能参与到这种意义当中。我也相信有某个超越时空的点,它赋予时空意义。这个点是超越的,它就像北极星,引导我穿越旅程。我仍然肯定基督教故事的传统框架,它指向在上帝中的持续生命。

Q:然而对你而言,这种"超越"并不是某种替你作决定的东西,不是吗?

R:你说得对。在这一层面上,我同意库比特的说法。我生活在这个世上,就像没有其他世界一样。每一天结束时,我都会想,如果这是最后一天,那么我将珍惜每一刻。所以,在生活方式上,我是一位激进的人文主义者。

Q6:你认为教会有未来吗?

R:希望如此。我认为我所做的一部分工作是保证这个未来。我强烈感到,如果教会不向新的现实开放自身,那么它将无法在21世纪存活。当我看着这个机构的时候,我发现它越来越脆弱、困难和神经过敏。如果自由地交换观念变得不再可能,如果我们开始设立界限将人排除出去,那么教会就走到头了——库比特对我作为主教的工作而言是个很有价值的人物。我喜欢在美国看到的一张海报,上面写着,"为什么宣称拥有一切答案的教会不允许我提出问题?"这是值得思考的。

Q7:请你简单地总结你目前的立场,以及你希望自己能做到什么?

R:很难说。我想要进入这样一个未来:知道上帝这个词指向一个实在,这个实在在改变我的生活。我把耶稣视为这个上帝的一个符号,把圣灵要求我成为的样子视为我所能成为的。我不仅想要肯定这些,而且想要把这些奉献给别人。[①]

Q8:如何改革教会?

[①] 上述七个问答参见 Glasgow Neville ed., *Frontiers of Faith*, St Andrew's Trust, 1993, pp. 5 – 22.

R：显然，仪式和结构上的改变是不可避免的，这种改变很可能是激进的，即使不是绝对的激进。那些致力于为过去的教会服务的人将会激烈地抵制这些提议，这种激烈性总是会从受威胁的统治集团和即将消亡的机构之中浮现出来。然而，过去采用的教会形式不可避免要消亡，那些形式及其保卫者无法足够快速地发展，因而那样的教会的死亡必定会成为一个现实。然而，拯救的种子已经在流放者那里存在，时机到了，那些种子就会发芽开花。到那时，我们将会再次看到过去的教会与未来开放的教会之间的连续性……当这种连续性被看到的时候，我们如今正在进行的改革就完成了。[1]

斯朋的立场和观点很有深意，在此，就留待读者自己去体会吧。

在上述宗教作家中，除了约翰·斯朋之外，其他五个人能够代表信仰之海网络内部观点的多样性。我赞同利维的说法，对他们进行探讨的目的在于表明"库比特的激进主义已经被诸多不同学者所接受，他们代表一种广泛的意见，既关注神学与哲学非实在论的问题，又关注基督教作为一个全球宗教或在全球宗教的语境中的未来"[2]。这些宗教作家向我们显示，一个新的非实在论神学探索工程或网络已经形成，库比特是这个网络中的一个重要结点。

第三节 关于生活宗教的五个问题

在本节中，我们将讨论生活宗教中的一些尚未澄清的遗留问题，以及一些延伸出来的问题。如果将本书前面的内容比作电脑的操作系统，那么这一节的任务就是打上几个必要的补丁。我们以问题的形式进行讨论，我罗列了五个相对比较重要的问题。这些问题既能帮助我们澄清一些可能的误解，也能帮助我们认识到库比特的思想的一些重要局限性。

问题1：谁是"普通人"？

---

[1] John Spong, *Why Christianity Must Change or Die?*. New York: Harper Collins Publishers, 1998, pp. 198–199.

[2] Nigel Leaves, *Surfing on the Sea of Faith*. Santa Rosa: Polebridge Press, 2005, p. 153.

利维在他的《上帝问题》中谈到库比特带来的灵性革命——草根灵性[①]，我赞同他的说法。生活宗教的哲学基础"民主哲学"反对精英风格的烦琐哲学。它是以普通人能理解的风格写成的，并且密切注意词语在日常语言中的运行方式，以使哲学在民主时代成为有用的学问。生活宗教的方法论"日常语言调查方法"以普通人的日常语言为研究对象，并证明日常语言拥有自身的一套宗教与哲学思想。生活宗教的灵性"太阳式生活"的服务对象是普通人，目的是实现普通人的灵性解放。生活宗教的实质"天国阶段的基督教"就是普通人的现代西方文化，"天国"是普通人实现和平繁荣的生活的世界。信仰之海网络中的成员大多数是普通的平信徒或教外人士。总而言之，生活宗教始终着眼于普通人。

那么，谁是"普通人"呢？库比特提供的普通人的原型是"霍默·辛普森"（Homer Simpson），即风靡全球的美国卡通片《辛普森一家》的男主角。霍默是"现代的普通人，尤其是发达国家的普通人，特别是说英语的、自由派新教世界的普通人，最特别是美国中产阶级的普通人"[②]。这里的形容词很重要，它们传达的信息是，库比特的生活宗教所服务的"普通人"是现代发达国家中产阶级这个群体。可以推出，生活宗教是中产阶级的伦理学，尤其指西方自由派新教的中产阶级。我认为这一点可以构成生活宗教的一个重大局限性。

然而，生活宗教是否只对库比特限定的数量有限的"普通人"有意义呢？我认为未必如此。首先，在这个全球化的时代，"普通人"这个群体在增长。其次，太阳式灵性是整个人类的财富，所有人都有可能理解它，并过上太阳式生活。库比特将耶稣作为太阳式灵性的导师，但除了耶稣，比如中国的庄子、禅宗的许多禅师、基督教的神秘主义者等等都是太阳式灵性的导师。实际上，任何全心全意活在当下的人都是太阳式灵性的实践者，也都属于"普通人"的行列。那么，为什么库比特对"普通人"会做出那样的具体限定呢？我们至少可以说出两个原因，第一个是自传性的原因，库比特本人就是符合定义的"普通人"，在生活宗教理论形成的整个过程中，他始终生活在"普通人"中间，他们构成他的世界。他不

[①] 此处参见 Nigel Leaves, *The God Problem*. Santa Rosa: Polebridge Press, 2006, pp. 45–57.
[②] 唐·库比特：《人生大问题》，王志成、王蓉译，四川人民出版社2008年版，第11页。

像希克那样卷入各种不同群体的生活之中，他的生活相对稳定而单一。不难理解，他的思想的直接服务对象必定是他所生活的那个群体。第二个原因是他所限定的"普通人"在理论上相对容易接受生活宗教，因为他们具备合适的物质、理智与心理条件，而且苦难不再是他们生活的主题。事实上，日常语言调查方法显示生活宗教的确是这样的普通人已经在相信的东西。

问题2：如何克服日常生活的平庸和狭隘？

生活宗教呼吁回归日常生活，日常性成了唯一剩下的神圣的东西，因为最终日常性就是存在的一切。然而，日常性能够满足人这一复杂存在的所有需要吗？库比特谈到在很多年前，当天主教的牧师拥有了世俗的家庭之后，欣喜地发现婚姻和整个家庭生活是多么神圣，然而，他们最初感到的神圣性在几年后就消失了，日常生活显示出平庸的特性。库比特还谈到电影《天使之城》，它讨论了类似的主题：做天使还是做人。这里的问题是，一个有思想的人，如何克服日常生活的平庸和狭隘？

库比特的回答是，"凭智慧去看生活本身，并看穿它，提升它，嘲笑它——以一种宽宏大量的精神学会做这一切。这种精神能够使人回归到日常性并接受它，因为它是无外在性的，是我们所知道的全部"，因为"在这里，没有任何更加真实的超越的世界。没有其他什么地方，可以补偿斯普林菲尔德（《辛普森一家》中的小镇）的平庸性。斯普林菲尔德就是存在的一切，而快乐的智慧就是，用一种善意的幽默，按其本身的样子全心全意地肯定它"。① 由于日常生活是我们拥有的一切，所以克服其平庸和狭隘的方法只能从生活内部寻找。库比特的方法看似平淡无奇，实则包含着巨大的拯救性或解脱性的智慧。

在《快乐之路》一书中，当谈到永恒快乐的时候，库比特强调它不是一种超验意义上的快乐，也并不指向一个超验的对象；相反，它是一种无对象的快乐，使它成为"永恒"的是它的宇宙性。没有绝对的快乐，库比特说那是一种幻想。我们拥有的是《圣经》中的"苦中之乐"。显而易见，库比特赞同维特根斯坦的观点，"永恒是此时此地的生命质量"。

---

① 唐·库比特：《人生大问题》，王志成、王蓉译，四川人民出版社2008年版，第11—12页。

问题3：库比特思想的核心关切和六个沉默。

1993年，在新西兰电视节目中谈到努力的方向时，库比特说，"我认为我们生活在一个哲学与宗教发生剧烈危机的时代。我想要继续我的工作，试图在危机之中找到生活、信仰和价值的一种新的可能性"[1]。尽管从表面上看，他是基督教的一个"反对者"，但事实上，他毕生的努力集中在这个问题上：基督教如何在这个新的时代生存下去？最终，他完成了"世俗基督教护教学"，探索出了一条"天国神学"的道路，如果从个人拯救的角度看这条道路，它就成了生活宗教。这是库比特思想的主题。在这个主题之外，比如关于生态问题、对话问题等现实问题，他的基本态度是沉默，而不是像有些人误解的那样"漠不关心"。

除此以外，我们还可以找出几个具体的"沉默"之处。第一，就像批评者指出的那样，库比特的关切的确使他对传统宗教中的大问题"恶的问题"关心不足。我们暂且把恶的问题分为两类，一类是道德与自然的恶，另一类是形而上学的恶。关于形而上学的恶，库比特进行了重估，把它视为一个基本生活事实。但他没有用这种方式将形而上学的恶解释掉（explain away），而是处理能处理的，承认不能处理的。在库比特的思想中，道德的恶和自然的恶都是具体的现实问题，他的确对这些问题缺乏讨论。我们在前面谈到过潘尼卡对库比特的挑战是，库比特缺乏问题意识；格尔林对库比特的超越也是在关注现实方面的超越。虽然库比特试图弥补这一点，但终究只是"修辞学上"的补救。这可能是他的思想最大的局限性。

第二，当谈到语言的他者，即"存—在"时，他仅仅说存—在是生命之流的涌出，是偶然性温和的来临，是一个奥秘。他的基本态度是沉默。有人说他是"无神论者"，其实这是对他很大的误解，关于是否存在超验的实体，他是沉默的。他的确说不存在传统基督教所定义的上帝，但他的反对理由并非他认为上帝是另外的样子，而是他认为基督教传统对上帝的谈论方式不合法，因而得出的结论也是不合法的。

第三，关于语言如何照亮存—在，形成可理解的世界，他也说这是一个奥秘。我们都生活在语言内部，因而无法获得一个超越的位置去观看。

---

[1] Glasgow Neville ed., *Frontiers of Faith*. NZ: St Andrew's Trust, 1993, p. 23.

第四个沉默与第一个沉默相关。库比特宣称太阳式生活能够帮助我们克服对自身死亡的恐惧，然而，库比特承认它不能克服生活中所有的悲剧，比如我们所爱之人的死亡为我们带来的打击。"我们所有人都必定会在某一刻经历到永恒离别。这些离别比以往任何时候都显得更加棘手和无可挽回……我的宗教是不完美的，它有一个我根本不想掩饰的巨大荒谬之处……生活有悲剧的一面，我不能将它制服、驯化或吸收进我的体系……它是爱的代价。"① 这一"荒谬之处"是库比特的又一个沉默。

第五，日常语言调查方法表明普通人实际上使用非实在论的语言，拥有非实在论的上帝和信仰，然而，在《人生大问题》中，库比特又发现，普通人仍然坚持实在论的倾向，尽管他们已经不能清楚地阐明实在论的信仰。关于普通人为什么宁愿选择这种矛盾状态，库比特保持沉默。这里的沉默是因为他无法回答这个问题。也许我们可以用潘尼卡的观点来回应，"存在大于思想，思想无法穿透存在"。我认为库比特的困惑实际上牵涉到存在的多层次问题，人是理性和非理性的双重存在，虽然他没有谈到过这个问题，但沉默至少是一种诚实的态度。

第六，关于生活宗教是不是宗教的未来，他的基本态度是沉默。他说，他提供的是一幅相对而言最光明最美好的图景，但未来是不确定的。未来有可能是"纯粹的技术、娱乐"，是灰暗的，也有可能是光明的、美好的，这取决于人类共同体现在的工作和未来的走向。在这一点上，库比特不相信预定论，他与马克思主义的观点相一致：历史是人类共同体的合力创造的。正是这种不确定性为库比特和其他人的工作提供了空间和意义。

最后需要补充说明，关于"沉默"，我在这里的概括不能避免疏漏。

问题4：非实在论与宗教对话：以王志成的成长模式为例。

在谈到信仰之海的宗教作家大卫·哈特时，我们讨论过非实在论宗教对话模式，还提到了王志成的名字。王志成是国内第一位将库比特的非实在论运用于宗教对话的学者。早在2002年，他就提出了成

---

① 唐·库比特：《快乐之路》，王志成、朱彩红译，浙江大学出版社2006年版，第79—80页。

长模式,还在若干论文和学术场合表达过以非实在论立场进行宗教对话的思想。

王志成将"成长"从一个普通的生物学概念提升为一个哲学和神学概念,并把它作为处理宗教关系的一种态度。具体而言,成长"是指各个宗教都具有成长的根……各个宗教可以在互动中彼此吸取营养……各个宗教可以否定自己,也可以肯定自己,就如人的新城代谢……动态地理解各个宗教……各个宗教之间存在着实际的竞争,充满着危险和挑战……各个宗教都充满着偶然性"[①]。可以看到,"成长"避开了各个宗教在神学上的差异,而是着眼于每一个宗教的灵性成长,这与哈特关于对话起点的选择策略是一样的。我认为这是一个明智的选择,不仅可以避免在进行对话之前就因为神学差异而引发敌意,而且可以避免任何预先设定的议程,至少使对话在原则上做到公平公正。

关于成长模式的特点,王志成归纳了五点。[②] 第一,成长模式同时肯定不同对话模式的合理性;第二,成长模式不是静态地看问题,而是主张在流变中看问题;第三,成长模式由于从变化的角度看问题,同时接受肯定和否定;第四,成长模式坚持新实用主义原则,主张人道主义立场,在对待其他模式上具有法门主义的倾向,认为凡是能促进人的自由、成长和快乐的就应该得到成长模式的肯定;第五,成长模式以整体主义的成长来整合差异和同一。

王志成没有明确地说,成长模式是将库比特的非实在论应用于宗教对话,实际上,他将非实在论对话思想纳入了成长模式之中,认为它仅仅是成长模式的肯定对象之一。然而,我认为成长模式本身是一种非实在论的宗教对话模式,原因有四个。第一,成长模式没有任何具体的目标和议程,它关心的是各个宗教的灵性成长,这意味着它不是从"客观真理"或"神"的角度出发的,而是从宗教本身的角度,说到底是从人的角度出发的。这表明了王志成从非实在论思想中继承的激进的人文主义精神。第二,王志成谈到,"成长不仅是一个理论问题,而且是一个具体的现实

---

① 王志成:《和平的渴望》,宗教文化出版社2003年版,第374页。
② 同上,第376—377页。引文略有改动。

问题，是一个生存论问题"①。这里的关键词是"生存论"，库比特说过他的思想基调是"生存论"的，我认为这也是王志成对库比特的一个继承。第三，在成长模式中，"身份问题不是最重要的。人们关心的是社会学层面的人性化、哲学层面的理性化和神学层面的灵性化"，"以一种全新的视角去面对不同的对话模式，根据实际情况，艺术性地对待不同宗教对话模式的人，从而使宗教对话具有生命活力"。② 成长模式主张将视线从阻碍宗教对话的身份问题移开，"艺术性"地看待对象之间的差异。库比特认为各个宗教是不同的艺术创造，我们应该"艺术性"地对待它们，不应该执着于旧的实在论带来的"身份"和政治忠诚问题。这里可以明显地看到成长模式和库比特的理论之间的连续性。第四，王志成本人翻译了库比特的不少著作，撰写过许多论述库比特思想的文章，可以说他受到库比特的很大影响，我认为这种影响比他已经意识到的可能要深刻得多。

与哈特的设想一样，成长模式也是试图以哲学非实在论而非宗教非实在论为切入点进行宗教对话。在对话思想上，王志成与哈特之间存在着很大的相似性，这再次证明了库比特的思想对成长模式的影响。从王志成和哈特可以看到，在全球化与多元化的今天，将非实在论思想用于宗教间关系的处理是个值得探讨的方案。

问题5：库比特的思想与佛教的关系。

我曾经在一名研究佛教的学者面前谈起库比特的"天国神学"思想，他马上辨认出了库比特思想与佛教，尤其是禅宗的相似性。我们在库比特的思想来源部分讨论过这个问题，得出的结论是，总体上佛教并不构成库比特的思想来源，库比特纯粹是西方基督教传统哺育出来的思想家，尽管他接触过少数佛教思想，他大女儿是藏传佛教的信徒这个事实可能对他也有一定的影响。

这使得他的思想与佛教之间的显著相似性越发引人入胜。他谈到过辟支佛，"诸佛还没有出现之时/他们的追随者已在修行/觉悟的智慧/独自爆发"③。我们不知道这是否为一种自传性的谈论，但可以说库比特本人

---

① 王志成：《和平的渴望》，宗教文化出版社2003年版，第374页。
② 同上，第379、381页。
③ 唐·库比特：《空与光明》，王志成、何从高译，宗教文化出版社2003年版，第39页。

就是辟支佛，独自领悟了空的智慧，从而获得了觉悟或拯救。尤其是在明确了佛教并非他的思想来源之后，"辟支佛"的特征似乎更加明显。

我从三个方面谈论他的生活宗教与佛教教导的相似之处。第一，他的世界图像表明了佛教的"无常"和"缘起"。他认为存在是一种生成，我们和我们的世界都是存在之流或者生命暂时的结点。除了变化本身，没有永恒不变的东西。作为能量之流的生命不断地聚散和流转，具体的生命之间各有差异，但它们都是能量之流产生的，并在持续一段短暂的时间之后，重新汇入能量之流。语言"创造"和维系我们的世界。我们的世界是无外在性的。在这里，佛教会进一步谈论不同的"种子"的流转和意识的作用，比库比特的图像复杂和精细得多。然而，两者之间的基本原则是一致的。第二，太阳式灵性表明了佛教的"不执着"。太阳式生活教导人全心全意投入当下的生活，将自己倾泻出来，与存在之流合一，达到"无我"或"虚己"的存在状态。库比特几十年来的亲身实践证明这种方式能够克服对自身死亡的恐惧，获得宗教喜乐，而且能够培养对人类同伴的奉献精神。第三，库比特以佛教的冥想方式取代了基督教的祷告仪式。具体而言，他提倡"边界移动的默想"：观察体现"空"的事物，比如一片云的移动，风吹过草尖时草的摆动，或者仅仅躺在地上看着蓝色的天空，持续看一段时间，让整个思想消散在轻微的移动之中或者无边无际的空之中。

然而，值得注意的是，两者之间的相似之处仅仅体现在"空"这一核心思想上。佛教是一整套复杂的教导，库比特对这套教导的细节并不了解。所以，除了"空"，库比特的思想在其他方面都明显带着基督教的印记。因此，他仅仅称自己是30%的佛教徒，剩下的70%都属于犹太教—基督教传统。

总　结

在前面几章从内部详细讨论了生活宗教之后，本章试图从外部探讨库比特的宗教哲学思想的局限性，以及面临的问题和挑战。此外，本章还试图扩展视野，从库比特延伸到当代其他著名宗教作家的主要关切，以及呈现以信仰之海网络为代表的一个新的非实在论神学探索群体的部分面貌。

我把这些努力放在"问题与挑战"的标题下,虽然本章不是以问题与挑战的形式编排整个内容,但问题与挑战散落在具体的讨论之中。

第一节讨论库比特与其他宗教作家的关系。我选择了四位相对比较具有代表性的当代著名宗教哲学家或神学家,他们分别代表实在论、批判实在论、不二论和从实在论向非实在论转化途中的立场。赫伯斯韦特是一名实在论者,他从横向和纵向对库比特进行了全面批判。在讨论他的批判的过程中,我试图让库比特进行相应的自我辩护。作为一名批判实在论者,希克与库比特之间存在许多相似之处,但也存在重大的差异。总的来说,希克站在现代传统之中,而比希克小了12岁的库比特则站在后现代传统之中,这是他们最根本的区别。希克与库比特是好朋友,有过许多争论,我以"终极实在"问题为切入点,让批判实在论与非实在论作一交锋,顺便提及希克与库比特所面临的除了对方之外的批评。在这里还有一条辅线,就是分别以中国学者何光沪和王志成为代表的批判实在论与非实在论之争。不二论者潘尼卡与库比特的关系是最复杂的。我尝试过把潘尼卡归入非实在论者,但始终觉得不妥,因为实在论与非实在论的区分在潘尼卡身上似乎并不那么有意义。于是,我最终放弃了这一尝试,如实保留了"不二论者"这个词。我参照潘尼卡研究者思竹的著作,以如何对待传统和西方当前的技术问题为话题,找到了潘尼卡对库比特的五个挑战,它们反映的是同一个批判:库比特缺乏问题意识。选择尼特是因为他的处境比较特殊,我认为他是从实在论走向非实在论途中的个案。至于他会走到哪一步,目前还无法判断,但从他以佛教为窗口对基督教进行的重新理解来看,他离非实在论似乎已经很近了。

第二节讨论信仰之海的作家对库比特的继承、超越与挑战。我选择了六位宗教作家,必须说明的是,这六位中的最后一位约翰·斯朋并不属于信仰之海网络,我把他放在这里是因为他是个不可多得的讨论对象,不该错过。这些宗教作家被分为三组,继承者、超越者和反对者,我的分类只是一个权宜之计,以方便讨论,实际上他们并不严格地符合分类标准。继承者弗里曼和米切尔的主要关切是以非实在论方式改革教会,这是对二十世纪八九十年代早期的库比特的继承。有趣的是,米切尔对弗里曼的观点持批判态度,虽然前者在后者不幸被教会革职之后积极组织了联名抗议,向后者伸出温暖的援助之手。哈特和格尔林分别在将非实在论思想应用于宗教对话和应用于解决生态危机等现实问题上超越了库比特。哈特提出了非实在论宗教对话模式，格尔林提出了宗教生态人文主义。被归入反对者的肖是哲学上的实在论者和神学上的非实在论者，约翰·斯朋是修辞学上的非实在论者和神学上的实在论者，他们欣赏库比特的思想，但并不完全赞同。虽然肖赞同上帝只是一个神学词汇，但他认为存在永恒价值，上帝指向这个永恒价值。作为主教的斯朋选择停留在旧的神学框架之内，但他提倡改革教会和基督教，并能够严肃认真地思考库比特对基督教的看法，他甚至说库比特是他眼中的"英雄"。这六位宗教作家是一组群像，能够向我们展示非实在论内部的多样性和复杂性。他们也是一个已经形成的非实在论神学网络的重要力量。

　　第三节的功能是为本书创造的"系统"打上补丁。我讨论了关于生活宗教的五个问题：谁是"普通人"；如何克服日常生活的平庸和狭隘；库比特思想的核心关切和六个沉默；非实在论与宗教对话：以王志成的成长模式为例；以及库比特的思想与佛教的关系。这五个问题进一步展示了库比特思想的一些局限性，同时也起到澄清有关误解的作用。当然，这些问题只是问题中的一部分，把它们罗列出来是因为它们在我看来相对比较重要。

　　另外或许值得提及的是我在本章采用的一些新的叙述方式。第一节在比较库比特与其他宗教作家的思想时，基本上通过分析文本的方式展开讨论。关于赫伯斯韦特的部分，我选择的是他本人撰写的三篇论文，其中两篇专门针对库比特。关于希克的部分，我选择了台湾学者欧力仁关于库比特与希克之比较的论文，王志成谈实在论与非实在论之争的论文和段德智关于何光沪与王志成之争的论文。关于潘尼卡的部分，我以潘尼卡研究者思竹的著作中专门探讨库比特与潘尼卡交锋的内容为对象，重新讨论了她讨论过的两个问题。在讨论的过程中，我转移了重点，并试图进行某些突破。关于尼特的部分，我选择的是尼特研究者王蓉的著作中的部分内容。她讨论的是尼特本人的逾越与回归，我利用她的分析来说明尼特与库比特的关系，并试图对尼特的走向做出判断。在分析这些文本的过程中，我发现若干文本的作者对库比特的理解可能存在误解或值得商榷之处，我在文中已经尽量一一指出，并试图加以澄清。在讨论约翰·斯朋时，我选择转述他在一档新西兰电视节目中与主持人的对话，因为我发现这一对话本身包含许多要点，能够说明问题，而且这些要点保留在对话语境中是最合适的。第三节是以问题的形式写成的，没有像通常那样分为几个部分，因为这种形式基于当前的目的是最合适的。

本章包含的内容相对较多，而且比较浓缩，留待以后在别处详细展开讨论。我在这里的主要目的是表明，库比特不是一个独行者，他仅仅是一个已经浮现出来的世界范围内的群体的一个代表，这个群体关心的核心问题是诸宗教传统如何在我们这个新的时空里继续生存下去。

后　序

一　结论

经过理论维度加上实践维度的双重考察，本书作者认为，库比特的生活宗教从理智上和灵性上而言的确实现了对基督教传统的一种转化。生活宗教是一种有效的后现代宗教生活方案。库比特本人不是"无神论的牧师"，也不是"现实的小丑"，而是一名严肃的基督徒，是基督教传统的转化者。

这是基于以下两个方面的原因得出的结论。首先，生活宗教是"宗教的"，确切地说是"基督教的"，尽管它的太阳式灵性并不局限于基督教。生活宗教是传统基督教去除超自然主义的、体制化的一面之后所留下的伦理的、灵性的一面。库比特将这种存在形式称为基督教的天国阶段。根据他的重新定义，基督教是一种乌托邦的文化运动，这种运动一度以宗教的形式存在，表现为教会阶段的基督教。如今，它冲出宗教之茧，从教会阶段过渡到了新的阶段——天国阶段。这一天国阶段基督教的具体表现形式就是生活宗教。因而，生活宗教仍然是基督教的一种存在形式。库比特从《圣经》上为他的看法寻找支持，他认为目前已经在世上建立起来的民主国家就是古老的以色列盼望的顶点"天国"和耶稣宣称的"天国"，因为它让普通人享受着和平与繁荣的生活。

其次，生活宗教实现了传统基督教的"转化"。按照库比特的分析，基督教已经从一种宗教脱胎成了整个现代西方文化。这一过程当然是独立于库比特个人的理论发生的，所以他的角色只是一位见证者与诠释者，他的贡献在于：确认了传统基督教与现代西方文化之间的成全关系之合法性，并阐发了一个具体的、可供操作的转化方案——生活宗教的思想。关于作为转化之后的基督教的生活宗教拥有何种具体形式，库比特的工作类似于费尔巴哈的工作,他使生活宗教保留了基督教伦理的、灵性的一面,这一面具体可以参照他在"生活宗教的背景"这章中论述的六个不可取消者,也可以参照"生活宗教的内容"这章中的太阳伦理学和人道主义伦理学。关于生活宗教的有效性,库比特告诉我们,生活宗教能够实现基督教在这个时代的任务:帮助我们克服对自身死亡的恐惧,克服虚无主义,获得永恒快乐,并且表达我们对世界、对生活和对彼此的爱。

生活宗教既使得基督教与时代和解,以新的形式继续存在下去,又能够切实地为这个时代的人们服务。它为如何在第二轴心时代做一名基督徒提供了一个可行的方案。

二 未来研究之展望

关于非实在论宗教思想研究的未来,我认为有乐观的一面,也有悲观的一面。

我们先谈乐观的一面。首先,由于世界的全球化和世俗化是一个不可逆转的进程,因而最终各个宗教传统不得不做出相应的调整和转化,以便顺应历史潮流,继续生存下去。逆时代而行者最终会被淘汰。非实在论的立场和思想方式本身是这个新的全球化时代(一些学者称之为"第二轴心时代")的产物,而且从本书对库比特的生活宗教思想的考察来看,它能够使得基督教传统与时代和解,以新的方式为这个时代的人们服务。因而,非实在论的生活宗教思想具备扎根下来的理由。

其次,从具体情况来看,我们在文中谈到,一个非实在论神学探索的网络已经在世界范围内形成,目前正处于成长阶段。库比特、格尔林等是它的先锋,一批年轻而充满活力的新的宗教作家是它的中坚力量。利维经过考察之后告诉我们,"这个神学探索工程既关注神学与哲学非实在论的问题,又关注基督教作为一个全球宗教的未来"[①]。可以预计,这个网络将发展成为基督教非实在论思想的大本营。

再次,就库比特本人而言,随着他作品的不断完成与出版,他已出版的五十多本著作被更多的人阅读并拥有更多的外语译本(国内已经翻译了他的十七本著作,而且翻译工作还在继续),以及他的思想受到更多人

---

① Nigel Leaves, *Surfing on the Sea of Faith*. Santa Rosa: Polebridge Press, 2005, p. 153.

的研究与讨论，他在英国和世界范围内的学术影响呈上升趋势。他是报纸、杂志和电台的熟客，并且经常参加信仰之海网络的年度会议和常规聚会，这使得他在普通人中间的影响力增加。由于他的名字与信仰之海网络联结在一起，随着该网络的持续和扩大，他也为更多的人所熟悉。总的来说，国外学术界对库比特的研究相对较多，尤其在英国，他的名字在关心宗教问题的普通人中间也广为人知。相对而言，国内对库比特的介绍和研究还很少。但随着与库比特思想相关的译著、著作和论文的增多，以及鉴于他的思想和我们的一些重要的实际需要的契合，我们有理由期待关于他的讨论也许会增多。

接下来谈谈悲观的一面。首先，相对于神学在历史上曾经的辉煌时期，目前的神学研究已经大大衰落，"退化"成了神学机构与大学里的一门普通学科。虽然对教义神学的研究已经在很大程度上被一门新的学科"宗教哲学"所取代，但这门学科的研究人员仍然十分有限。从总体上看，无论宗教思想采取实在论的立场还是非实在论的立场，人们对神学与宗教思想的热情是有限的，更糟糕的是，这种有限的热情似乎在继续降低。

其次，全球化和世俗化虽然为宗教非实在论研究带来了有利的一面，然而这一进程对宗教传统的挑战是如此之大，以致在许多情况下，它是破坏性的，甚至毁灭性的，即使连基督教这样的世界宗教也需要为生存问题而忧虑。套用《哈姆雷特》中的经典台词，"生存还是毁灭，这是个问题"。在这一总体上灰暗的大背景下，新的非实在论宗教思想研究面临巨大的压力。

再次，库比特的生活宗教有一个重大的缺点，就是缺乏对现实问题的关注。极端地说，如果地球都要毁灭了，谁还能奢谈个人的拯救？这一点我已经在文中若干处指出。但不得不承认，库比特有一点是对的：需要转化人心，才能期待光明的未来。他的宗教短期主义就是在此背景下提出的。然而无论如何，严重而紧迫的现实问题不得不变成首要的关注对象。关于未来，库比特既是悲观的，也是乐观的。一方面他认为，如果人们采纳他的生活宗教方案，我们可能会有一个光明的未来，而且日常语言调查方法已经显示，当前普通人的确持有非实在论的信念，日常语言中的真宗教是非实在论的宗教；另一方面他又说，他的方案仅仅是可能的图景中最光明的一幅，未来可能仅仅是技术和娱乐，我们离最终的黑暗结局不远了。

　　作为一名思想家，库比特生活在对未来的期待与忧虑、悲观与乐观的张力之中。当然，这远远不是他一个人的处境，而是我们所有人客观上的处境。正是这种处境赋予了他的生活宗教巨大的意义与责任。

附录：库比特作品

一 著作

1. *Christ and the Hiddenness of God*, London: SCM Press, 1971.
2. *Crisis of Moral Authority*, London: SCM Press, 1972.
3. *The Leap of Reason*, London: SCM Press, 1976.
4. *The Worlds of Science and Religion*, London: SCM Press, 1976.
5. *Who Was Jesus?* (with Peater Armstrong), London: SCM Press, 1977.
6. *Explorations in Theology*, London: SCM Press, 1979.
7. *The Nature of Man*, London: SCM Press, 1979.
8. *The Debate about Christ*, London: SCM Press, 1979.
9. *Jesus and the Gospel of God*, London: SCM Press, 1979.
10. *Taking Leave of God*, London: SCM Press, 1980.
11. *The World to Come*, London: SCM Press, 1982.
12. *The Sea of Faith*, London: BBC, 1984 & 1994. （中文版：《信仰之海》，朱彩红译，北京：宗教文化出版社2015年版。）
13. *Only Human*, London: SCM Press, 1985.
14. *Life Lines*, London: SCM Press, 1986.
15. *The Long-legged Fly*, London: SCM Press, 1987.
16. *The New Christian Ethics*, London: SCM Press, 1988.
17. *Radicals and the Future of the Church*, London: SCM Press, 1989.
18. *Creation out of Nothing*, London: SCM Press, 1990.
19. *What is a Story?*, London: SCM Press, 1991.
20. *Rethinking Religion*, NZ: St Andrew's Trust, 1992. (booklet only)
21. *The Time Being*, London: SCM Press, 1992.

22. *After All*, London: SCM Press, 1994.

23. *The Last Philosophy*, London: SCM Press, 1995.

24. *Solar Ethics*, London: SCM Press, 1995.（中文版：《太阳伦理学》，王志成译，杭州：浙江大学出版社 2009 年版。）

25. *After God*, 1997.（中文版：《上帝之后》，王志成、思竹译，北京：宗教文化出版社 2002 年版。）

26. *Mysticism After Modernity*, Oxford: Blackwell Publisher Inc, 1997.（中文版：《后现代神秘主义》，王志成、郑斌译，北京：中国人民大学出版社 2005 年版。）

27. *The Religion of Being*, London: SCM Press, 1998.

28. *The Revelation of Being*, London: SCM Press, 1998.

29. *The New Religion of Life in Everyday Speech*, London: SCM Press, 1999.

30. *The Meaning of It All in Everyday Speech*, London: SCM Press, 1999.

31. *Kingdom Come in Everyday Speech*, London: SCM Press, 2000.

32. *Philosophy's Own Religion*, London: SCM Press, 2000.（中文版：《后现代宗教哲学》，朱彩红、王志成译，杭州：浙江大学出版社 2008 年版。）

33. *Reforming Christianity*, Santa Rosa: Polebridge Press, 2001.

34. *Emptiness and Brightness*, Santa Rosa: Polebridge Press, 2001.（中文版：《空与光明》，王志成、何从高译，北京：宗教文化出版社 2003 年版。）

35. *Is Nothing Sacred? Essays in Non-Realist Philosophy of Religion*, New York: Fordham University Press, 2002.

36. *Life, Life*, Santa Rosa: Polebridge Press, 2003.（中文版：《生活，生活》，王志成、朱彩红译，北京：宗教文化出版社 2004 年版。）

37. *The Way to Happiness*, Santa Rosa: Polebridge Press, 2004.（中文版：《快乐之路》，王志成、朱彩红译，杭州：浙江大学出版社 2006 年版。）

38. *The Great Questions of Life*, Santa Rosa: Polebridge Press. 2005.（中文版：《人生大问题》，王志成、王蓉译，成都：四川人民出版社 2008 年版。）

39. *The Old Creed and the New*, London: SCM Press, 2006.

40. *Radical Theology*, Santa Rosa: Polebridge Press, 2006.

41. *Impossible Loves*, Santa Rosa: Polebridge Press, 2007.（中文版：《不可能的爱》，王志成、王蓉译，成都：四川人民出版社2008年版。）

42. *Above Us only Sky*, Santa Rosa: Polebridge Press, 2008.（中文版：《我们的头顶是天空》，王志成、王蓉译，北京：宗教文化出版社2008年版。）

43. *The Meaning of the West*, London: SCM Press, 2008.（中文版：《西方的意义》，王志成、灵海译，成都：四川人民出版社2012年版。）

44. *Jesus and Philosophy*, London: SCM Press, 2009.（中文版：《耶稣与哲学》，王志成译，北京：中国政法大学出版社2012年版。）

45. *Theology's Strange Return*, London: SCM Press, 2010.（中文版：《神学的奇异回归》，王志成、刘瑞青、李圆圆译，北京：社会科学文献出版社2013年版。）

46. *A New Great Story*, Salem OR: Polebridge Press, 2010.（中文版：《新的大故事》，王志成、刘瑞青、张倩译，杭州：浙江大学出版社2013年版。）

47. *The Fountain*, London: SCM Press, 2010.

48. *Turns of Phrase: Radical Theology from A to Z*, London: SCM Press, 2011.

49. *The Last Testament*, London: SCM Press, 2012.（中文版：《终约》，王志成、富瑜译，杭州：浙江大学出版社2013年版。）

50. *Creative Faith: Religion as a Way of Worldmaking*, Salem OR: Polebridge Press, 2015.

51. *Ethics in the Last Days of Humanity*, Salem OR: Polebridge Press, 2016.（中文版：《宗教研究新方法》，王志成、朱彩红译，北京：宗教文化出版社2008年版。）

二 未编入论文集的重要论文

1. "Mansel's Theory of Regulative Truth", *Journal of Theological Studies* 18. 1967.

2. "The Doctrine of Analogy in the Age of Locke", *Journal of Theological Studies* 19. 1968.

3. "Mansel and Maurice on our Knowledge of God", *Theology* 73. 1970.

4. "God and the World in Post - Kantian Thought", *Theology* 75. 1972. 343 - 354.

5. "A Sense of History", *Theology* 89. 1986.

6. "Religious and Non - Religious Humanism" (with Nicholas Walter), *New Humanist* 106. 1991.

7. "My Postmodern Witch", *Modern Believing*. 1998.

8. "The New Labour Project: Modernization and Personalism", *Political Theology* 1. 1999.

9. "Christianity After the Church", *The Fourth R* 13. 2000.

10. "The Wandering Philosopher", *The Fourth R* 14. 2001.

三 参与写作的作品

1. M. C. Perry ed., *Crisis for Confirmation*, 1967.

2. S. W. Sykes and J. P. Clayton edd., *Christ, Faith and History*, 1972.

3. G. R. Dunstan ed., *Duty and Discernment*, 1975.

4. Hugh Montefiore ed., *Man and Nature*, 1975.

5. John Hick ed., *The Myth of God Incarnate*, 1977, reissued 1993.

6. Michael Goulder ed., *Incarnation and Myth*, 1979.

7. Durstan R. McDonald ed., *The Myth/Truth of God Incarnate*, Connecticut 1979.

8. Brian Hebblethwaite and Stewart Sutherland edd., *The Philosophical Frontiers of Christian Theology*, 1982.

9. J. A. T. Robinson, *Where Three Ways Meet*, 1987.

10. Peter Eaton ed., *The Trial of Faith*, 1988.

11. William Hale White, *The Autobiography of Mark Rutherford and Mark Rutherford's Deliverance*, 1988 (introduction).

12. David L. Edwards, *Tradition and Truth*, 1990.

13. Dan Cohn-Sherbok ed. , *Tradition and Unity*, 1991; Using the Bible Today, 1991.

14. D. W. Hardy and P. H. Sedgwick edd. , *The Weight of Glory*, 1991; and reprinted in Robin Gill ed. , *Readings in Modern Theology*, 1995.

15. Philippa Berry and Andrew Wernick edd. , *Shadow of Spirit*, 1992.

16. J. Runzo ed. , *Is God Real?*, 1993.

17. Leo Howe and Alan Wain edd. , *Predicting the Future*, 1993.

18. NeilSpurway ed. , *Humanity, Environment and God*, 1993.

19. Neville Glasgow ed. , *Frontiers of Faith*, Wellington, NZ 1993.

20. Dan Cohn-Sherbok ed. , *Glimpses of God*, 1994.

21. Paul Barry Clarke and AndrewLinzey edd. , *Dictionary of Ethics, Theology and Society*, 1996.

22. Colin Crowder ed. , *God and Reality*, 1996.

23. David Martin, PaulHeelas and Paul Morris, *Religion, Modernity and Postmodernity*, 1998.

24. John Lane and Maya Kumar Mitchell edd. , *Only Connect: Soil, Soul, Society*, 2000.

25. Teresa Wallace and others edd. , *Time and Tide: Sea of Faith beyond the Millenium*, 2001.

26. Graham Ward ed. , *The Blackwell Companion to Postmodern Theology*, 2001.

27. Karen Armstrong and others, *The Once and Future Faith*, The Jesus Seminar, 2001.

28. David A. Hart ed. , *Multifaith Britain*, 2001.

29. Colin Slee ed. , *Honest to God: 40 Years on*, 2004.

参考文献

一 附录中唐·库比特的所有著作，重要论文和参与写作的重要作品

二 英文部分

1. Jameson, Fredric. *Postmodernism, Or, the Cultural Logic of Late Capitalism*, London: Duck University Press, 1991.

2. Insole, Christopher J.. *The Realist Hope*, Hampshire: Ashgate Publishing Limited, 2005.

3. Geering, Lloyd. *God in the New World*, London: Hodder and Stoughton Limited, 1968.

4. Geering, Lloyd. *Does Society Need Religion?* Wellington: St Andrew's Trust. 1998.

5. Geering, Lloyd. *Fundamentalism: The Challenge to the Secular World*. Wellington: St Andrew's Trust. 2003.

6. Geering, Lloyd. *Faith's New Age*, Glasgow: William Collins Sons & Co Ltd., 1980.

7. Geering, Lloyd. *Tomorrow's God*, Wellington: GP Prin., 1994.

8. Geering, Lloyd. *The World to Come: From Christian Past to Global Future*, Santa Rosa: Polebridge Press, 1999.

9. Geering, Lloyd. *Christianity without God*, Santa Rosa: Polebridge Press, 2002.

10. Veitch, James ed.. *Faith in An Age of Turmoil*, London: Oriental University Press, 1990.

11. Hebblethwaite, Brian. *Ethics and Religion in a Pluralistic Age*, Edinburgh: T&T Clark Ltd., 1997.

12. Hebblethwaite, Brian. *The Ocean of Truth*, Cambridge: Cambridge U-

niversity Press, 1988.

13. Hebblethwaite, Brian. *In Defence of Christianity*, Oxford: Oxford University Press, 2005.

14. Clark, Stephen R. L.. *The Mysteries of Religion*, Oxford: Basil Blackwell Ltd., 1986.

15. White, Stephen Ross. *Don Cupitt and the Future of Christian Doctrine*, London: SCM Press Ltd., 1994.

16. Spong, John Shelby. *Why Christianity Must Change or Die*, New York: HarperCollins Publishers, 1998.

17. Moore, Andrew. *Realism and Christian Faith: God, Grammar and Meaning*, Cambridge: Cambridge University Press, 2003.

18. Byrne, Peter. *God and Realism*, Hampshire: Ashgate Publishing Limited, 2003.

19. Eaton, Peter ed.. *The Trial of Faith: Theology and the Church Today*, Churchman Publishers Limited, 1988.

20. Armstrong, Karen and others. *The Once and Future Faith*, Santa Rosa: Polebridge Press, 2001.

21. Warner, Martin ed.. *Religion and Philosophy*, Cambridge: Cambridge University Press, 1992.

22. Berry, Philippa & Wernick, Andrew ed.. *Shadow of Spirit: Postmodernism and Religion*, London: Routledge, 1992.

23. Heelas, Paul. *Religion, Modernity and Postmodernity*, Oxford: Blackwell Publishers Ltd., 1998.

24. Crowder, Colin ed.. *God and Reality: Essays on Christian Non-Realism*, London: Mowbray, 1997.

25. Sykes, S. W. and Clayton, J. P. ed.. *Christ Faith and History: Cambridge Studies in Christology*, Cambridge: Cambridge University Press, 1972.

26. Spurway, Neil ed.. *Humanity, Environment and God*, Oxford: Blackwell Publishers, 1993.

27. Hebblethwaite, Brian and Sutherland, Stewart ed.. *The Philosophical*

Frontiers of Christian Theology: *Essays Presented to D. M. MacKinnon*, Cambridge: Cambridge University Press, 1982.

28. Runzo, Joseph ed.. *Is God Real?*, Hampshire and London: The Macmillan Press Ltd., 1993.

29. Howe, Leo and Wain, Alan ed.. *Predicting the Future*, Cambridge: Cambridge University Press, 1993.

30. Ward, Graham ed.. *The Postmodern God*, Masachusetts and Oxford: Blackwell Publishers Ltd., 1997.

31. Cohn – Sherbok, Dan ed.. *Glimpses of God*, London: Gerald Duckworth & Co. Ltd., 1994.

32. Lipner, Julius J ed.. *Truth, Religious Dialogue and Dynamic Orthodoxy*: *Essays in Honour of Brian Hebblethwaite*, London: SCM Press, 2005.

33. Slee, Colin ed.. *Honest to God*: *40 Years On*, London: SCM Press, 2004.

34. Riggs, John N.. *Christianity Faith at the Crossroad*, Harrisburg: Trinity Press International, 2003.

35. Walker, Andrew ed.. *Different Gospels*: *Christian Orthodoxy and Modern Theologies*, London: Society for Promoting Christian Knowledge, 1993.

36. Taylor, Victor E.. *Para Inquiry*: *Postmodern Religion and Culture*, Londan: Roultledge, 2000.

37. Thiselton, Anthony C.. *Interpreting God and the Postmodern Self*, T&T Clark Ltd., 1995.

38. Cowdell, Scott. *Atheist Priest? Don Cupitt and Christianity*, London: SCM Press, 1988.

39. Hyman, Gavin. *New Direction in Philosophical Theology*, Burlington: Ashgate Publishing Limited, 2004.

40. Hardy, Thomas. *Tess of the D'Urbervilles*, London: Penguin Group, 1994.

41. Leaves, Nigel. *The God Problem*: *Alternatives to Fundamentalism*, Santa Rosa: Polebridge Press, 2006.

42. Leaves, Nigel. *Surfing on the Sea of Faith*, Santa Rosa: Polebridge

Press, 2005.

43. Leaves, Nigel. *Odyssey on the Sea of Faith*, Santa Rosa: Polebridge Press, 2004.

44. Millbank, John, Pickstock, Catherine and Ward, Graham ed.. *Radical Orthodoxy*, London and New York: Routledge, 1999.

45. Hyman, Gavin. *The Predicament of Postmodern Theology*, London: Westminster John Knox Press, 2001.

46. Glasgow, Neville. *Frontiers of Faith*, NZ: St Andrew's Trust, by arrangement with Radio New Zealand, Ltd., 1993.

47. Vattimo, Gianni. *The End of Modernity*, Snyder, Jon R. trans., London: Polity Press, 1988.

48. Rorty, Richard and Vattimo, Gianni. *The Future of Religion*, Zabala, Santiago ed., New York: Columbia University Press, 2005.

49. Clack, Beverley & Clack, Brian R.. *The Philosophy of Religion: A Critical Introduction*, Cambridge: Polity Press, 1998.

50. Sea of Faith Network (UK). *Time and Tide: Sea of Faith beyond the Millennium*, Hampshire: John Hunt Publishing Ltd., 2001.

51. Robinson, John A. T.. *Where Three Ways Meet*, London: SCM Press Ltd., 1987.

52. Cohn-Sherbox, Dan ed.. *Tradition and Unity*, London: Bellew Publishing, 1991.

53. Edwards, David L.. *Tradition and Truth: The Challenge of England's Radical Theologians*, London: Hodder and Stoughton, 1989.

54. Cowdell, Scott. *Is Jesus Unique? A Study of Recent Christology*, New Jersey: Paulist Press, 1996.

55. Hart, David A ed.. *Multi-Faith Britain*, Hampshire: John Hunt Publishing Ltd., 2002.

56. Hart, David A.. *Faith in Doubt: Non-Realism and Christian Belief*, London: Mowbray, 1993.

57. Hart, David A.. *One Faith?: Non-Realism and the World of Faiths*. London: Mowbray, 1995.

58. Poidevin, Robin Le. *Arguing for Atheism*, London and New York: Routledge, 1996.

59. Davaney, Sheila Greeve ed.. *Theology at the End of Modernity*, Philadelphia: Trinity Press International, 1991.

60. Hardy, D. W. and Sedgwick, P. H. ed.. *The Weight of Glory*, Edinburgh: T & T Clark, 1991.

61. *Cross Currents*. Vol. 50, Nov. 1 – 2. Sping/Summer 2000, New York: the Association for Religion and Intellectual Life.

62. *Modern Theology*. Volume 1 No. 1. October 1984, Oxford: Basil Blackwell Ltd.

三　中文部分

1. ［英］约翰·希克：《第五维度》，王志成、思竹译，成都：四川人民出版社 2000 年版。

2. ［英］约翰·希克：《上帝与信仰的世界》，王志成、朱彩红译，北京：中国人民大学出版社 2006 年版。

3. ［英］约翰·希克：《理性与信仰》，陈志平、王志成译，成都：四川人民出版社 2003 年版。

4. ［英］约翰·希克：《多名的上帝》，王志成译，北京：中国人民大学出版社 2005 年版。

5. ［英］约翰·希克：《上帝道成肉身的隐喻》，王志成、思竹译，南京：江苏人民出版社 2000 年版。

6. ［英］约翰·希克：《信仰的彩虹》，王志成、思竹译，南京：江苏人民出版社 2000 年版。

7. ［英］约翰·波尔金霍恩、［德］米夏埃尔·韦尔克：《关于上帝信仰的对话》，刘光耀译，北京：中国人民大学出版社 2005 年版。

8. ［英］尼古拉斯·费恩：《哲学：对最古老问题的最新解答》，许世鹏译，北京：新星出版社 2007 年版。

9. ［英］迈克·费瑟斯通：《消费文化与后现代主义》，刘精明译，南京：译林出版社 2000 年版。

10. ［英］维特根斯坦：《战时笔记》，韩合林编译，北京：商务印书馆 2005 年版。

11. ［英］路德维希·维特根斯坦：《逻辑哲学论》，贺绍甲译，北京：商务印书馆 1993 年版。

12. ［英］路德维希·维特根斯坦：《哲学研究》，陈嘉映译，上海：上海人民出版社 2005 年版。

13. ［英］路德维希·维特根斯坦著，冯·赖特，海基·尼曼编：《文化与价值》，许志强译，杭州：浙江文艺出版社 2002 年版。

14. ［英］E. E. 埃文斯－普理查德：《原始宗教理论》，王志成，思竹译，北京：宗教文化出版社 2001 年版。

15. ［英］基思·萨嘉：《被禁止的作家——D. H. 劳伦斯传》，王增澄译，沈阳：辽宁教育出版社 1998 年版。

16. ［英］戴维·罗宾逊：《尼采与后现代主义》，程炼译，北京：北京大学出版社 2005 年版。

17. ［英］S. 马尔霍尔：《海德格尔与〈存在与时间〉》，亓校盛译，桂林：广西师范大学出版社 2007 年版。

18. ［英］朱立安·巴吉尼，杰里米·斯唐鲁姆编：《哲学家在想什么》，王婧译，上海：三联书店 2006 年版。

19. ［美］约瑟夫·纳托利：《后现代性导论》，杨逍、张松平、耿红译，南京：江苏人民出版社 2005 年版。

20. ［美］道格拉斯·凯尔纳，斯蒂文·贝斯特：《后现代理论》，张志斌译，北京：中央编译出版社 2006 年版。

21. ［美］詹姆斯·L. 弗雷德里克：《佛教徒与基督徒》，王志成、宋文博、段力萍译，北京：宗教文化出版社 2008 年版。

22. ［美］保罗·库尔茨：《保卫世俗人道主义》，余灵灵等译，北京：东方出版社 1996 年版。

23. ［美］弗雷德里克·詹姆逊：《单一的现代性》，王逢振译，天津：天津人民出版社 2005 年版。

24. ［美］米恰尔·伊利亚德：《宗教思想史》，晏可佳、吴晓群、姚蓓琴译，上海：上海社会科学院出版社 2004 年版。

25. ［美］保罗·尼特：《宗教对话模式》，王志成译，北京：中国人民大学出版社 2004 年版。

26. ［美］保罗·尼特：《全球责任与基督信仰》，王志成译，北京：宗教文化出版社 2007 年版。

27. ［美］保罗·尼特：《一个地球，多种宗教》，王志成、思竹、王红梅译，北京：宗教文化出版社 2003 年版。

28. ［美］保罗·尼特：《没有佛，我做不成基督徒》，王蓉译，北京：宗教文化出版社 2014 年版。

29. ［美］贾可·辛提卡：《维特根斯坦》，方旭东译，北京：中华书局 2003 年版。

30. ［美］胡斯都·L. 冈察雷斯：《基督教思想史》（三卷），陈泽民等译，南京：译林出版社 2008 年版。

31. ［德］彼得·科斯洛夫斯基：《后现代文化》，毛怡红译，北京：中央编译出版社 2006 年版。

32. ［德］康德：《单纯理性限度内的宗教》，李秋零译，北京：中国人民大学出版社 2003 年版。

33. ［德］亨利希·海涅：《论德国宗教和哲学的历史》，海安译，北京：商务印书馆 2000 年版。

34. ［德］恩斯特·贝勒尔：《尼采、海德格尔与德里达》，李朝晖译，北京：社会科学文献出版社 2001 年版。

35. ［德］E. 策勒尔：《古希腊哲学史纲》，翁绍军译，济南：山东人民出版社 1992 年版。

36. ［德］尼采等：《尼采与基督教思想》，吴增定等译，香港：道风书社 2000 年版。

37. ［德］叔本华：《作为意志和表象的世界》，石冲白译，北京：商务印书馆 2004 年版。

38. ［法］吕克·费里、［法］马塞尔·戈谢：《宗教后的教徒》，周迈译，北京：中国人民大学出版社 2007 年版。

39. ［法］雅克·德里达、［意］基阿尼·瓦蒂莫主编：《宗教》，杜小真译，北京：商务印书馆 2006 年版。

40. ［法］让·保罗·萨特：《存在主义是一种人道主义》，周煦良、汤永宽译，上海：上海译文出版社 2005 年版。

41. ［法］让—弗拉索瓦·勒维尔、［法］马蒂厄·里卡尔：《和尚与哲学家》，陆元昶译，南京：江苏人民出版社 2000 年版。

42. [法] 雅克·德里达：《声音与现象》，杜小真译，北京：商务印书馆 2002 年版。

43. [法] 伯格森：《时间与自由意志》，吴士栋译，北京：商务印书馆 2004 年版。

44. [法] 丹尼尔·哈列维：《尼采转》，谈蓓芳译，南昌：百花洲文艺出版社 1994 年版。

45. [俄] 巴枯宁：《上帝与国家》，朴英译，上海：华东师范大学出版社 2005 年版。

46. [加] 威尔弗雷德·坎特韦尔·史密斯：《宗教的意义与终结》，董江洋译，北京：中国人民大学出版社 2005 年版。

47. [丹麦] 克尔凯郭尔：《颤栗与不安》，阎嘉译，天津：天津人民出版社 2007 年版。

48. [斯洛文尼亚] 斯拉沃热·齐泽克：《易碎的绝对》，蒋桂琴、胡大平译，南京：江苏人民出版社 2004 年版。

49. [西] 雷蒙·潘尼卡：《宗教内对话》，王志成、思竹译，北京：宗教文化出版社 2001 年版。

50. [西] 雷蒙·潘尼卡：《智慧的居所》，王志成、思竹译，南京：江苏人民出版社 2000 年版。

51. [西] 雷蒙·潘尼卡：《印度教中未知的基督》，王志成、思竹译，成都：四川人民出版社 2003 年版。

52. [西] 雷蒙·潘尼卡：《看不见的和谐》，王志成、思竹译，南京：江苏人民出版社 2001 年版。

53. [西] 雷蒙·潘尼卡：《文化裁军》，思竹、王志成译，成都：四川人民出版社 1999 年版。

54. [印] 雷蒙·潘尼卡：《人的圆满》，王志成译，北京：宗教文化出版社 2006 年版。

55. [印] 雷蒙·潘尼卡：《对话经》，王志成译，成都：四川人民出版社 2008 年版。

56. [印] 斯瓦米·帕拉瓦南达、[英] 克里斯多夫·伊舍伍德：《现在开始讲解瑜伽》，王志成、杨柳译，成都：四川人民出版社 2006 年版。

57. ［印］摩亨佐纳特·格塔：《室利·罗摩克里希那言行录》，王志成、梁燕敏译，北京：宗教文化出版社 2008 年版。

58. ［日］道元：《正法眼藏》，何燕生译注，北京：宗教文化出版社 2003 年版。

59. 王志成：《和平的渴望》，北京：宗教文化出版社 2003 年版。

60. 王志成：《解释、理解与宗教对话》，北京：宗教文化出版社 2007 年版。

61. 王志成：《走向第二轴心时代》，北京：宗教文化出版社 2005 年版。

62. 王志成：《后现代生活沉思录》，杭州：浙江大学出版社 2009 年版。

63. 王志成：《全球宗教哲学》，北京：宗教文化出版社 2005 年版。

64. 王志成：《全球化与宗教对话》，武汉：武汉大学出版社 2013 年版。

65. 思竹：《巴别塔之后：雷蒙·潘尼卡回应时代挑战》，北京：宗教文化出版社 2004 年版。

66. 王蓉：《苦难与拯救：保罗·尼特的宗教多元论与宗教对话思想研究》，北京：宗教文化出版社 2011 年版。

67. 吕大吉：《宗教学理论卷》，北京：民族出版社 2008 年版。

68. 单纯：《当代西方宗教哲学》，北京：中国社会科学出版社 2004 年版。

69. 单纯：《宗教哲学》，北京：中国社会科学出版社 2003 年版。

70. 卓新平：《基督教卷》，卓新平主编，北京：民族出版社 2008 年版。

71. 何光沪：《月映万川》，北京：中国社会科学出版社 2003 年版。

72. 赵敦华：《西方哲学简史》，北京：北京大学出版社 2001 年版。

73. 赵敦华：《现代西方哲学新编》，北京：北京大学出版社 2001 年版。

74. 刘小枫等：《尼采的基督教》，香港：明风出版 2003 年版。

75. 关启文：《我信故我思》，香港：学生福音团契出版社 2006 年版。

76. 郭大为：《费希特伦理学思想研究》，北京：中国社会科学出版社

2003 年版。

77. 温伟耀：《生命的转化与超拔》，北京：宗教文化出版社 2009 年版。

78. 黄天海：《希腊化时期的犹太思想》，上海：上海人民出版社 1999 年版。

79. 孙尚杨、刘宗坤：《基督教哲学在中国》，北京：首都师范大学出版社 2002 年版。

80. 周伟驰：《彼此内外》，北京：宗教文化出版社 2008 年版。

81. 黄铭：《过程与拯救》，北京：宗教文化出版社 2006 年版。

82. 杨庆球：《马丁路德神学研究》，许世鹏译，香港：基道出版社 2002 年版。

83. 戴晖：《从人道主义世界观到现代对世界的省思——费尔巴哈、马克思和尼采》，南京：南京大学出版社 2006 年版。

84. 赖品超、林红星：《耶儒对话与生态关怀》，北京：宗教文化出版社 1996 年版。

85. 王涛：《圣爱与欲爱》，北京：宗教文化出版社 2009 年版。

86. 严群：《亚里士多德之伦理思想》，北京：商务印书馆 2003 年版。

87. 陈荣富：《马克思主义宗教观研究》，成都：四川人民出版社 2008 年版。

88. 韩林合：《维特根斯坦哲学之路》，昆明：云南大学出版社 1996 年版。

89. 涂纪亮：《维特根斯坦的宗教情怀》，《开放时代》2001 年 5 月。

90. 涂纪亮主编：《维特根斯坦全集》（第 12 卷），江怡译，石家庄：河北教育出版社 2003 年版。

91. 赖品超、学愚编：《天国、净土与人间：佛耶对话与社会关怀》，北京：中华书局 2008 年版。

92. 罗秉祥、万俊人编：《宗教与道德之关系》，北京：清华大学出版社 2003 年版。

93. 欧力仁：《希克与库比特之宗教哲学的批判性比较》，《汉语基督教学术评论》2006 年第 2 期。

94. 张桂权：《维特根斯坦与宗教》，《宗教学研究》2006 年第 1 期。

95. 梁卫霞：《维特根斯坦与克尔凯郭尔》，《兰州学刊》2006 年第 3 期。

96. 王志成、朱彩红：《神经科学与宗教经验：约翰·希克关于宗教经验之合法性的辩护》，《自然辩证法研究》2008 年 8 月。

97. 王志成、朱彩红：《耶儒对话走向何方？——简评黄保罗〈儒家、基督宗教与救赎〉》，《道风》2009 年 9 月。

98. 王志成、朱彩红：《论维特根斯坦与库比特的生活宗教观》，《浙江学刊》2009 年 1 月。

99. 王志成、朱彩红：《论维特根斯坦与库比特的生活宗教观》，《浙江学刊》2009 年第 1 期。

100. 朱彩红：《神秘主义的另一张面孔》，《基督教思想评论》2005 年第二册。

101. 朱彩红：《关于"终极实在"的批判实在论与非实在论之争》，《东陆哲学》2015 年第 1 辑。

后 记

本书是我在浙江大学就读期间的博士论文，七年后，终于因缘具足，得以出版。库比特说，生活是慷慨的。确实如此啊。

这决非我一个人的工作，而是汇聚了许多人的努力，而我正好是这一合力的出口。在此，我必须感谢他们。首先感谢库比特本人，他把我视为弟子，除了给予我他毕生的宝贵学问，还给予我祖父辈的爱，邀我去英国，每天照顾我的饮食起居。其次必须要谈我的导师王志成，我对他有太多的感恩。我从小便深深地感到人是不自由的，受到各种缠缚，而我想既逃离缠缚，又能正常地生活。无论是在为学方面还是在为人方面，我的导师把我从一个充满困惑以致有点古怪的小孩一手带大，他是我精神上的父亲。他陪伴我找到毕生的道路和自由，无论我遇到什么问题，他始终在那里。感谢我的父母容许我任性地追求自己的理想人生，还有我的爱人朱承志，他给我最大的理解与支持，实际上也是我的精神旅伴。

还要感谢香港浸会大学，给我机会参加了两次针对青年学者的暑期密集培训班，真是受益匪浅。香港道风山汉语基督教研究所和信义宗神学院也在我的学术成长过程中给予了很多无偿的关怀和帮助，道风山的气息和草木有时仍在我的梦里浮现。感谢剑桥大学伊曼努学院曾让我在她高贵的怀里作短期逗留。感谢我的母校浙江大学的哺育，也感谢我现在的工作之地云南大学，尤其是哲学系的二十几位同事，你们给予我第二故乡的温暖。哦，我还要提起我的同门，虽然我们已经各奔东西，在不同的高校服务，但我们情同兄弟姐妹。

还有许多我要感谢的人，请原谅在此不能一一提及。

我的博士论文写于2009年，当时我给自己定位的角色是库比特宗教哲学思想的描述者和解释者。我的任务是寻找一个框架，尽量全面、准确、细致地呈现他的思想，结果我发现"生活宗教"是个合适的选择。事实上，本书出版前基本没有进行修改，因为尽管过去了七年，但在这期间库比特的思想没有大的变化，他新增的七本著作基本上只是对原来的一些重要观点作了进一步的说明，或许在说明的时候略微换个角度，或者略微向前推进一点，这是他"重复思考"的写作方式的体现。他的生活宗教之中那些基本的和重要的观点在我写完博士论文之前就都已经稳定地呈现了。

我对自己的定位使我能够忠实地呈现生活宗教的面貌以及一些重要的问题与争论，但是另一方面，我发现自己有点像个机器人，许多内容的处理过于逻辑和细致，以至于有可能让读者感到艰涩。哲学常常显得过于冰冷，我似乎没能让它变得暖和宜人些，在此向读者表示歉意。然而，我有个计划，或许我能再写一本温暖的宗教书，换个角度重新讲述库比特给予我们的思想光芒，而且我会尽量让新书显得有趣，贴近日常生活。

"日常生活"也是我这七年来的努力之指向。库比特说，我们能够在日常生活中找到永恒快乐；他还说，存在一个角度或层面，当你站到那里时，你会发现一切都是闪闪发光的，重要的是，这个超越二元性的角度或层面不在日常生活之外。如今，我想我已经找到了他所指之地，并确实在此地发现了他说的永恒快乐，那是一种解脱性的自由和喜乐，而且永远不会将人遗弃。引领我抵达此地的是库比特和王志成，还有一些伟大的经典和导师，比如耶稣、佛陀、室利·罗摩克里希那、阿罗频多、斯瓦米·拉克什曼殊等。我很幸运，是这么多人的孩子。

感谢生活，感谢无缘由地喷涌的存—在，感谢奇妙的因缘，感谢这闪闪发光的一切！

朱彩红
2016 年 1 月 1 日